Beck's Archäologische Bibliothek

Herausgegeben von Hans von Steuben

Beck's Archäologische Bibliothek

Herausgegeben von Hans von Steuben

Horst Blanck: Das Buch in der Antike

Peter C. Bol: Antike Bronzetechnik

Wolfgang Decker: Sport und Spiel im Alten Ägypten

Wolfgang Decker: Sport in der griechischen Antike

Volkmar Fritz: Die Stadt im alten Israel

Olaf Höckmann: Antike Seefahrt

Herbert Hunger: Schreiben und Lesen in Byzanz

Antje Krug: Heilkunst und Heilkult

Ernst Künzl: Der römische Triumph

Harald Mielsch: Die römische Villa

Wolfgang Müller-Wiener: Griechisches Bauwesen in der Antike

Annegret Nippa: Haus und Familie in arabischen Ländern

Anastasia Pekridou-Gorecki: Mode im antiken Griechenland

Carola Reinsberg: Ehe, Hetärentum und Knabenliebe
im antiken Griechenland

Ingeborg Scheibler: Griechische Töpferkunst

Ingeborg Scheibler: Griechische Malerei der Antike

Adelheid Schlott: Schrift und Schreiber im Alten Ägypten

Renate Tölle-Kastenbein: Antike Wasserkultur

Weitere Bände in Vorbereitung

Marga Weber

Antike Badekultur

Verlag C.H.Beck München

Mit 125 Abbildungen

Die Deutsche Bibliothek – CIP-Einheitsaufnahme

Weber, Marga:
Antike Badekultur / Marga Weber. – München : Beck, 1996
(Beck's Archäologische Bibliothek)
ISBN 3-406-40099-X

ISBN 3 406 40099 X

Einbandentwurf: Bruno Schachtner, Dachau
Umschlagmotiv: Junges Mädchen im Bad. Trinkschale des Onesimos, Innenbild.
Musées royaux d'Art et d'Histoire, Brüssel.
Foto: Hirmer Fotoarchiv, München

Gesamtherstellung: Kösel, Kempten
Gedruckt auf säurefreiem, alterungsbeständigen Papier
(hergestellt aus chlorfrei gebleichtem Zellstoff)
Printed in Germany

Inhalt

Vorwort

Baden und Badeanlagen, Waschgewohnheiten und Badevergnügen spielten in der antiken Welt eine große Rolle. Immer wieder ist in der antiken Literatur davon die Rede. Kein Wunder, daß sich auch die archäologische Wissenschaft oft damit befaßte. Gerade in den letzten Jahren hat die Diskussion über römische Thermen und antikes Badewesen einen erstaunlichen Aufschwung genommen: Neben zusammenfassenden Werken, wie beispielsweise denen von W. Heinz und E. Brödner (1983), hat sich H. Manderscheid zum erstenmal ausführlich mit der Skulpturenausstattung kaiserzeitlicher Thermen auseinandergesetzt (1981) und einige Jahre später eine Bibliographie zum römischen Badewesen (1988) mit über 400 Bädergrundrissen erstellt. W. Martini und F. K. Yegül widmeten sich den kaiserzeitlichen Thermen in Verbindung mit hellenistischen *Gymnasien*. Das Buch von I. Nielsen, Thermae und Balnea, konnte nur noch am Rande berücksichtigt werden. Regionale Arbeiten und Grabungsberichte mußten außer acht gelassen werden.

Dieses Buch soll in knappen Schilderungen nicht nur den Fachmann, sondern auch den interessierten Laien erreichen, der wie der Mensch in der Antike sein regelmäßiges Bad schätzt und seine freie Zeit zunehmend in öffentlichen Bädern verbringt. Das Verweilen in heutigen Badeanlagen über Stunden oder den ganzen Tag hin erinnert an die Art, wie die Bäder in der Antike benutzt wurden. Vergleicht man eine moderne mit einer antiken Badeanlage, so fällt auf, daß heute nicht nur die strenge Raumabfolge, sondern auch die Bibliothek fehlt, die Bestandteil antiker Thermen war. An ihre Stelle scheinen der Zeitschriftenkiosk am Eingang und Filmvorführungen getreten zu sein. Dabei knüpfen die neuen öffentlichen Bäder nicht selten bei der Namensgebung an antike Traditionen an wie die Caracalla-Thermen in Baden-Baden, die übrigens wie fast alle bekannten Heilbäder in den ehemaligen Provinzen des Römischen Reiches auf römischen Ursprung zurückgehen, oder die Titus-Thermen in Frankfurt am Main.

Ausgrabungen von antiken Badeanlagen in den römischen Provinzen nördlich der Alpen, in denen nicht nur Soldaten, sondern auch die Bevölkerung Badefreuden genossen haben, bieten eine gute Anschauung. Restaurierungen, Rekonstruktionen und Modelle in Trier, Xanten oder auf der Saalburg, und Funde aus Nida im Museum für Vor- und Frühgeschichte, Frankfurt, können auch bei uns einen Eindruck des römischen Badewesens vermitteln.

Die Thermen sind jedoch nicht erst von den Römern erfunden worden, sondern, wie schon ihr Name verrät, griechischen Ursprungs. Wir wollen daher zeigen, wie sich die römischen Bäder aus den griechischen entwickelt haben. Dazu eignen sich besonders die Stabianer Thermen in Pompeji. Den Höhepunkt der Entwicklung römischer Bäder bilden die architektonischen und technischen Glanzleistungen der großen Kaiserthermen, in denen aus den einstigen Bädern riesige, Foren und Bazaren vergleichbare Kommunikationszentren geworden sind.

Die Bäder hatten bei Griechen und Römern eine unterschiedliche Bedeutung. Bei den Griechen stand die sportliche Betätigung im Vordergrund, wozu eine große *Palästra* benötigt wurde. Das Wort kommt von palaio (ringen), weshalb man auch von einer Ringschule spricht. Der Name steht als *pars pro toto* für Kampfsport und Übungen verschiedener Art. Auch Schulunterricht wurde dort erteilt. Das Baden diente zur Erfrischung nach körperlichen Anstrengungen.

Bei den Römern wandelten sich die griechischen „Sport- und Trainingsstätten mit Bademöglichkeit" zu einer Vergnügungsstätte, bei der das Baden im Zentrum stand und der Sport zu Spiel und Zeitvertreib wurde. Es konnte an einem Tag beliebig oft gebadet werden, man ließ sich einölen, massieren, frisieren und ärztlich behandeln, man aß und trank, las und diskutierte. Die vielfältigen Beschäftigungen, denen man in den Thermen nachging, haben in der römischen Literatur ein lebhaftes Echo gefunden, das gleichwohl nur einen kleinen Teil des bunten Lebens eingefangen hat.

Besonderen Regeln waren die Frauen beim Besuch des Bades unterworfen, so daß diesem bisher vernachlässigten Thema ein eigenes Kapitel gewidmet wird.

Der reiche Bürger nahm in die Thermen seinen Sklaven mit, der ihm die Kleidung trug und auch sonst zur Hand ging. Aber nicht nur dem Wohlhabenden war der Besuch der Bäder vorbehalten. Weil der Eintrittspreis gering war oder oft ganz entfiel, konnten sich alle sozialen Schichten in den Thermen treffen.

Allen, die mir bei diesem Buch geholfen haben, möchte ich hiermit danken. Besonderen Dank schulde ich dem Herausgeber, H. v. Steuben (Frankfurt), darüber hinaus H. Büsing (Bochum), der mir die Unterlagen seiner Forschungen über das antike Badewesen zur Verfügung stellte, W. Heinz (Sindelfingen), der mir neue, ungedruckte Forschungsergebnisse mitteilte, sowie für Gespräche und Literaturhinweise G. Lahusen (Freiburg), H. Behr, H. Bringmann, A. Pekridou-Gorecki, B. Picard, U. Schädler, K. Schleßmann (alle Frankfurt) und R. Schenk (Marburg). M. Herfort-Koch (Frankfurt) fühle ich mich in besonderem Maße verbunden; ebenso E. Reuß, die mir bei der Nordung der Pläne und der Anfertigung von Skizzen geholfen hat.

Weitere Anregungen verdanke ich den Studenten, die meine Seminare am Archäologischen Institut der Frankfurter Universität besuchten.

Frankfurt, 1995 *M. W.*

I. Die frühesten Beispiele in Literatur und Malerei

Die frühesten architektonischen Reste von Badeanlagen im griechischen Kulturbereich stammen erst aus dem 5. Jh. v. Chr., Darstellungen in der Vasenmalerei reichen bis ins 6. Jh. v. Chr. zurück, und für noch ältere Zeiten kann Homer uns ein Bild von den frühen Badegewohnheiten vermitteln. Zwar erzählt Homer von den Helden des trojanischen Krieges, doch dachte er dabei auch an seine eigene Zeit.

1. Literarische Überlieferung bei Homer

In der Odyssee, die um 700 v. Chr. entstanden ist, diente das Bad nicht nur der Säuberung, sondern ging mit allerlei Annehmlichkeiten und wohligen Empfindungen einher.

Im 3. Gesang, 464–468, gelangt Telemachos, der Sohn des Odysseus, auf der Suche nach seinem Vater an den Hof des Nestor in Pylos. Am Tag nach seiner Ankunft wird nach einem feierlichen Opfer die Zeit, in der das Opferfleisch gart, genutzt, um für Telemachos ein Bad zu bereiten.

„Doch den Telemachos badet indes Polykaste, die schöne,
Als die jüngste Tochter des Nestor, Sohnes des Neleus.
Als sie ihn nun gebadet und eingerieben mit Salböl,
Warf sie ihm um einen schönen Mantel und Leibrock,
Und aus der Wanne stieg er darauf, den Unsterblichen ähnlich."

Man teilt fast das Wohlbefinden des Gastes, der eine solche Behandlung erfährt, und das Gefühl der Verjüngung, das er nach dem Bad verspüren muß. Eine besondere Auszeichnung war es, daß Nestor seine jüngste Tochter Polykaste damit betraut hatte. Diese persönliche Zuwendung, das Salböl und die neuen Gewänder zeigen, wie wichtig das Bad als Ausdruck der Gastfreundschaft war. Gleich darauf geht es zum Essen, nach dem Telemachos zur Weiterreise aufbricht.

Im 10. Gesang, 346–372, der über die Abenteuer des Odysseus mit Kirke berichtet, wird das Bad ausführlicher beschrieben.

„Wasser brachte die vierte und machte ein kräftiges Feuer
Unter dem großen Dreifuß an, um das Wasser zu wärmen.
Als das Wasser dann heiß im blanken erzenen Kessel,
Setzte sie mich ins Bad und goß es aus mächtigem Dreifuß

Mir mit duftenden Kräutern vermischt übers Haupt und die Schultern,
Bis sie mir die verzehrende Mattheit nahm von den Gliedern.
Als sie mich aber gebadet und dann gesalbt mit dem Salböl,
Legte sie mir einen Leibrock an und prächtigen Mantel
Und ließ nieder mich sitzen auf schönem, kunstvoll verzierten
Silberbeschlagenen Thron; für die Füße war drunter ein Schemel.
Und eine Dienerin brachte in schöner goldener Kanne
Handwaschwasser und netzte damit über silbernem Becken
Mir die Hände und stellte vor mich den geglätteten Tisch hin.
Und die würdige Wärterin brachte und setzte dann vor mich
Brot und Speisen dazu, gern gebend, von allem, was da war."

Beide Stellen zeigen sehr anschaulich, daß das Baden ein Erlebnis war, und die Vorbereitungen vor den Augen des Gastes werden seine Erwartungen gewiß gesteigert haben. Das Bad fand „im Rahmen einer festen Besuchs- und Bewirtungsetikette"[1] statt und gehörte zu den Gastlichkeiten, die man einem Besucher gewährte. Die Abfolge war baden, salben, frische Kleidung anlegen und speisen. Das Bad hatte demnach seinen Platz vor dem Essen, d.h. am späten Nachmittag. Obwohl es hier Gäste sind, denen das Bad bereitet wird, dürfte der Vorgang für die homerische Zeit typisch gewesen sein.

Über die Ausstattung des Baderaumes erfahren wir aus den beiden zitierten Stellen wenig. Er wird sparsam eingerichtet gewesen sein. Es scheint, daß sich das Baden in einem großen Raum abspielte und die Einrichtungsgegenstände transportabel waren. Nach Gebrauch hat man sie wohl in einem kleinen Nebenraum abgestellt. Das Wasser mußte gebracht werden, d.h. es stand außerhalb des Raumes bereit.

Lediglich über das Material, aus dem die Gegenstände gefertigt waren, hören wir Näheres: Das Handwaschwasser wird aus einer goldenen Kanne über einem silbernen Becken ausgegossen, das Badewasser wird in erzenen Kesseln erwärmt. Wenn von so kostbaren Geräten gesprochen wird, sollte das vielleicht nur einer heroischen Vergangenheit Glanz verleihen. Jedenfalls wären sie nur einer reichen Oberschicht vorbehalten gewesen. In römischer Zeit war Badeluxus für alle da!

In der Ilias werden weitere Anlässe für ein Bad genannt: Andromache, die Hektor noch am Leben wähnt, läßt für ihn ein Bad vorbereiten, damit er sich nach der Schlacht entspannen kann (22, 442ff.).

Die Könige der Achäer geben ihren Herolden Anweisung, Badewasser für Achilleus bereitzuhalten (23, 39f.). Also wurde nicht nur in der Burg, sondern auch im Feldlager gebadet.

Nestor hat in seiner Lagerhütte den verwundeten Machaon aufgenommen und läßt für ihn ein Bad bereiten (14, 5ff.). Hier begegnet erstmals ein medizinischer Aspekt in Verbindung mit dem Bad, auf den ich bei den Heilbädern zurückkommen werde (S. 118).

Odysseus und Diomedes nehmen ein warmes Wannenbad, nachdem sie von ihrem nächtlichen Abenteuer heimgekehrt waren und den Schweiß bereits im Meer abgewaschen hatten. Danach lassen sie sich einsalben und setzen sich zum Mahl nieder (10, 572ff.).

Aus homerischer Zeit sind keine bildlichen Darstellungen bekannt. Es sei jedoch auf eine Terrakottagruppe aus Zypern aus dem späten 7. Jh. verwiesen (Abb. 9), die an die in der Odyssee geschilderten Badeszenen erinnert.

2. *Schwimmen, Duschen, Baden und Waschen im Freien*

Die ersten Beispiele in der Vasenmalerei führen in das späte 6. Jh. v. Chr., also in eine Zeit rund zweihundert Jahre nach Homer, und in eine andere soziale Welt.

Eine *Amphora* des Priamos-Malers[2] zeigt eine Schar nackter Mädchen beim Baden im Freien (Abb. 1). In der Mitte befindet sich, einem Sprungturm ähnlich, ein hoher Sockel mit einer breiten Basis, die von Wasser umspült ist. Ein Mädchen will gerade ins Wasser springen, ein anderes wendet sich, vielleicht in derselben Absicht, in die andere Richtung und blickt sich nach ihrer Gefährtin um. Zwei weitere Mädchen stehen auf der Basis. Das eine blickt zu der Springerin empor und deutet zugleich auf ein Mädchen, das sich vom Ufer in das Wasser läßt, das andere wäscht sich das Haar. An den Ufern

1 Im Freien badende Frauen, schwarzfigurige attische Amphora des Priamos-Malers 520–515 v. Chr. (Rom, Villa Giulia)

rechts und links duschen zwei Mädchen neben mächtigen Baumstämmen, aus denen Wasser fließt und kleine Bäumchen aufwachsen. In den Zweigen hängen Badeutensilien, vor allem *Aryballoi* (Ölbehälter) und Kleider.

Diese höchst lebendige Natur- und Badeszene gehört zu den wenigen Darstellungen dieser Art, doch muß das Schwimmen und Baden im freien Wasser weit verbreitet gewesen sein.

Bei Platon, Gesetze 689d, heißt es: „Er kann weder lesen noch schwimmen." Beide Fähigkeiten wurden demnach als gleichwertig angesehen. Platon, Staat 453d, sagt weiter, daß das Schwimmen wichtig sei, um nicht zu ertrinken, wenn man einmal ins Wasser fällt. Die Griechen waren auch sehr erstaunt, daß beispielsweise die Thraker nicht schwimmen konnten (Xenophon 7, 30).

An das Sprungpodest der attischen Amphora (Abb. 1) erinnert ein Gemälde im „Grab des Tauchers" (Tomba del Tuffatore) in Paestum, das einem Griechen zugeschrieben wird und aus dem frühen 5. Jh. stammt (Abb. 2).[3] Der Turm hat hier eine beachtliche Höhe. Rechts wächst wieder ein Baum, aus dem ein Ast und eine Palmette abzweigen. Solche Sprungtürme sind in der Wirklichkeit nicht nachgewiesen, doch muß es sie wohl gegeben haben. Dasselbe Springermotiv ist auch aus der nur wenig älteren „Tomba della Caccia e Pesca" in Tarquinia[4] und etwa gleichzeitigen etruskischen Kleinbronzen bekannt.

2 *Kopfsprung eines Jünglings von einem Turm ins offene Wasser („Tomba del Tuffatore" in Paestum, Ausschnitt)*

Auch von den Römern ist überliefert, daß sie das Schwimmen im freien Gewässer liebten. Bei Plutarch heißt es in der Biographie des älteren Cato (20, 6), daß er seinen Sohn im Tiber das Schwimmen lehrte. Weitere Belege reichen bis in die ausgehende Kaiserzeit.[5] Dabei wird das Tiberufer in der Nähe des *Campus Martius* (Marsfeld), wo man nach sportlichen Übungen schwamm,[6] als bevorzugter Badeort angegeben. Wahrscheinlich wurden deshalb auch hier die ersten öffentlichen Thermen Roms errichtet. Nach dem Bau der *Cloaca Maxima*[7] allerdings scheint das Wasser des Tiber, zumindest nach der Einmündung der Stadtentwässerung unmittelbar nördlich des Rundtempels am Tiber, verschmutzt gewesen zu sein, denn es wird ein öffentliches Schwimmbad *(piscina publica)* in Rom abseits des Tiber erwähnt, das bis in Ciceros Zeiten bestanden hat.[8] Demnach haben die Römer schon früh künstliche Schwimmbecken angelegt. In Olympia gab es dergleichen bereits im 5. Jh. v. Chr. (S. 23 ff.). Die Becken waren dort jedoch nur so tief, daß man an jeder Stelle im Wasser stehen konnte. Man kann sie deshalb wohl eher als große Planschbecken bezeichnen.[9]

3. Duschen, Baden und Waschen in überdachten oder geschlossenen Räumen

Eine attisch rotfigurige Amphora aus der Zeit um 520 v. Chr. zeigt vier junge Mädchen oder Frauen, die sich in einem Waschhaus unter einem Wasserstrahl duschen (Abb. 3).[10] Es scheint sich um ein ausgiebiges Bad zu handeln, da die Mädchen bis zur Wade im Wasser stehen. Das Waschhaus, das offenbar aus nur einem Raum besteht und eine primitive Kleiderablage in Form einer Querstange und Eber- und Löwenprotome als Wasserspeier hat, kann als frühes öffentliches Badehaus verstanden werden.

Auf einer *Hydria* derselben Zeit sieht man ein Badehaus mit duschenden und sich ölenden Athleten (Abb. 4).[11] Die Kleider hängen in den Bäumen rechts und links. Die Wasserspeier sitzen wieder so hoch an der Wand, daß man wohl eher an ein Badehaus denken muß als an einen Brunnen, an dem man Wasserkrüge füllt,[12] obwohl es auch solche Beispiele gibt.[13]

Ein anderes Vasenbild zeigt wasserholende Frauen an einem Brunnen, an dessen Wand ein Ölfläschchen zur Körperpflege nach dem Bade hängt,[14] und in einer weiteren Darstellung wird zugleich Wasser geholt und geduscht (Abb. 5).[15]

Es gab jedoch auch antike Gesetze, die das Duschen in Brunnenhäusern verboten haben.[16] Offensichtlich wurden diese zur Körperreinigung gelegentlich mißbraucht. Jedenfalls hat man durchaus einen Unterschied zwischen Brunnen- und Badehäusern gemacht.

Ein attisch-rotfiguriger *Stamnos* aus der Zeit um 430 v. Chr. zeigt drei Frauen, die sich an einem Becken waschen und ihre Körper pflegen

3 Duschende Frauen in einem Waschhaus, attisch rotfigurige Amphora um 520 v. Chr. (Staatliche Museen Berlin)

4 Athleten beim Duschen, Hydria um 520 v. Chr. (Rijksmuseum van Oudheden, Leiden)

5 Brunnen- bzw. Badehaus, Hydria um 520 v. Chr. (Archäologisches Museum Madrid)

6 *Drei Frauen bei ihrer Toilette, attisch rotfiguriger Stammnos um 430 v. Chr. (Staatliche Antikensammlung München)*

(Abb. 6).[17] Die Frau rechts taucht ihre Hände in das Becken, während die linke ihr Gewand zusammenlegt. Am Boden vor ihr stehen ihre eleganten Stiefel. Die junge Frau in der Mitte trocknet sich entweder das Haar mit einem langen Stab[18] oder ölt es mit einem Bausch am Ende des Stabes ein. Im antiken Griechenland rieb man sich nicht nur den Körper, sondern auch das Haar mit Öl ein.[19] In der rechten Hand hält sie an einem Lederband ein mit Öl gefülltes Parfumfläschchen *(Alabastron)*. Nach dem Waschbecken mit Ständer, griechisch *Loutérion* oder *Loutér* (von *loúw* = waschen) wurde das griechische Bad, sowohl der Ort als auch das Baden, *Loutrón* genannt.

Badewannen

In den minoischen und mykenischen Palästen und Gräbern sind große Mengen von bemalten Wannen aus Ton gefunden worden, oft in ausgezeichnetem Zustand. Nach dem Gebrauch für das Bad wurden sie auch als Särge verwendet. Die Griechen selbst benutzten keine Badewannen für Bestattungen. Das griechische Wort *asáminthos* für Badewanne weist bekanntlich durch den Bestandteil *-inthos*, ebenso wie *labýrinthos*, auf seine vorgriechische Herkunft hin.

Bis vor kurzem war man noch der Meinung, daß auch die Römer keine Bestattungen in Badewannen vorgenommen haben. Dies trotz der Tatsache, daß sich die ovale Grundform kaiserzeitlicher Sarkophage von Badewannen herleiten läßt, besonders augenfällig dann, wenn Elemente wie Trageringe oder verzierte Ausgüsse auftreten. Jüngere Ausgrabungen in verschiedenen römischen Nekropolen haben nun auch den Beweis für Bestattungen in echten Badewannen geliefert.[20]

Schon im minoischen Kreta lassen sich wie in mykenischer und griechischer Zeit zwei Arten von Wannen unterscheiden:

Typus I wird durch ein schönes minoisches Stück im Musée d'Histoire in Genf vertreten (Abb. 7).[21] Innen ist die Wanne mit Delphinen in hohen Wasserwogen bemalt, die das Gefühl weckten, im Meer zu baden, außen mit Ornamenten. Die Form ist einer heutigen Wanne für ein Vollbad ähnlich. Von einem ebenen Boden steigt die Wandung nach allen Seiten gleichmäßig ausladend an und endet in einem horizontal verlaufenden Rand in der Form eines flachen Bandes. Die in Abbildung 14 gezeigte Badewanne mit einseitig ansteigendem Rand zum Rücken hin zählt ebenfalls zum Typus I. Diese antiken Wannen waren kleiner als unsere heutige Normalwanne von ca. 160 cm, so daß man sich trotz damaliger geringerer Körpergröße nicht bequem ausstrecken konnte.

Warmes Wasser mußte herbeigeschafft und nach dem Bad ausgeschöpft oder ausgegossen werden. Man konnte die Wanne an zwei Griffen anfassen oder auch am Rand, sie kippen und entleeren, herbeitragen und wieder fortschaffen. Oft sind auch Ablauflöcher im Boden der Wannen vorhanden, die ein Entleeren an Ort und Stelle möglich machten.

Als Beispiel aus mykenischer Zeit dient eine Badewanne des frühen 13. Jhs. v. Chr. aus dem Palast des Nestor in Pylos. Sie ist mit einer Stufe für den Einstieg verbunden und innen mit einem Spiralornament verziert. Die Wanne ist zur Wärmeisolierung in eine Lehmmulde eingelassen (Abb. 8).[22]

Eine Terrakottagruppe aus dem späten 7. Jh. v. Chr. aus Zypern,[23] die man zu demselben Typus zählen kann, erinnert an die nicht viel älteren Badeszenen aus der Odyssee (S. 11 f.): Ein Mann wird von einer anderen Person gewaschen, wahrscheinlich einer Frau (Abb. 9). Die relativ flache Wanne hat zwei Stützen, die durch eine Standfläche verbunden sind. Dazwischen ist sie unterhöhlt, so daß sie beinahe einer älteren Badewanne unserer Zeit gleicht.

Typus II ist eine Wanne mit erhöhtem Sitz, wie sie ähnlich noch heute bei therapeutischen Bädern in Gebrauch ist. Am Fußende befand sich eine schüsselartige Vertiefung, in der sich die Wasserreste sammelten und ausgeschöpft wurden. In diese Mulden konnten auch bronzene Schüsseln eingesetzt sein. Man wusch sich und ließ sich ab und zu übergießen. Zum Verweilen lud dieser Wannentyp, von dem zahlreiche Varianten aus Stein oder Ton überliefert sind, sicherlich nicht ein (Abb. 10).[24]

Waschbecken

Das Waschbecken, Loutérion oder Loutér (S. 17), konnte aus Stein bestehen und auf einem massiven Ständer ruhen, der manchmal auch hohl wie ein Ofenrohr war, oder aus Bronze mit angeformten Griffen auf einem Dreifuß als Ständer.

Die Römer haben dasselbe Gefäß *labrum* genannt. Es stand später auch in den großen Thermen (Abb. 11 u. 12),[25] wo es seinen Platz im *caldarium*

7 Bemalte Badewanne (Musée d'Histoire, Genf)

8 Tonbadewanne aus Pylos.
a (links) Umzeichnung. b (rechts) im Baderaum am Palasteingang

9 Terrakottagruppe aus Zypern

10 Sitzbadewannen von der Agora Athen

gegenüber der Heißbadewanne in der *schola labri* hatte (S. 56ff.). Marmorne und bronzene Waschbecken der beschriebenen Art sind bei Ausgrabungen in großer Zahl gefunden worden.

Außer den runden Waschbecken gab es in den Waschräumen der griechischen Gymnasien und *Palästren* auch trogartige Becken aus Stein (Abb. 13),

11 (links) Labrum aus Delos

12 (rechts) Fragment eines Labrums aus den Thermen von Heerlen

die auf kniehohen Untersätzen ruhten und der Reinigung nach dem sportlichen Training oder Wettkampf dienten.[26] Die Gemeinschaftswaschräume stellen neben dem Waschhaus[27] die zweite Art der öffentlichen griechischen Badeanlagen dar. Sie treten jedoch erst mit den Palästra- und Gymnasiumsbauten im 4. Jh. v. Chr. auf (S. 31f.).

13 Gemeinschaftswaschräume im Gymnasium von Priene

4. Das Schwitzbad

Neben den genannten Wasch- und Bademöglichkeiten war das Schwitzbad beliebt, das sich allerdings nicht gut in Bildern darstellen ließ und daher in der Vasenmalerei fehlt. Ursprünglich kam man dafür auch ohne feste Bauten aus. Herodot (4, 74) berichtet, daß bereits die Skythen in den Steppen Rußlands und um das Schwarzmeergebiet Schwitzbäder nahmen. In Ermangelung von festen Wohnsitzen und Bauten krochen sie unter zeltartig aufgespannte Filzdecken, wo auf glühende Steine gestreute Hanfsamen heiße Dämpfe erzeugten. Da diese eine berauschende Wirkung hatten, sind kultische Zusammenhänge nicht auszuschließen. Vom Baden im Wasser hielten die Skythen nach Herodot nichts.

Die Griechen nannten ihr Schwitzbad „Feuerbad".[28] Es war eine trockenheiße Angelegenheit, ähnlich der heutigen Sauna. Man hockte in kleinen, gut abgedichteten Räumen rings um ein mit Holzkohlenglut gefülltes Bronzebecken und geriet durch die heiße Luft und die Strahlungswärme der Feuerglut ins Schwitzen. Möglicherweise trugen auch heiße Steine, die man außerhalb des Raumes erhitzte und hereintrug, zur Steigerung der Raumtemperatur bei. Von Wasseraufgüssen ist nichts überliefert. Der Raum mußte eine Entlüftungsluke aufweisen.

Die Römer nannten das griechische Schwitzbad *laconicum*, was auf einen Ursprung in Sparta (Lakonien) hinweist (S. 59ff.). Sie sahen darin immer etwas typisch Griechisches, während sie alle anderen Badeformen der Griechen nicht als fremdartig empfanden.

II. Die ersten architektonischen Befunde

1. Minoisch-mykenische Zeit (2000–1100 v.Chr.)

Aus minoischer Zeit sind prächtig ausgestattete Baderäume in den Palästen von Knossos, Phaistos, Mallia und Zakros bekannt (Abb. 14), aus mykenischer Zeit aus Mykene, Pylos und Tiryns. Daneben gab es Räume mit Wasserbassins, die sowohl als *Lustral*-Becken (für kultische Waschungen) wie als Reinigungsbecken für die Palastbesucher gedient haben können.[29]

Jüngste Ausgrabungen auf den Liparischen Inseln unter der Leitung von S. Moscati haben einen Rundbau *(Tholos)* aus dem 18.–16. Jh. v. Chr. von 3,70 m Höhe und 4,60 m Durchmesser ans Licht gebracht, der an mykenische Kuppelgräber erinnert. Erhalten ist unter anderem ein Kanal, durch den Wasser aus einer nahen heißen Quelle eingeleitet wurde. Es muß sich um eine Badeanlage gehandelt haben, die dann die älteste Therme wäre, die wir bisher kennen.[30]

2. Das griechische Badehaus und seine Verbreitung

Nach dem Ende der mykenischen Epoche fehlt in Griechenland für eine lange Zeit jede Spur eines architektonisch gefaßten Bades. Dies gilt für die sogenannten dunklen Jahrhunderte, für die Zeit des geometrischen und des orientalisierenden Stils und selbst für die archaische Zeit. Homer hat eine

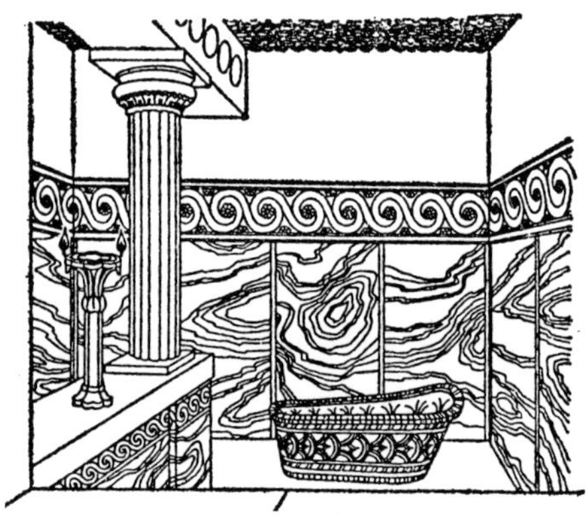

14 Rekonstruktion des Frauenbades von Knossos nach Evans

solche Anlage aus seiner eigenen Zeit wahrscheinlich nicht gekannt. Das älteste Beispiel bietet Olympia, wo sich seit der 1. Hälfte des 5. Jhs., vielleicht erst nach den Perserkriegen, aus bescheidenen Anfängen eine vielseitige Badeanstalt entwickelt hat.

Olympia

Am Ufer des Kladeos, in dem sich die Athleten seit altersher zu baden und zu waschen pflegten, wurde in der 1. Hälfte des 5. Jhs. eine einfache, rechteckige Halle von 21,56 m Länge (in ost-westlicher Richtung) und 5,75 m Breite errichtet,[31] in der sich ein Brunnen befand (Bau I, Abb. 15).

Um 450 v. Chr. wurde an die Südwand des Brunnenhauses ein Sitzbad angefügt (Bau II, Abb. 15). Dieses „Ältere Sitzbad“ hatte eine Länge von 9,34 m und eine Breite von 5,94 m und enthielt insgesamt 11 Sitzwannen aus

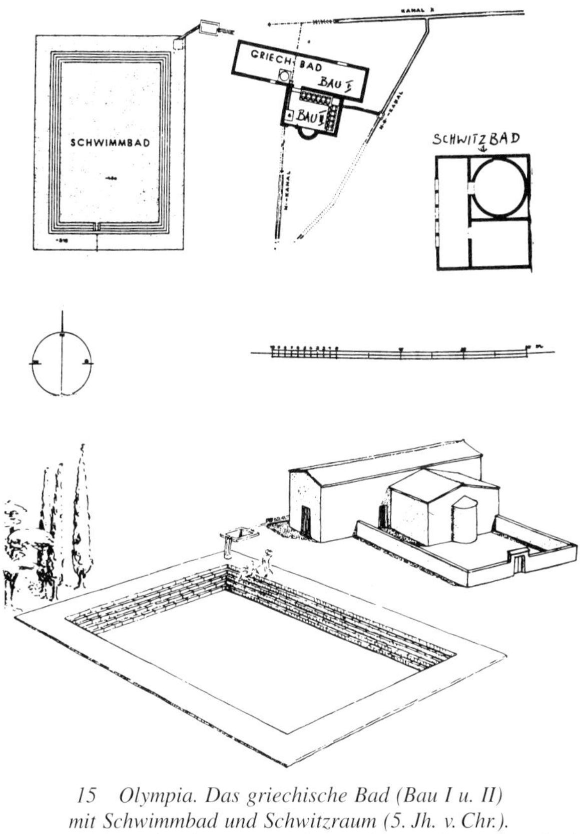

15 Olympia. Das griechische Bad (Bau I u. II) mit Schwimmbad und Schwitzraum (5. Jh. v. Chr.). a (oben) Grundriß. b (unten) Rekonstruktion (ohne Schwitzbad)

Marmor von je 1,20 × 0,60 m, von denen 6 auf der Nordseite und 5 auf der Ostseite eingebaut waren. Die Südseite war mit einer *Apsis* versehen, das erste Beispiel in einem Bad. Im Winkel zwischen den beiden Wannenreihen befand sich ein tieferes Einzelbecken.[32] Die Wasserversorgung erfolgte durch einen Frischwasserbehälter mit einem Fassungsvermögen von ca. 700 l. In der südwestlichen Ecke befand sich eine Stehwanne von 1,40 m Tiefe, in die man über eine Leiter stieg; sie ist in antiken Badeanlagen nur selten anzutreffen. Etwa gleichzeitig wurde ein Schwimmbecken unter freiem Himmel angelegt, das älteste uns bekannte Freibad Griechenlands. Auch das separat südöstlich von Bau I und II liegende Schwitzbad, – das später als *Heroon*[33] diente – wird in das 5. Jh. datiert.

Schon in Olympia waren also Schwitzbad, Wannenbäder und Freibad verbunden, die Grundelemente des griechischen Bades. Nördlich davon, an der Stelle der später errichteten Palästra und des *Gymnasions,* hatten sich wahrscheinlich die Übungsplätze der Athleten befunden.[34]

Nach der Mitte des 4. Jhs. v. Chr. wurde das inzwischen rund hundert Jahre alte Sitzbad durch ein anderes ersetzt. Das „Jüngere Sitzbad" (Bau III, Abb. 16)[35] ist ein 4,23 × 9,30 m großer Anbau an der Westwand von Bau I mit 20 Sitzwannen an drei Wänden. Die Wanne in der nördlichen Ecke ist diagonal eingefügt. Man kann darin einen ersten Versuch sehen, die rechteckige Anordnung der Wannen in eine runde zu überführen, die in einem kreisrunden, dem Schwitzbad ähnlichen Baderaum mit einem Ring von Wannen ihre ideale Form finden sollte (Abb. 18b, 21). Die andere Ecke war für den Abfluß reserviert. Im übrigen reihen sich die Wannen an den Wänden

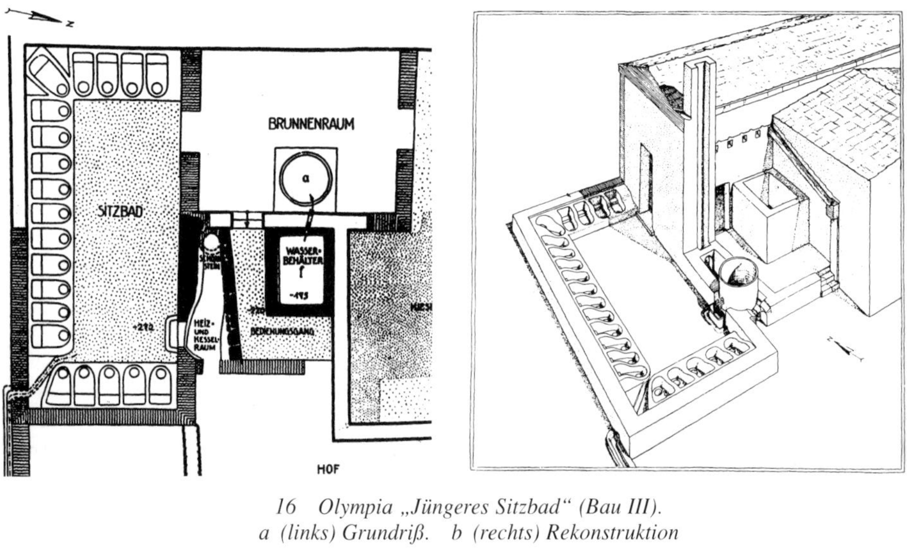

16 Olympia „Jüngeres Sitzbad" (Bau III). a (links) Grundriß. b (rechts) Rekonstruktion

entlang wie die Bänke in einem *Ephebeion*. Mehr als Bau II muß dieser Anbau eigens für die Wannen bestimmt und bemessen worden sein. Der schon vorhandene Wasserbehälter wurde jetzt höher gelegt, damit der Druck ausreichte, einen Kessel in der Südost-Mauer des Anbaus zu füllen. Unter diesem Kessel befand sich eine Feuerstelle, so daß Bad III zu einem Heißwasserbad wurde. Neben der Südost-Wand lag der Heizgang, von dem aus die Feuerstelle betrieben wurde und der mit einem Schornstein abschloß. Nachdem im „Älteren Sitzbad" die Wannen herausgerissen waren, wurde der Boden mit Kieselpflaster belegt. Es ist anzunehmen, daß dort ein Kaltbad entstand. Das große Schwimmbad im Westen war in dieser Zeit nicht mehr in Betrieb und wurde als Steinbruch benutzt.

Die nächsten Umbauten fanden um 100 v. Chr. statt. Sie sind besonders wichtig, weil jetzt der Einbau einer Unterbodenheizung erfolgte, die später noch erweitert wurde. Das griechische Wort dafür – *hypókausis* – bedeutet soviel wie „Unterbrand" oder „Befeuerung von unten".[36] Diese Bezeichnung übernahmen auch die Römer, von denen wir ein Beispiel von derselben Art und aus derselben Zeit bei den Stabianer Thermen in Pompeji beschreiben werden (S. 34 ff.).

Das Beispiel Olympia zeigt, wie sich das einfache Waschhaus (Brunnenhaus) aus dem 5. Jh. v. Chr. über das „Ältere" und „Jüngere" Sitzbad und das offene Schwimmbad zu einer Badeanlage mit Heißbad, Kaltbad, Vorraum und einer Bodenheizung entwickelt hat. Der Übergangsraum zwischen Heiß- und Kaltbad fehlte noch. Auch ein Schwitzbad hat bereits im 5. Jh. v. Chr. dazugehört, freilich in einem eigenen Gebäude.

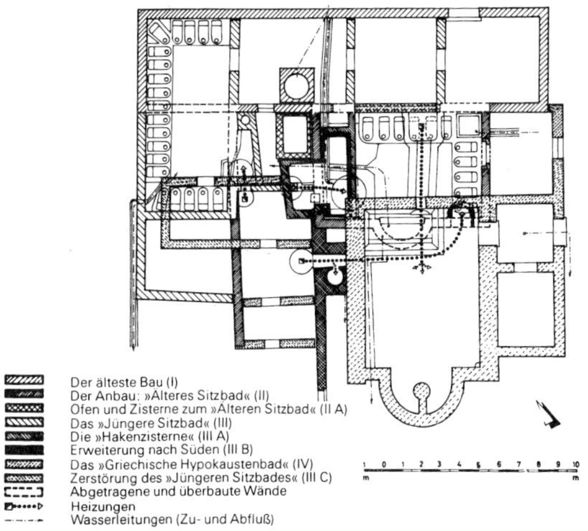

17 Das griechische Bad in Olympia, Periodenplan

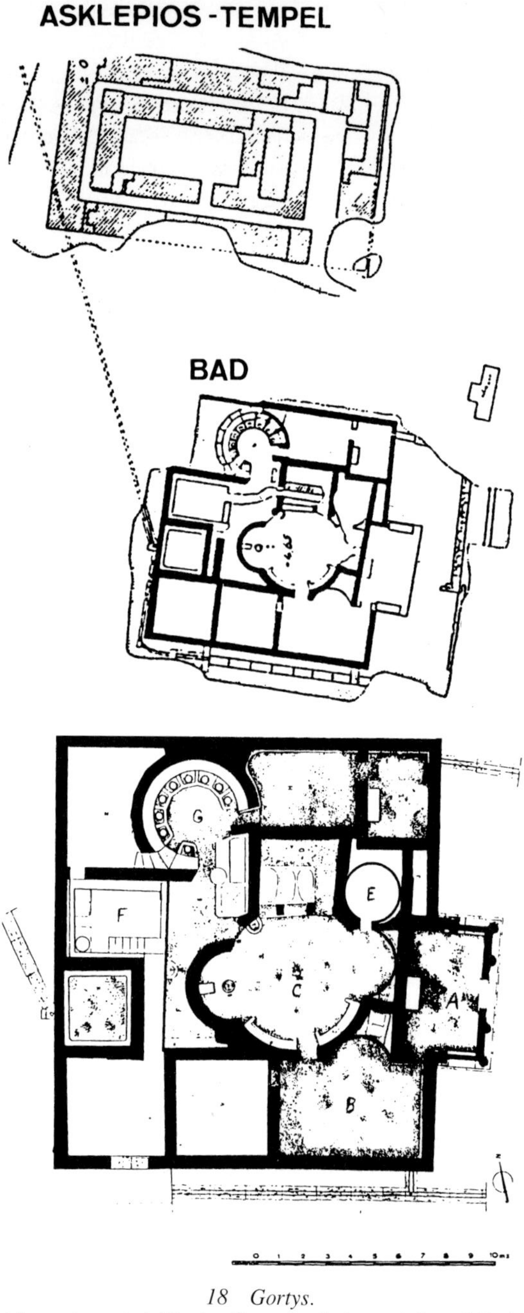

18 Gortys.
a (oben) Lageplan mit Asklepios-Tempel. b (unten) Grundriß des Bades

Gortys

Gortys, eine kleine Stadt in Arkadien, lag am Gortynios (heute Lusios), einem Nebenfluß des Alpheios, nicht weit von der antiken Straße, die von Olympia nach Megalopolis führte. Es besaß ein Asklepios-Heiligtum mit einem Bad (Abb. 18a),[37] das sich neben dem Asklepios-Tempel befand und sich wie dieser nach Osten zu einer Schleife des Gortynios öffnete. Bevor das Badehaus errichtet wurde, hatte man sich wohl im Fluß erfrischt und gereinigt, ähnlich wie in Olympia im Kladeos.

Die Badeanlage stammt in ihrer ersten Bauphase aus dem Ende des 4. Jhs. v. Chr. Sie hatte einen fast quadratischen Grundriß von knapp 300 qm (Abb. 18b) und ursprünglich nur rechteckige Räume, wie wir es auch von Epidauros, Nemea und anderen Orten aus dieser Zeit kennen. In die Rechtecke wurden in der 1. Hälfte des 3. Jhs. v. Chr. kreisrunde Räume und Apsiden gebrochen, die zu dem unregelmäßigen Grundriß geführt haben. Zugleich wurde unter dem Hauptraum (C) eine ringförmige Kanalheizung eingebaut,[38] was den Gebrauch einer Hypokaustenheizung durch die Griechen bereits im frühen 3. Jh. v. Chr. beweist, auch wenn es noch keine Pfeilerhypokausten waren. In Gortys wird auch deutlich, wie eng beheizte und runde Räume zusammengehören: Die Wärme verbreitet sich so am besten gleichmäßig nach allen Seiten und wird von den Wänden gleichmäßig reflektiert. Außen war von den runden Innenräumen nichts zu bemerken. Anders als in Olympia weist das Bad von Gortys keine späteren Anbauten auf.

Von Osten betrat man eine vorspringende Eingangshalle mit vier ionischen Säulen und flachem Giebel. Zwischen den Säulen waren bis zum Gebälk hinauf Wände gezogen, die wahrscheinlich vor Zugluft schützen sollten und einen geschlossenen Vorraum (A) bildeten. Durch einen schmalen Zugang gelangte man in den Raum (B) mit rechteckigem Grundriß und einer halbrunden Nische, die als Auskleideraum diente. Von hier ging es weiter in den zentral gelegenen, mit der erwähnten Fußbodenheizung versehenen Hauptraum (C) des Badehauses, der eine kreisrunde Grundform mit zwei großen halbrunden Nischen und einen durch Pfeiler abgetrennten rechteckigen Nebenraum hatte. In diesem Raum (D) befanden sich auf einem leicht erhöhten Boden drei große Badewannen. Der Hauptraum war auf beiden Seiten des Eingangs mit Regalen zur Ablage von Kleidern und Utensilien, einem Loutérion mit einem kleinen Springbrunnen (in der westlichen Nische) und einem Fußbecken (zwischen Nordwesttür und Pfeilerraum) versehen. Von hier gelangte man in ein Kaltbad (F) und ein kreisrundes Wannenbad (G), eine neue Errungenschaft dieser Zeit, die in den großen römischen Thermen, von Heilbädern abgesehen, keine Nachfolge gefunden hat. Auf der anderen Seite führte eine Tür in ein kreisrundes Schwitzbad (*Laconicum* E).

Der zentrale große Raum (C) in Gortys vermittelte also zwischen dem heißen und dem kalten Bad (E+F) wie später das *Tepidarium* der römischen

Thermen und nimmt damit eine wichtige Entwicklung vorweg. Ein großes Schwimmbecken wie in Olympia gab es in Gortys nicht. Wahrscheinlich hatte man sich weiterhin im Gortynios erfrischt.

Obwohl das Bad in Gortys zu einem Asklepios-Heiligtum gehörte und dicht neben dem Tempel lag, scheint es nicht oder nicht in erster Linie der Heilung gedient zu haben. Die zentralen Einrichtungen entsprechen denen eines normalen Bades, d.h. sie gehören in die Entwicklung, die von den Badeanlagen in Olympia zu den römischen Thermen führt. Auf diesem Weg sind sie ein wichtiger Schritt. Mit der Fußbodenheizung, dem zentralen, großen gewärmten Verteilerraum und Vermittler zwischen Heiß und Kalt, und mit dem kreisrunden Wannenbad sind in Gortys Tendenzen vereint, die im 3. Jh. v. Chr. sonst nur einzeln oder noch gar nicht anzutreffen sind.

Aegina

Zu den frühen griechischen Bädern zählt auch das bisher wenig beachtete Bad am Aphaia-Tempel in Aegina (Abb. 19 u. 20).[39] Der bekannte Ringhallen-Tempel wurde um 500 v. Chr. errichtet. Das an der Ostterrasse in der Nähe des Propylon angebaute Bad besaß zwei Räume mit durchgehendem wasserdichten Fußbodenbelag. Die eigentliche Badezelle war relativ klein. Sie maß, ähnlich dem griechischen Privatbad (S. 101), nur 2 × 2 m. Im Baderaum waren drei Sitzwannen eingemauert, deren Tiefe 30 cm betrug. Jedes Becken hatte eine Schöpfmulde. Man setzte sich auf einen Schemel aus Porosstein und ließ sich übergießen. Der Vorraum war mit einem Wasserbassin von ca. 1 × 1 m ausgestattet, das nachträglich eingebaut worden ist. Außerdem befanden sich hier steinerne Bänke, die auch dem Ablegen der Kleider gedient haben können.

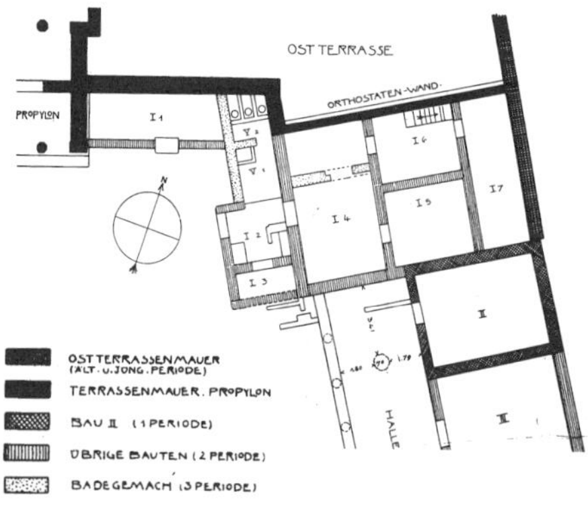

19 (links) Aphaia-Heiligtum in Aegina Lageplan (Ausschnitt)
20 (rechts) Heutiger Zustand der Bäder in Aegina

Das Bad wurde bisher im Zusammenhang mit dem Kult gesehen und der Priesterschaft zugeordnet. Dagegen könnte sprechen, daß die ganze Anlage außerhalb der Temenosmauer liegt. Leider sind keine ähnlichen Beispiele bekannt, die zur Klärung beitragen könnten.

Großgriechenland

Griechische Badegewohnheiten und Einrichtungen haben sich auch auf dem griechisch besiedelten Sizilien verbreitet. Hier sind mehrere Bäder aus dem späten 4. Jh. v. Chr. bekannt, wobei es sich oft um großräumige Badeanlagen handelte, neben denen sich die Bäder in Gortys bescheiden und anspruchslos ausnahmen.

Gela

An der Gesamtbadeanlage in Gela fällt der runde Baderaum mit einem Durchmesser von 5 m und 20–21 Sitzwannen (Abb. 21) gegenüber 2,24 m und 9 Wannen in Gortys besonders auf. Die warmen Baderäume, zu denen auch der Rundbau gehört hatte, besaßen wie in Gortys eine Unterbodenheizung, die hier wie dort aus Heißluftkanälen bestand und von einer Feuerstelle aus bedient wurde. Kanalwände und Fußboden waren aus gebrannten Ziegeln. Der Boden der Kanäle befand sich 1,30–1,60 m unter dem Fußboden der Baderäume. Orlandini[40] datiert diese Anlage zwischen 310 und 282 v. Chr., also vor die Eroberung durch die Römer.

Da Rundbäder und Hypokausten in Gela und Gortys ungefähr gleichzeitig sind, läßt sich nicht mit Sicherheit sagen, wo sie ihren Ursprung hatten. Sie dürften wohl aber eher im Mutterland erfunden und auf Sizilien übertragen

21 Baderäume in Gela

worden sein als umgekehrt. Nach dem heutigen Stand der Kenntnisse scheinen die kreisrunden Wannenräume jedenfalls im frühen Hellenismus aufgekommen zu sein.

Syrakus

Erwähnenswert ist auch das öffentliche Bad in Syrakus[41] aus der 2. Hälfte des 3. Jhs. v. Chr., bei dem zwei Rundräume (*Rotunden*) dominierten, wovon der eine als trocken-heißes Schwitzbad und der andere als feucht-warmes Sitzbad identifiziert werden konnten.

III. Vom griechischen Badehaus zur römischen Thermenanlage

Griechische Sitten und Lebensart begegneten den Römern gleichsam vor ihrer Haustür, denn die griechischen Städte zogen sich an der tyrrhenischen Küste bis hinauf nach Cumae (Kymai, früheste griech. Kolonie auf italischem Boden, um 750 v. Chr. gegründet), wobei Campanien mit den Vesuvstädten besonders dicht bevölkert war. Hier trafen im Laufe der Zeit die verschiedenen einheimischen Völker wie Etrusker, Samniten, Osker und später die Römer mit der griechischen Kultur zusammen, der sie besonders aufgeschlossen gegenüberstanden. Aus diesem Grunde läßt sich die Entwicklung der römischen Badeanlagen und -gewohnheiten unter dem Einfluß der griechischen Kolonisation hier auch am besten verfolgen.

Mit den sozialen, ökonomischen und politischen Bedingungen haben sich auch die Ansprüche auf dem Gebiet des Badewesens geändert und einen Funktionswandel der griechischen Badeanlagen bewirkt, die vorrangig den Athleten als Erfrischung und Reinigung nach dem Sport gedient hatten. Dieser Wandel führte schließlich zu den technisch ausgeklügelten und hochentwickelten römischen Thermen, die eher Kommunikationszentren und Vergnügungsstätten waren. Der Unterschied läßt sich auf eine knappe Formel bringen:

griechisch: Sport mit Bad
römisch: Bad mit Sport oder Spiel

Bei den von Homer geschilderten Badeszenen spielte der Sport noch keine Rolle. Auch die Vasenbilder der archaischen und klassischen Zeit können diese Verbindung noch nicht belegen, was vielleicht nur an den begrenzten Darstellungsmöglichkeiten der Vasenmalerei liegt. In Olympia (S. 23) müssen die Athleten jedoch schon am Kladeos trainiert und im Fluß gebadet haben, als im 5. Jh. v. Chr. die ersten Badehäuser gebaut und im 3. Jh. v. Chr. Palästra und Gymnasion errichtet wurden. Ähnlich dürfte es auch anderswo gewesen sein.

Die im 4. Jh. v. Chr. in Griechenland aufkommenden großen Palästren[42] mit Peristylhof wurden ihrerseits mit Bade- oder Waschräumen ausgestattet, die jedoch nur einen kleinen Teil des Gebäudes einnahmen. In der Palästra in Olympia (Abb. 22)[43] konnten in dem großen Hof die Kampfsportarten (Boxen, Ringen) und der Sprung trainiert werden, man konnte sich dort einölen und mit der Strigilis reinigen, während die Räume ringsherum der Aufbewahrung der Geräte, für Vorträge und Unterricht bestimmt waren. Bade- und Waschgelegenheiten oder Wasserstellen gab es nur in den Räumen

X, XIV und XVI; ansonsten stand allenfalls noch Wasser aus der den Hof umlaufenden Regenrinne zur Verfügung. Lauf- und Wurfübungen fanden vielleicht noch eine Weile auf den Wiesen nördlich der Palästra statt, bis das Gymnasium mit der Halle von der Länge eines Stadions und auf der anderen Seite Wohnungen für die Athleten errichtet wurden. Badeanlagen sind hier, ebenso wie Latrinen (S. 64 ff.), nicht nachgewiesen. Es blieb bei den alten Bädern südlich der Palästra, von denen das Schwimmbecken inzwischen stillgelegt worden war, und den bescheidenen Waschmöglichkeiten in der Palästra, die in der ausgedehnten Anlage für das Training der Athleten nur eine Nebenrolle spielten.

In römischer Zeit trat das Baden an die erste Stelle und wurde mit immer größerem Aufwand fortentwickelt. Der Sport wurde zum Zeitvertreib am Rande des Badevergnügens. Die Baderäume nahmen den größten Teil der Anlage ein, die Flächen für die sportlichen Betätigungen schrumpften zusammen.

Über die Sportarten der Griechen sind wir hinreichend unterrichtet. Sie sind noch heute Bestandteil der olympischen Disziplinen.

Von den Sport- und Spielarten der Römer zur Vorbereitung auf das Bad oder im Bad erfahren wir aus der antiken Literatur, von Darstellungen auf Mosaiken und durch Funde. Besonders beliebt waren Ballspiele, von denen

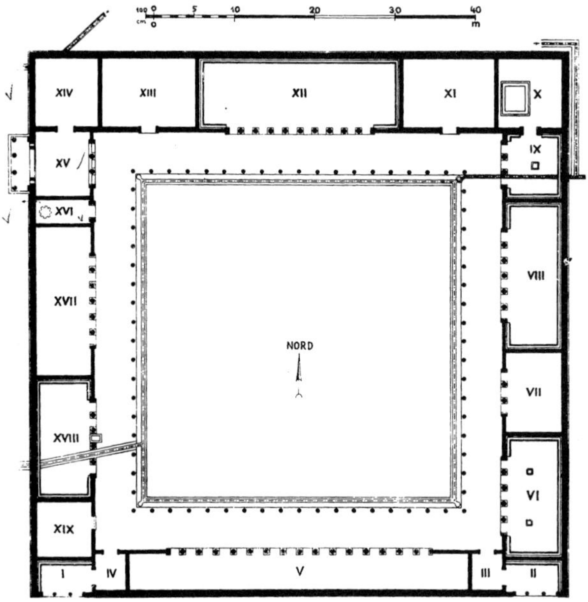

22 *Palästra in Olympia (3. Jh. v. Chr.)*
X = Kaltbad mit tiefem Becken, XIV = Waschraum, XVI = Brunnen

es mehrere Varianten gab. Man benutzte sowohl einen kleinen, harten Ball (*harpaston*) als auch einen federleichten, weichen (*follis*).

Martial (ep. 57):

> „Dich sieht man nie aufs heiße Bad
> dich vorbereiten durch Schlagball,
> Ballspiel oder durch ländliche *Pelota*
> (eine Art Schlagball)
> du schwingst vorher kein stumpfes Schwert,
> noch springst nach links und rechts du hin,
> im Fang die staubige harpasta zu erhaschen."

Oder bei der Übergabe eines Geschenks (Sportstiefel):[44]

> „Trage sie, wenn du hitzig beim Dreiball
> (mit drei Personen) wirfst
> oder wenn du die federleichte, weiche
> follis in der Hand wiegst."

Bei Petronius, cena Trimalchionis 27, heißt es:

„Inzwischen spazierten wir (im Bad) herum ... oder amüsierten uns vielmehr damit, uns den Gruppen von Ballspielern zu nähern. Da bemerkten wir auf einmal einen kahlköpfigen älteren Herrn, der eine rote Tunika trug und, umgeben von Knaben mit langen Locken, Ball spielte. Es waren aber nicht so sehr die jungen Sklaven, die unsere Aufmerksamkeit anzogen, sondern ihr Herr, der Pantoffeln anhatte und mit grünen Bällen spielte. Hatte ein Ball den Boden berührt, so hob er ihn nicht wieder auf, sondern ein Diener, der einen Beutel voller Bälle trug, reichte dem Spieler neue. Wir bemerkten noch etwas anderes, das uns originell vorkam: zwei Eunuchen standen an den Enden des Spielfeldes einander gegenüber: der eine hielt einen Nachttopf aus Silber, während der andere die Bälle zählte, nicht diejenigen, die im Spiel von Hand zu Hand flogen, sondern die, welche zu Boden fielen."

Auch eine Art Boccia haben die Badbesucher gespielt. Dies geht aus der Erwähnung eines *Sphaeristerium* (Ballspielort von *sphaira:* griech. = Kugel) bei Plinius (ep. 2, 17, 12 u. 5, 6, 27) hervor; zudem wurden in der Palästra der Stabianer Thermen in Pompeji auf einer 2,5 m breiten Tuffsteinbahn zwei Steinkugeln gefunden.[45] Auch Brett- und Würfelspiele lassen sich in Thermen belegen, ebenso ist das Laufen mit einem Metallreifen (*trochus*), den man vor sich hertrieb, überliefert.

Auf dem Fußbodenmosaik der Villa Casale bei Piazza Armerina (Abb. 116) sehen wir weitere, vielleicht von Frauen bevorzugte römische Spiel- und Sportarten.

Daneben ist bei den Römern sicher auch in den großen Palästren und beim Militär harter Sport getrieben worden, aber dann nicht als Vorbereitung auf ein Bad.

1. Die Stabianer Thermen in Pompeji

Obwohl in der Literatur immer wieder ausführlich behandelt, sollen die Stabianer Thermen in Pompeji und ihre Baugeschichte hier noch einmal dargestellt werden. Sie gehören zu den am besten erforschten Badeanlagen und können in einer besonders eindrucksvollen Art die schrittweise Entwicklung von einem Bad nach griechischem Vorbild bis hin zur kompletten römischen Thermenanlage vor Augen führen.[46]

Sie liegen in der südlichen Hälfte der *Insula* I der Regio VII, und werden im Norden von der Casa di Sirico, im Westen vom Vico di Lupanare, im Süden von der Via dell'Abbondanza und im Osten von der Via Stabiana, die den Thermen den Namen gab, begrenzt. Die Straßennamen gehen auf die Ausgräber zurück.

Wie erwähnt, haben sich im Laufe der rund fünfhundertjährigen Geschichte der Stabianer Thermen die Badegewohnheiten grundsätzlich geändert und in der laufend veränderten Baugestalt der Anlage ihren architektonischen Ausdruck gefunden.

Der in Abbildung 23 skizzierte Vergleich der Flächeneinteilung verdeutlicht das schrittweise Schrumpfen der Palästra (P) zugunsten des Badebereichs.

Bauperiode I:
Unter dem Nordflügel der späteren Thermen wurde die erste Badeanlage ausgegraben. Es handelte sich um ein kleines Athletenbad, das einer großen Palästra angegliedert war und gewissermaßen die Urzelle der Stabianer Thermen darstellt, so daß sich hier seit der Mitte des 5. Jhs. v. Chr. eine Wasch- und Badetradition nachweisen läßt.

Pompeji wurde damals von Griechen und Oskern gemeinsam bewohnt, seit Ende des 5. Jhs. v. Chr. stand es unter samnitischer Verwaltung; gleichwohl war diese erste Anlage nach griechischem Vorbild geschaffen. Das erste Waschhaus war etwa 18 m lang und 9,4 m breit, was einer Fläche von ca. 170 m^2 entspricht. Man konnte es vom Sportplatz aus betreten und gelangte zunächst in einen korridorartigen Vorraum, der auch von außen zugänglich war (E). Hier öffneten sich fünf Kabinen. Vier davon waren nur 4–5m^2 (vgl. S. 101) groß und ließen sich mit Türen verschließen, die westliche war offen. Neben der Zeile mit den Baderäumen führte eine Treppe auf das Flachdach, wo Regenwasser gesammelt und in eine Zisterne geleitet wurde. Hinter ihnen befand sich ein weiterer Gang mit Zugang von außen und Durchgang zu den Baderäumen, die man also von drei Seiten her erreichen konnte. Möglicherweise hatten die Vorräume als Apodyterien gedient. In den verschließbaren Räumen stand je eine gemauerte Sitzwanne, in dem offenen Raum befanden sich drei. Die gemauerten und verputzten Wannen entsprachen weitgehend den aus dem griechischen Kulturkreis bekannten Sitzwannen. Aus den griechischen Gemeinschaftsbädern mit Blickkontakt waren jedoch Einzelkabinen geworden, und man badete mit dem Rücken zur Tür, während man in den Waschkabinen griechischer Wohnhäuser durch die Türöffnung sehen und am Leben ringsum teilnehmen konnte. Ein Zugeständnis an die griechische Lebensart hatte man allenfalls in dem offenen Raum im Westen gemacht, wo drei kleine Sitzwannen nebeneinanderstanden.

Die veränderte Einstellung zur Nacktheit mag die Bevorzugung des Einzelbades begründet haben: War es in Griechenland selbstverständlich, nackt Sport zu treiben und nackt zu baden, so ist bei den Römern eine gewisse Schamhaftigkeit, besonders für die frührömische Zeit, überliefert. Sie ging so weit, das gemeinsame Baden von männlichen Familienmitgliedern (Väter mit Söhnen oder Schwiegersöhnen) als unschicklich zu empfinden.[47] Erst nach und nach änderte sich das, bis man wie die Griechen nackt und darüber hinaus gemeinsam mit Frauen badete.

Hinter der Zeile mit den Waschräumen befand sich links ein Tiefbrunnen, aus dem das Wasser geschöpft wurde. Es lohnt sich, die bescheidene Anlage genauer anzusehen. Immerhin stammt sie aus derselben Zeit wie das älteste Badehaus in Olympia (Abb. 15a u. b).

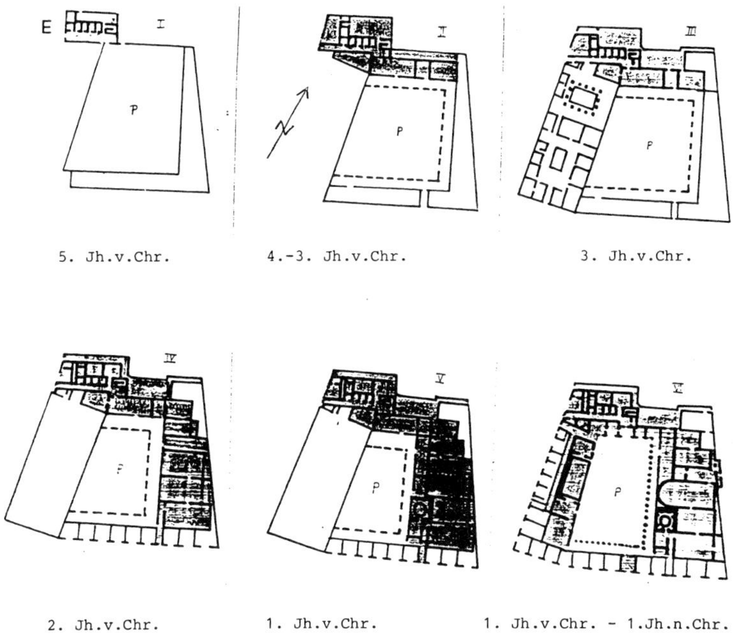

23 Flächennutzung der Stabianer Thermen in den Bauperioden I–VI

Bauperiode II:
Nach einer längeren Umbaupause wurde auf einem etwa einen Meter höheren Niveau auf den hochgezogenen und erweiterten Fundamenten des ersten Bades ein Neubau mit einer Erweiterung nach Westen errichtet. Es entstanden wieder fünf Badezellen, die allerdings an Stelle der Sitzwannen Liegewannen enthielten, welche heute noch zu sehen sind. Der nördliche Teil der Palästra wurde zugunsten von Nebenräumen verkleinert. Dieser Bauabschnitt wird in das 4./3. Jh. v. Chr. datiert.[48] Der Palästrahof erhielt ein *Peristyl* und wurde damit dem neuen Palästratypus in Griechenland angepaßt.

Bauperiode III:
Im 3. Jh. v. Chr. wurde das Bad nach Osten um einen großen Raum erweitert, der über einen Korridor von der Via Stabiana aus zugänglich war und in den Ecken Verbindungstüren zu den älteren Teilen des Bades hatte. Es läßt sich nicht sagen, ob es sich schon um unterschiedlich temperierte Baderäume gehandelt hat. Auf dem bisher freien Grundstück westlich der Palästra wurde ein großes Wohnhaus mit Atrium und Peristylhof gebaut.

Bauperiode IV:
Der bedeutendste Schritt hin zu den eigentlichen Thermen vollzog sich in der IV. Bauperiode, die in die Mitte des 2. Jhs. v. Chr. datiert wird. Auf Kosten der Palästra wurde der gesamte Ostflügel der Anlage neu bebaut. Es entstand eine für Frauen und Männer getrennte Badeanlage mit jeweils drei Haupträumen und gesonderten Zugängen: Zum Männerbad gelangte man von Süden und zum kleineren Frauenbad von Nordwesten. Für den Frauen-Auskleideraum und den -Durchgangsraum im Norden fanden bereits bestehende Räume Verwendung. Neu gebaut wurden das Frauen-Heißbad, die Feuerungsstelle sowie der Heißbaderaum, der Durchgangs- und der Auskleideraum der Männerabteilung. Kaltbaderäume gab es noch nicht. Es ist zu vermuten, daß Kaltwasserbecken in den Auskleideräumen aufgestellt waren. Die Lage der Räume, insbesondere der Feuerungsstelle zwischen den beiden Heißbaderäumen, nimmt vieles vorweg, was Vitruv hundert Jahre später als Idealtypus einer römischen Badeanlage beschrieb.[49]

Bauperiode V:
Sie brachte wiederum eine Verkleinerung der Palästra zugunsten von neuen Anbauten am Ostflügel mit sich. Bei der Ausgrabung 1857 wurde in einem Nebenraum der Stabianer Thermen eine Travertintafel mit einer Inschrift gefunden, die bezeugt, daß zur Amtszeit der *Duumvirn* Uulius und Aninius (zwischen 80 und 50 v. Chr.) die Palästra mit ihrer dazugehörigen *Portikus* erneuert sowie ein Laconicum und ein *Destrictarium* gebaut wurden. Die Lage dieser Räume war lange umstritten, da sie an dem heutigen Grundriß nicht mehr ablesbar sind. H. Eschebach gelang es jedoch in einer Untersuchung,

diese Räume genau zu lokalisieren.[50] Schon 1920 hatte R. Hartmann vermutet, daß die Rundbauten der *Frigidarien* der Forums- und Stabianer-Thermen ursprünglich als Laconica konzipiert waren.[51] Für die Stabianer Thermen konnte Eschebach die Richtigkeit dieser Hypothese nachweisen (Abb. 46). Er stützte sich dabei auf folgende Fakten:

1. Alle Maße des runden Raumes ließen sich auf das peloponnesische Fußmaß zurückführen (S. 59). Daraus ist zu schließen, daß es sich um eine Raumform nach griechischem Vorbild handelte, was für ein Laconicum zutraf, aber nicht für ein Frigidarium (Kaltbaderaum).
2. Eine Grabung ergab, daß der Fußboden des Raumes ursprünglich tiefer lag und der jetzige Abfluß des Frigidariums nicht zu dem unteren Fußboden gehören konnte, sondern nachträglich beim Umbau des Schwitzbades zum Kaltbad angelegt worden war.
3. Der obere Umgang um das Becken war ursprünglich nicht vorhanden.
4. In der nordwestlichen Nische wurden unter dem Umgang vier Abdrucke von Stuhlbeinen festgestellt. Eschebach nimmt an,[52] daß sich in jeder Nische Sitzgelegenheiten zum Ausruhen während des Schwitzens befanden.

In der Mitte der wannenartigen Vertiefung des Laconicums stand ursprünglich der mit glühenden Holzkohlen gefüllte Ofen. Der Raum war kegelförmig überdacht, ähnlich wie es Vitruv (V, 10, 5) später forderte. Nördlich des Laconicums schloß sich das Destrictarium an, das der erwähnten Inschrift zufolge gleichzeitig mit dem Schwitzbad errichtet wurde. Die Südmauer des Destrictariums war noch in dem zugemauerten Zwickelraum zwischen dem Frigidarium und der später erbauten Apsis des Männer-Caldariums zu sehen. Untersuchungen dieser Mauer ergaben, daß das Destrictarium korbbogenförmig überwölbt war. Der Raum wurde abgebrochen, als die Westseite des Männer-Caldariums durch den Einbau der Schola labri apsidenförmig erweitert wurde. Gleichzeitig muß der Umbau des Laconicums erfolgt sein, da Bauschutt des Destrictariums zur Aufschüttung des Fußbodens im Frigidarium verwendet wurde. Eschebach sieht als Voraussetzung für diese baulichen Veränderungen die Einführung der städtischen Wasserleitung, die sowohl das Labrum als auch das Männer-Caldarium sowie die Wanne des Frigidariums mit Frischwasser versorgte. Laconicum und Destrictarium waren demnach mindestens bis in das Jahr 36 v. Chr. in Betrieb. Vorher gab es in Pompeji kein öffentliches Wassernetz.[53]

Bauperiode VI:
Der Umbau des Laconicums und der Abbruch des Destrictariums fielen demnach in die VI. Bauperiode, in der die Bautätigkeit von etwa der Mitte des 1. Jhs. v. Chr. bis zur Mitte des 1. Jhs. n. Chr. zusammengefaßt wird (Abb. 23). In dieser Zeit wurden noch weitere Um- und Ausbauten der Thermen vorgenommen. Das Bad im Nordflügel wurde stillgelegt. Das Privat-

haus, das seit der Bauperiode III den westlichen Teil der Insula einnahm, wurde abgerissen, die Palästra nach Westen hin leicht vergrößert. Auf dem freigewordenen Gelände im Westen wurde ein Schwimmbecken (*Natatio*) mit Nebenbauten angelegt. Das *Präfurnium* zwischen den beiden Caldarien wurde ausgebaut und die ganze Anlage nun weitgehend „zentral" beheizt. In der frühen Kaiserzeit wurde vor allem das Heizungssystem verbessert. Dazu zählen die Hypokaustierung des Frauen-Tepidariums und die Tubulierung der Warmbaderäume, d.h. die Ausstattung ihrer Wände mit Hohlziegeln, durch die die warme Luft geleitet wurde.

Das Erdbeben 62 n.Chr. zerstörte große Teile der Stabianer Thermen. Der Wiederaufbau ging nur schleppend vor sich. Im Jahre des Vesuvausbruchs 79 n.Chr. war lediglich die Frauenabteilung wieder in Betrieb.

Bisher galt unser Augenmerk in erster Linie den Grundrissen, an denen die Entwicklung vom griechischen Badehaus zu den römischen Thermen besonders gut erkennbar ist. Es darf jedoch nicht übersehen werden, daß bereits in der II. Bauperiode der Stabianer Thermen eine neue Wölbetechnik aus betonähnlichem Gußwerk angewendet wurde, durch die gegen Ende des 2. Jhs. v.Chr. die zunächst flach gedeckten Räume mit kleinen Tonnengewölben überspannt wurden (vgl. Abb. 24b). Hierbei denkt man zunächst nur an Heiß- und Warmbaderäume, in denen die Tonnengewölbe zu einer gleichmäßigen Wärmeverteilung beigetragen haben könnten. Die Ausgrabungen lehren aber, daß auch andere Räume mit der neuen Technik überwölbt waren. Die Gewölbedecken waren häufig mit Stuckrippen versehen, die die Funktion hatten, das sich bildende Kondenswasser zwischen den Rippen ablaufen zu lassen. Ein vorkragendes Stuckgesims verhinderte, daß das Wasser über die Wand-

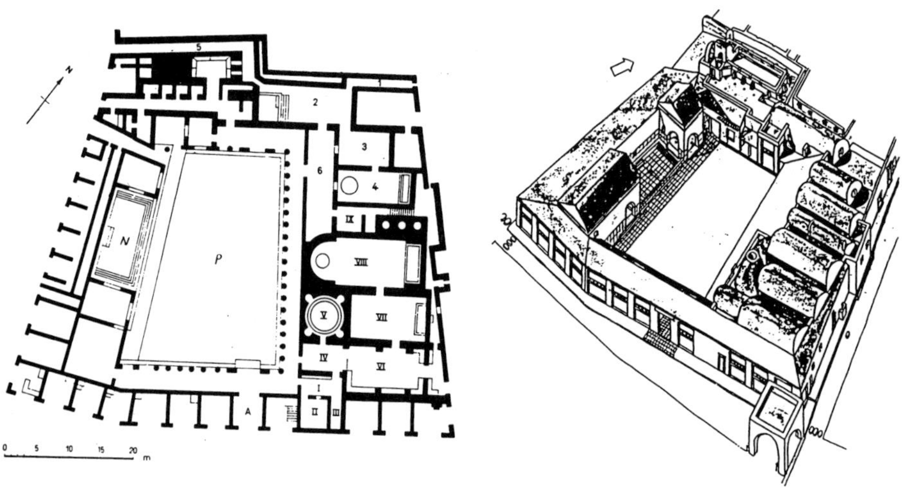

24 Stabianer Thermen.
a (links) Grundriß der letzten Bauphase (VI). b (rechts) Rekonstruktion

malereien hinabsickerte. Diese Stuckgesimse finden sich übrigens auch in solchen Räumen, in denen das Tonnengewölbe nicht mit Riefeln versehen war.[54]

Ob es einen Zusammenhang zwischen den Bäderrundgrundrissen und den Gewölben gibt, kann hier nur zur Diskussion gestellt werden.

Die erwähnte Gußmauertechnik[55] wurde ständig zu einer der wichtigsten Grundlagen römischer Architektur weiterentwickelt.

2. *Römische Bezeichnungen griechischer Herkunft*

Die griechischen Einflüsse auf das römische Badewesen zeigen sich nicht nur in den Anlagen selbst, sondern auch in ihren aus dem Griechischen übernommenen Bezeichnungen. Es werden hier exemplarisch einige Beispiele erläutert, ansonsten verweise ich auf das Glossar am Ende des Buches (S. 184 ff.).

Thermae kommt von *thermos* (warm, heiß) und bezeichnet sowohl warme Quellen als auch große Badeanlagen. Seit homerischer Zeit werden mit *thermá loutrá* alle Wasch- und Badegelegenheiten mit warmem Wasser bezeichnet. Nach und nach wandelte sich diese Bedeutung. Man hatte sich schon in der Antike darauf geeinigt, die Bezeichnung Thermen nur für große Badeanlagen zu verwenden. Demgegenüber versteht man heute unter einem Thermalbad gewöhnlich ein Thermalheilbad.

Balneae leitet sich von *balaneíon* (Bad) ab und bedeutet Badegelegenheiten (nicht Waschgelegenheiten!), also im Plural. Wohl aus diesem Grunde nimmt Varro (ling. 9, 68) an, daß es sich dabei um Männer- und Frauenbäder handelte. Beim Privatbad sprach man im Gegensatz dazu von einem balneum, man benutzte nicht den Plural (S. 101 f.). Heute bezeichnet man mit *balnea* (Plural von *balneum*) meist kleinere Bäder im Unterschied zu den großen Thermen. Die Unterscheidung zwischen thermae und balneae ist bereits aus der Antike bekannt. So sind in dem aus der Mitte des 4. Jhs. n. Chr. überlieferten Regionenverzeichnis Roms 11 thermae und 856 balneae aufgelistet.[56] Die Unterscheidung wurde allerdings nicht immer eingehalten.

Hypokausten: Obwohl der Name hypókausis erst bei Vitruv (V, 10, 1) belegt ist, haben wir es auch hier mit einem Wort griechischen Ursprungs zu tun. Es bedeutet „von unten her brennen", also Fußbodenheizung. Damit kann auch schon die ältere Kanalheizung vom Typus Gortys gemeint sein.

Apodyterium kommt von *apodýo* und bedeutet soviel wie „aus den Kleidern tauchen", Apodyterion also Auskleideraum. Auch bei dieser Bezeichnung sind die Römer geblieben.

Labrum entstand aus dem griechischen loutérion bzw. loutér (beides von *loúw* waschen), übersetzt *lavabrum*, das durch Verschleifung zu Labrum wurde und Waschbecken bedeutet.

Palaestra kommt von *palaío* = ringen. In der Palästra fanden also Ringkämpfe statt. In älteren Übersetzungen wird die Palästra deshalb auch Ringschule genannt, was als *pars pro toto* für verschiedene sportliche Übungen zu verstehen ist. Sie war das Kernstück des griechischen Gymnasiums und bestand seit dem 4. Jh. v. Chr. aus einem großen, annähernd quadratischen Hof, der auf allen Seiten mit Säulen eingefaßt war. Hinter den Säulenhallen öffneten sich Räume für den Unterricht und die Aufbewahrung der Geräte. Dazu gehörte auch ein Waschraum (Abb. 13), der hier, wie schon dargestellt, noch eine untergeordnete Rolle spielte. Die Römer übernahmen die Palästra als Säulenhof in Verbindung mit Baderäumen, nutzten ihn jedoch in der Regel nicht für sportliche Übungen.

IV. Die technischen Voraussetzungen

1. Wasserversorgung

Die Wasserversorgung spielte für die Badeanlagen natürlich eine zentrale Rolle. Der steigende Verbrauch erforderte immer bessere Lösungen, bis hin zu den gewaltigen *Aquaedukten*, ohne die die riesigen Thermen Roms nicht zu denken sind. Da die meisten Bäder aus dem allgemeinen Wassernetz gespeist wurden, wollen wir mit einem allgemeinen Überblick über Wasserleitungen beginnen.[57]

In vorgriechischer und griechischer Zeit

Bereits in der minoischen und mykenischen Kultur (2. Jh. v. Chr.) hat es künstliche Anlagen zur Wasserversorgung gegeben, wie es die Bade- und Klosettanlagen mit Wasserspülung im Palast von Knossos bezeugen. Evans hat bei seinen Grabungen 1930 u.a. eine Rohrleitung aus kegelstumpfförmigen Tonrohren (Abb. 25) freigelegt, mit deren Hilfe Wasser in den Palast geführt wurde.[58]

Griechische Städte wie Athen (Abb. 26), Korinth, Megara und Samos versorgten sich schon in archaischer Zeit aus großen Wasserleitungen, mit denen sich die Namen von Tyrannen und sogar von Architekten oder Ingenieuren verbinden, die durch diese technischen Leistungen berühmt geworden sind. Auf Samos wurde die von Herodot (III, 60) gerühmte Leitung von dem

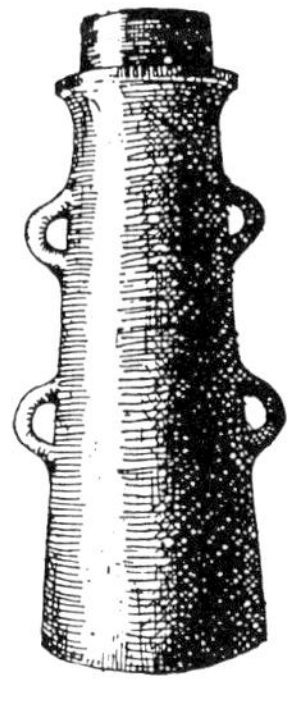

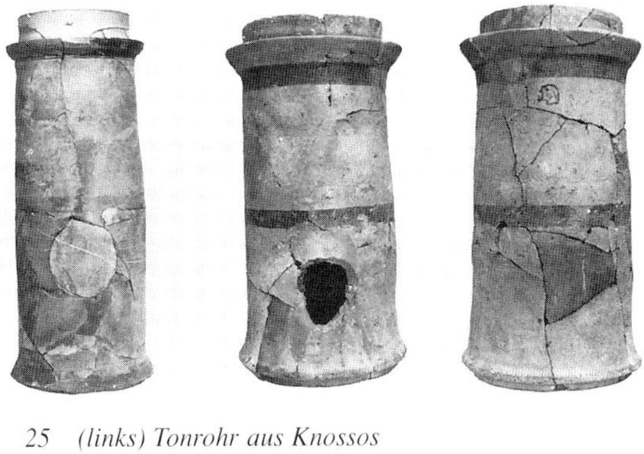

25 (links) Tonrohr aus Knossos

26 (rechts) Drei Tonrohre von Frischwasserleitungen aus Athen (7./6. Jh. v. Chr.)

Tyrannen Polykrates (528–522 v. Chr.) wenn nicht begonnen, so doch vorangetrieben, und von Eupalinos von Megara erbaut. Die weit verzweigten Leitungen in Athen, die vom Hymettos herabkamen, stammen aus der Zeit der Peisistratiden (561–510 v. Chr.). Die einzelnen Abschnitte pflegten in offener Bauweise in den Felsen eingelassen oder durch den Berg in einem Stollen oder in Tonrohren verlegt zu sein.[59] Die Tonrohrleitungen waren bis zur klassischen Epoche in Tunneln verlegt, die den Zugang zu der Leitung ermöglichten und deren Schutz garantierten. Für die Verlegung von Tonrohren unmittelbar ins Erdreich, wie es in der klassischen Zeit üblich wurde, ist die um 400 v. Chr. gebaute Wasserleitung von Olynth das älteste Beispiel.[60] In der Regel legte man die griechischen Wasserleitungen mit Gefälle an, in Samos z. B. 0,4%. Sie transportierten so bei einem mittleren Durchmesser von 18–19 cm ca. 15 Liter Wasser pro Sekunde. Die Tonrohre sahen in den verschiedenen Zeiten unterschiedlich aus, die Stöße zwischen den Rohren wurden seit der archaischen Zeit mit einem Gemisch von Ätzkalk und Öl abgedichtet. In hellenistischer Zeit (3.–1. Jh. v. Chr.) bestand diese Dichtungsmasse aus Lehm- und Kalkmörtel (z. B. bei der hellenistischen Wasserleitung von Pergamon).[61]

Neben den Gefälleleitungen gab es Druckrohrleitungen, um Taleinschnitte zu überwinden. Eine oberirdische Leitungsführung auf Brücken haben die Griechen vermieden.[62]

Die Abwasser wurden durch teils offene, teils mit Steinplatten abgedeckte Kanäle aus der Stadt herausgeführt, wie es von Priene bekannt ist.[63]

Da uns für die archaische Zeit keine Funde von architektonisch gefaßten Badeanlagen bekannt sind, können wir auch nichts über die Wasserversorgung sagen. Die frühesten bekannten Bäder aus dem 5. Jh. v. Chr. wurden zunächst aus Zisternen, Quellen und Brunnen gespeist wie in Olympia und Gortys oder mittels tiefer Wasserschächte wie in Syrakus. Dazu gehörte auch die Entwässerung durch Kanäle (Abb. 15a, Olympia).

In römischer Zeit

Über die Wasserversorgung bei den Römern sind wir durch Sextus Julius Frontinus *„De aquis urbis Romae"* hinreichend unterrichtet.[64] Er war selbst *curator aquarum* (Verwalter der Wasserversorgungseinrichtungen Roms) in den Jahren 96/98 n. Chr. In Kapitel IV (24–26) heißt es: „441 Jahre lang, seit der Gründung ihrer Stadt (753 v. Chr.), gaben sich die Römer mit dem Gebrauch jener Wasservorräte zufrieden, die sie dem Tiber, den Schöpfbrunnen oder den Quellen entnahmen." Erst im Jahre 312 v. Chr. (753–441=312) begann man, durch Aquaedukte zusätzliche Wasserstellen für Rom zu erschließen. Außer der in diesem Jahr erbauten Aqua Appia wurden bis zur Plünderung Roms durch die Goten 410 n. Chr. weitere zehn Aquaedukte errichtet, meist in Verbindung mit dem Bau neuer Thermen. Seit dem 2. Jh.

v. Chr. dehnten sich die Wasserversorgungseinrichtungen auch auf die Provinzen aus. Nach Frontinus soll Rom während seiner Zeit als curator aquarum bei einer Einwohnerzahl von ca. 1 Million über eine tägliche Kapazität von umgerechnet 992 000 m^3 Wasser verfügt haben. Frankfurt hatte 1989 bei ca. 630 000 Einwohnern einen durchschnittlichen täglichen Wasserverbrauch in Trinkqualität von ca. 172 000 m^3. Ein echter Vergleich ist jedoch nicht möglich, weil bei den Römern das Wasser ständig floß und außer den Bädern viele Brunnen und *Nymphäen* speiste, während heute technische Möglichkeiten genutzt werden, die den Verbrauch gering halten.

Ähnlich wie die Griechen haben auch die Römer das Quellwasser in einer sogenannten „Brunnenstube" (Sammelbecken) aufgefangen, in der sich Schwebestoffe ablagern konnten. Anders als die Griechen nutzten die Römer auch Oberflächenwasser, indem sie Flüsse stauten und in die Wasserleitung führten. Auch die Ableitung von Wasser aus einer Talsperre ist bei Frontinus überliefert.

Aquaedukte (*aquae ductūs*) sind wasserführende Leitungen, die entweder unterirdisch verlegt sein können oder auf der Erde ruhen oder aber auf Bogenstellungen eine Talsenke überqueren. Diese letzteren sind das berühmteste und charakteristischste Element römischer Wasserversorgungsarchitektur. Es handelt sich dabei um durchgehende Mauerzüge, die Senken oder Taleinschnitte in gegliederten Bogenbrücken überspannen. Besonders hohe Brükken wurden mehrgeschossig errichtet. Das bekannteste und am besten erhaltene Bauwerk dieser Art ist der Pont du Gard bei Nîmes in Südfrankreich aus dem 1. Jh. n. Chr. (Abb. 27). Bei Aquaedukten pflegt man oft allein an diese großartigen Bauwerke der römischen Architektur zu denken, doch sollte man darüberhinaus die einfachen Wasserleitungen auf oder unter der Erde nicht vergessen.

27 *Pont du Gard*

Auch bei den Aquaedukten handelte es sich in der Regel um drucklose Gefälleleitungen, die bis zu 100 km lang sein konnten. Die Eifelleitung nach Köln aus dem 1. Jh. war 98 km lang.[65] Mußten jedoch Täler mit einer Einschnittstiefe von über 50 m überwunden werden, verzichteten die Römer auf den Bau von Wasserbrücken und errichteten Druckleitungen, die nach dem Prinzip der kommunizierenden Röhren funktionierten.

Wenn die Leitung den höchsten Punkt der Stadt erreicht hatte, errichtete man ein *castellum* (Wasserschloß, Abb. 28),[66] um das Wasser nach einer mechanischen Reinigung mit einem Rechen in drei verschieden hoch gestaffelten Rohrleitungen an drei Empfängergruppen zu verteilen. Sank der Wasserspiegel, erhielten zunächst die Privathäuser kein Frischwasser mehr (Abb. 29, III). Stand noch weniger Wasser zur Verfügung, konnte man auch den öffentlichen Gebäuden, sogar Thermen die Zufuhr sperren (Abb. 29, II). Die öffentlichen Brunnen, an denen sich jedermann mit Wasser versorgen konnte, wurden bis zuletzt gespeist (Abb. 29, I).

Die Rohre, die von den Wasserschlössern abzweigten, sowie die des gesamten städtischen Rohrnetzes bestanden meist aus Blei. Vitruv (VIII, 6, 10f.), auf den hier wiederholt Bezug genommen wurde, warnte allerdings schon zur Zeit des Augustus eindringlich vor den Bleirohren, weil sie gesundheitsschädlich seien. Wenn man bedenkt, daß damals bis zu 60000 Ton-

28 Wasserschloß (Hauptwasserverteiler) an der Porta del Vesuvio in Pompeji

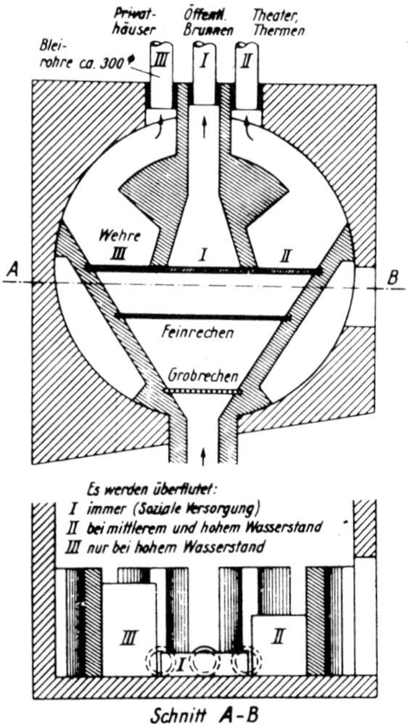

29 Querschnitt und Grundriß des Wasserverteilers (n. Kretschmer)

30 Entleerungsrohr m. Klappe

31 (rechts) Mischventil

nen Blei pro Jahr im Römischen Reich gefördert und zu Leitungsrohren, Tellern und Trinkgefäßen verarbeitet wurden, kann man die Hypothese einiger Historiker verstehen, daß eine „pandemische"[67] Bleivergiftung mit zum Untergang Roms beigetragen habe. Übrigens wurden auch bei uns erst nach dem 2. Weltkrieg die Bleidruckrohre der Wasserversorgungsnetze durch verzinkte Eisenleitungen, Kupfer- oder Kunststoffrohre ersetzt.

Griechen wie Römer hatten innerhalb ihres Wassernetzes bereits Regulier- und Absperrvorrichtungen (Abb. 30),[68] die besonders für Reparatur- und Reinigungsarbeiten wichtig waren. Aus römischer Zeit sind Absperrhähne, Zweiwegehähne, Mischbatterien (Abb. 31)[69] und Auslaufhähne überliefert, die häufig figürlich gestaltet und mit Delphinen- oder anderen Tierköpfen versehen waren. Unsere heutigen Armaturen stellen somit nur eine Weiterentwicklung der antiken dar.

Die Be- und Entwässerung der öffentlichen Bäder wurde nach und nach in das Wassernetz der Städte und Gemeinden integriert. Vor dem Bau der Aquaedukte erhielt man das Wasser aus Quellen und Zisternen (S. 42). Bäder baute man in der Regel in der Nähe von Wasservorkommen. Das trifft auch für Olympia, Gortys und andere Orte zu, wo man sich vor der Errichtung eines Bades im benachbarten Fluß gereinigt hatte. Auch die ersten großen öffentlichen Bäder Roms wurden in der Nähe des Tibers gebaut.

Die Entwicklung des Wassersystems einer Badeanlage läßt sich – wie die bauliche Entwicklung – am besten an den Stabianer Thermen in Pompeji beobachten (S. 34 ff.), von der primitiven Wasserversorgung aus dem Tiefbrunnen oder der Zisterne mit Seilen und Schöpfgefäßen (Abb. 32) in Vorrattanks bis zur Einbindung in das städtische Wassernetz (Abb. 33).[70]

In Rom wurden für neue Thermen oft auch neue Aquaedukte gebaut, z. B. die Aqua Virgo (20,8 km) für die Agrippa-Thermen (S. 73 ff.) und die Aqua

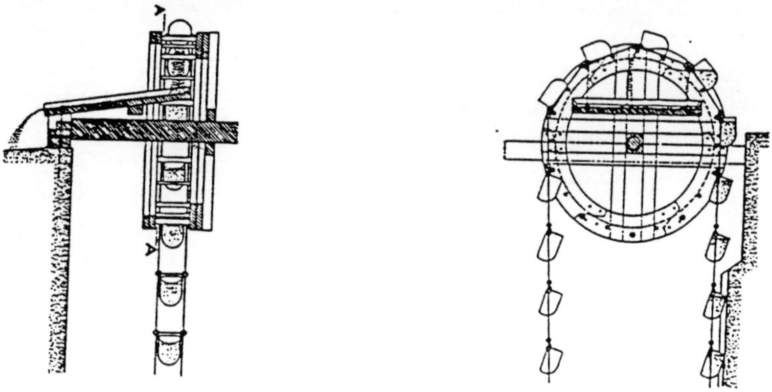

32 *Rekonstruktion eines Wasserrades mit Schöpfeimerkette*

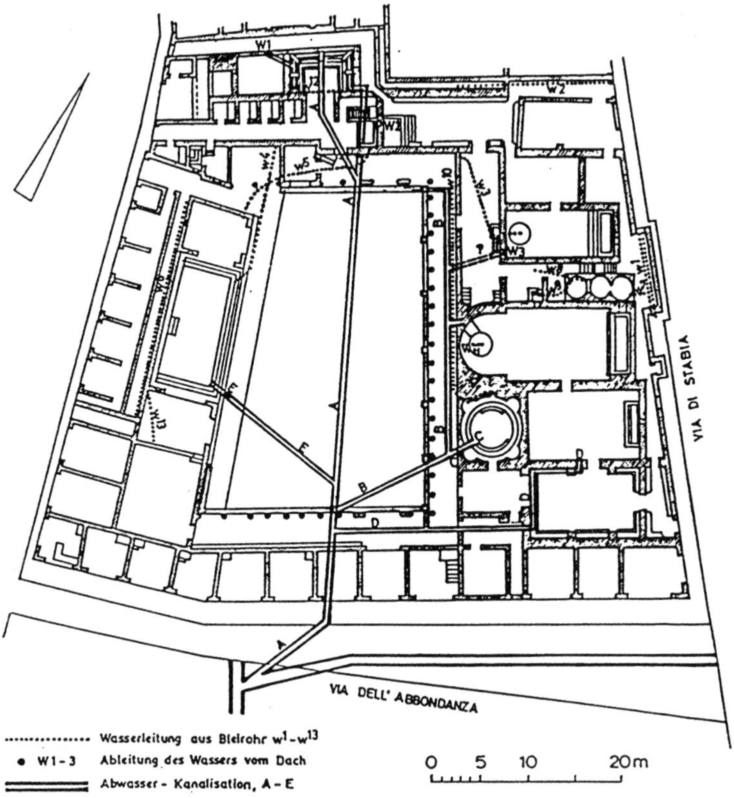

33 *Stabianer Thermen, Pompeji. Wasserver- und -entsorgung nach dem Anschluß an das öffentliche Wassernetz (Bauperiode V)*

Trajana (59,2 km) für die Trajans-Thermen (S. 80ff.), oder es wurde eine Abzweigung von einer vorhandenen Wasserleitung, z.B. von der Aqua Marcia (91,2 km) beim Bau der Caracalla-Thermen (S. 83ff.), installiert. Die großen Thermen haben das Bild der Stadt also nicht nur durch die Gebäude selbst, sondern auch durch die dazugehörigen Aquaedukte geprägt.

Die technische Vollkommenheit der römischen Wasserleitungen rühmt Frontinus (16, 20–22): „Mit dieser Reihe unentbehrlicher Bauwerke, die so große Mengen Wasser führen, vergleiche, wenn du Lust hast, die unnützen Pyramiden oder die unbrauchbaren Werke der Griechen, so herrlich sie auch sind."

Frontinus hatte auch schon die Qualität des Wassers unterschieden und vorgeschlagen, das besonders klare Wasser der Aqua Marcia allein als Trinkwasser zu gebrauchen, das weniger qualitätsvolle für Bäder oder Gewerbebetriebe zu verwenden.

2. *Heizung*[71]

Durch die Ausgrabung des Hypokaustenbades in Olympia vor ca. 50 Jahren[72] wurde das erste griechische Beispiel dieser Technik nachgewiesen. Bis dahin war man Plinius und anderen römischen Autoren[73] gefolgt, nach denen ein gewisser Caius Sergius Orata die Hypokausten für die Erwärmung von Fisch- und Austernbecken erfunden habe. Die Hypokaustenbäder Olympias (Phase IV) gehören in dieselbe Zeit wie die ersten Hypokausten in Pompeji (ebenfalls Phase IV), und wohl auch in die Zeit des C. S. Orata, so daß die Frage nach dem Ursprung noch nicht entschieden wäre. Aber das Wort hypókausis[74] weist, wie gesagt, auf die griechische Herkunft hin und durch Gortys und andere griechische Beispiele dürfte dafür nun auch der archäologische Nachweis erbracht sein. Vielleicht hatte Orata nur eine bestimmte Form der Hypokausten (das Pfeilerhypokaust?) erfunden und die Unterbodenheizung zum erstenmal für Fischbecken verwendet.[75] Es lassen sich nämlich zwei Arten antiker Fußbodenheizung unterscheiden: die ältere Kanalheizung (Abb. 34), die nur Teile des Fußbodens unmittelbar erwärmte und bei den frühen griechischen Bädern anzutreffen war, und das den gesamten Boden erwärmende Pfeilerhypokaust (Abb. 35a und b), das den Wärmebedarf der größeren Bäder und Thermenanlagen decken konnte. Dazu soll auch hier wieder Vitruv zitiert werden: „Die hängenden Fußböden (*suspensura/suspensio*) der heißen Bäder müssen so angelegt werden, daß zuerst aus Ziegelplatten von 1,5 Fuß ein Bodenbelag gelegt wird, der zum Unterfeuerungsofen so geneigt ist, daß ein Ball, den man hineinwirft, nicht innen liegen bleiben kann, sondern ganz von selbst zum Heizkammervorraum (Praefurnium) zurückrollt. So wird sich die Flamme leichter unter dem schwebenden Überbau verbreiten. Auf dem Pflasterboden führe man aus achtzölligen Ziegeln Pfei-

34 Hypokaustenheizung
Kanalheizung in einer Villa bei Aquincum (Budapest)

ler auf, so in Abständen verteilt, daß Ziegelplatten von 2 Fuß (*bipedales*) darüber gelegt werden können. Die Pfeiler aber sollen eine Höhe von 2 Fuß haben. Sie sollen mit Lehm, der mit Haaren durchgeknetet ist, geschichtet werden, und darüber sollen 2 Fuß lange Ziegelplatten gelegt werden, die den Estrich tragen."[76]

Die Pfeiler bestanden entweder aus massivem Naturstein oder aus aufgemauerten gebrannten runden oder eckigen Tonziegeln. Auch hohle Fertigpfeiler aus Ton sind aus Pompeji und anderen Orten überliefert.[77] Die Höhe der Hypokaustenpfeiler betrug 0,4 bis 1,2 m. Die daraufliegenden Suspensura-Tonplatten bildeten die Grundlage für den eigentlichen Fußboden, der aus einer Schicht Kalkmörtel und Ziegelschlag (gröberer Estrich) und einem Feinestrich bestand. Abdeckungsplatten aus gebranntem Ton werden auch bei heutigen Fußbodenheizungen wieder verwendet, weil sie für eine ausgeglichene Bodentemperatur sorgen.[78]

Die an die Wand gemauerten, senkrecht übereinanderstehenden Hohlziegel (*tubuli*, Abb. 35a), konnten entweder in einzelnen Strängen hochgeführt werden, dann fungierten sie als Kamine, oder sie wurden dicht an dicht gesetzt und dienten dann vorwiegend als Wandheizung. Über die Tubulierung der Wände schrieb Vitruv noch nichts. Diese Technik kam vor allem in den Warmbaderäumen der großen Kaiserthermen vor, die er noch nicht gekannt haben konnte. Vor der Verwendung der eckigen Hohlziegel wurden Warzenziegel (*tegulae mammatae*) eingesetzt, die durch ihre kuppenartigen Erhöhungen ähnlich einer weiblichen Brustwarze Hohlräume schufen, und von denen bereits Seneca (ep. 90, 25) als Erfindung seiner Zeit berichtet.[79]

Vom Heizraum aus wurde meist ein Holzkohlenfeuer im Praefurnium entfacht. Sobald die Heizkanäle oder das Hypokaustum sowie die Tubuli angewärmt waren, entstand so viel Zug, daß mit gut vorgetrocknetem Holz weitergeheizt werden konnte. Die Wirkungsweise der Hypokaustenheizung entsprach der einer Strahlenheizung und ist mit einer heutigen Kachelofen- oder Fußbodenheizung vergleichbar. Die 1976 vorgenommenen Heizungsversuche auf der Saalburg[80] und die in der Herbergstherme im Archäologi-

35 Hypokaustenheizung, Pfeilerhypokaust. a (rechts) Schema.

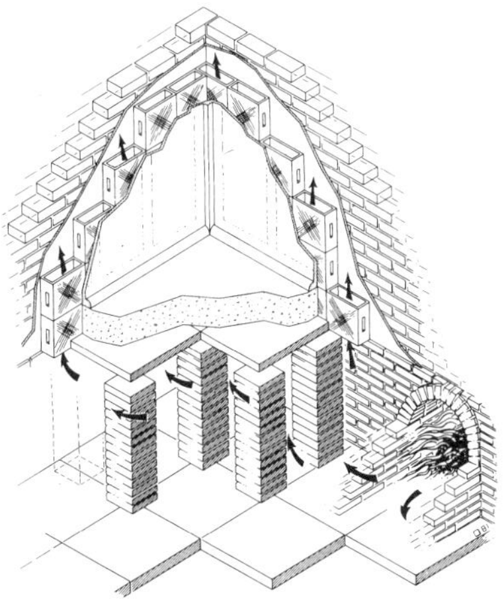

b (unten) Hypokaustenheizung der Villa bei Piazza Armerina

schen Park in Xanten[81] geben nähere Aufschlüsse über Temperaturverteilung und Effizienz.

Wichtig ist, daß in den Thermen Praefurnium und Hypokausis meist in Verbindung mit einer Warmwasserbereitung (Abb. 36) standen. In der Nähe des Praefurniums wurde in den Durchzug der Rauchgase ein Gefäß, meist aus Bronze oder Kupferblechen zusammengenietet, für das zu erhitzende Wasser eingebaut. So einen eingelassenen Wasserkessel, das „Wasserschiff", besaßen auch noch unsere alten, mit Feststoffen geheizten Küchenherde.

Auch die „Schildkröte" (*testudo*) der Badewanne erwärmte man durch das Praefurnium. Vitruv (V, 10) sagt: „Über der Unterfeuerung sind drei Bronzekessel anzubringen, einer für warmes, einer für lauwarmes, einer für kaltes Wasser, und diese müssen so aufgestellt werden, daß soviel, wie an lauem Wasser aus dem Lauwarmkessel in den Warmwasserkessel ausgeflossen ist, aus dem Kaltwasserkessel in gleichem Maße in den Lauwarmwasserkessel einfließt und daß auch die flachgewölbten Räume, die die Wannen enthalten, von der gemeinschaftlichen Unterfeuerung erwärmt werden." Die Testudines waren halbzylindrische Metallkessel aus Bronze oder Kupfer, welche von unten durch Feuer erhitzt wurden und mit unserem Durchlauferhitzer verglichen werden können. Das warme Wasser wurde durch eine Rohrleitung vom Kessel aus direkt in die Wanne geleitet, wie archäologische Befunde bestätigen, z. B. in den Lagerthermen in Lambaesis (Abb. 37)[82] oder bei einem Privathaus in Boscoreale, das als Vorlage für die Herbergsthermen in Xanten[83] diente. Seinen Namen erhielt das Gefäß, weil seine ursprüngliche Form dem Panzer der Schildkröte ähnelte.

Über die Höhe des Brennstoffverbrauches sind wir nicht genau unterrichtet. Auch wenn man die Wirtschaftlichkeit bereits durch eine sinnvolle Auswahl des Bauplatzes (Vitruv I, 10, 1) an einem möglichst warm gelegenen

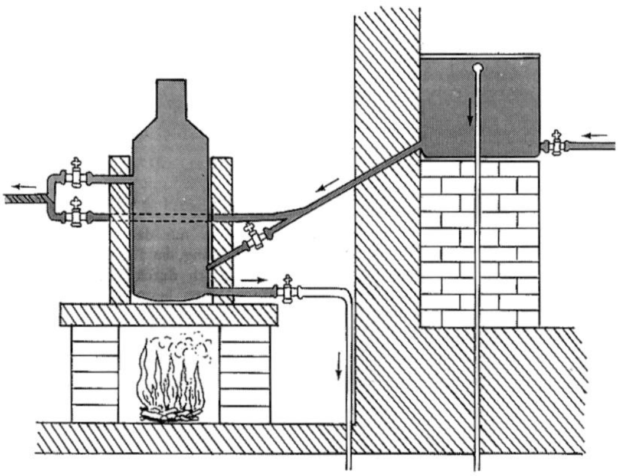

36 Schema einer Warmwasserversorgung

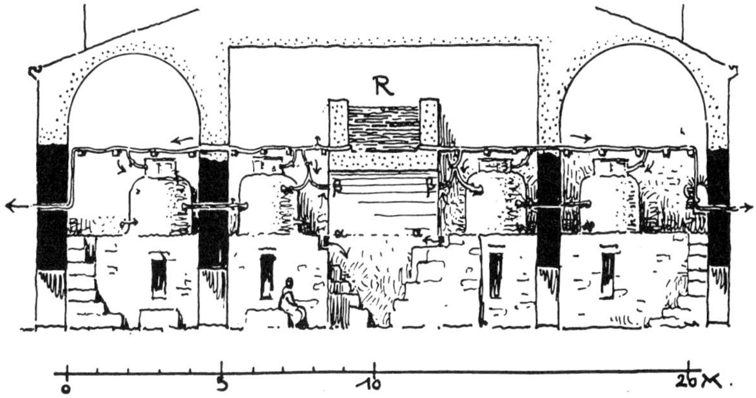

37 Praefurnia (Feuerungsöfen) in Lambaesis (heutiges Algerien)

Ort und durch die Orientierung der Warmbaderäume nach Süden oder Südwesten zu beeinflussen suchte, ist von sparsamem Einsatz von Holz nirgends die Rede. Bedenkt man, daß zur Zeit Agrippas in Rom 170 öffentliche Bäder (Plinius n.h. 36, 121) bestanden und zur Zeit Constantins 867 (nach einem Regionenverzeichnis aus dem 4. Jh.), muß der Holzbedarf enorm gewesen sein. Kein Wunder, daß in der Antike bereits „Ökokritiker" wie Platon (Krit. 3a–e) und Plinius (n.h. 18, 47) unter anderem vor Bodenerosion und dem Waldsterben warnten. Denn was die Griechen mit dem Kahlschlag ihrer Wälder für ihre Kriegsschiffe begonnen hatten, setzten die Römer fort, um das Brennholz für die Heizanlagen ihrer Bäder zu erhalten. Infolge des immensen Bedarfes mußten sie das Holz sogar aus den Provinzen einführen (z.B. aus Nordafrika).[84]

3. Verwendung von Glas (Fenster)[85]

Fensteröffnungen haben bereits die Minoer gekannt. In Griechenland sind sie durch Hausmodelle aus Perachora (geometrisch) und Argos (archaisch)[86] nachgewiesen. Die ältesten erhaltenen Beispiele bilden die Marmorbauten der klassischen Akropolis: Parthenon, Pinakothek der Propyläen und Erechtheion.[87] In Italien kannte man Fenster aus dem etruskischen Grabbau und von römischen Kult- und Profanbauten. Die meisten Fenster dürften mit den Mauern, seien sie aus Fachwerk, Bruchsteinen oder Quadern, verloren gegangen sein.

Bei Wohnhäusern waren die Fenster ursprünglich nach innen, d.h. zum Hof gerichtet. Aber schon die spätklassischen Häuser wie auf Delos und in Priene und die römischen Häuser der Kaiserzeit hatten auch der Straße zugewandte Fenster; sie waren Schießscharten ähnlich, außen schmal und innen weiter, und blieben offen. Größere Fenster waren zunächst mit durchscheinendem Stein (*specularis lapis*)[88], durch Holzklappen, Eisengitter oder durchlöcherte Tonplatten verschlossen. Die Räume wurden in der Regel durch bronzene oder keramische Öllampen beleuchtet. Daß diese auch in den Bädern vor allem in den Untergeschossen und Bedienungsgängen verwendet wurden, beweisen zahlreiche Lampenfunde in den Thermen von Karthago[89] und den Forumsthermen von Pompeji.[90]

Seneca (4 v. Chr. – 65 n. Chr.) schrieb in seinen Briefen an Lucillius über das Fensterglas (ep. 86, 11 u. 90, 25): „Wie herabsetzend sprechen jetzt die Menschen von der bäuerlichen Einfachheit Scipios, weil er in sein Warmbad kein Tageslicht hineinließ mit Hilfe breiter Fensterscheiben und nicht im vollen Lichte sein Schwitzbad nahm und auf Verdauung wartete."

„Manche Dinge sind, wie wir wissen, erst zu unserer Lebenszeit aufgekommen, wie z. B. die Verwendung von Fenstern, die mit Hilfe durchsichtiger Scheiben das helle Tageslicht hereinlassen …"

Ebenfalls durch Funde in Pompeji läßt sich die vermutlich stadtrömische Erfindung des Fensterglases in die 1. Hälfte des 1. Jhs. n. Chr. datieren. Als im Jahre 79 n. Chr. der Vesuv die Städte am Golf von Neapel in Schutt und Asche legte, war die Fensterscheibe auch hier, vor allem in den Bädern, schon in Gebrauch.

Das römische Fensterglas war zunächst einseitig matt. Es wurde auf einer mit einem Rand versehenen und mit feinstem Sand bestreuten Platte gegossen, ausgewalzt und geschliffen. Dicke, Farbe und Lichtdurchlässigkeit waren noch stark unterschiedlich. Die rauhe Seite lag nach außen, wie Ausgrabungen in Pompeji und Herculaneum zeigten.

Die Glasmacherpfeife war bereits in Ägypten und Phönizien bekannt, in Rom kam sie wahrscheinlich erst im späten 1. Jh. v. Chr. auf.[91] Diese Technik ermöglichte es, ein beidseitig glänzendes zylindergeblasenes Glas herzustellen, das viel dünner und lichtdurchlässiger war als der vorher beschriebene Typus. Die zahlreichen Blasen, die mitunter recht groß und langgezogen waren, weisen auf seine Herstellungsweise hin. Der aufgeschnittene Zylindermantel wurde zu einer flachen Scheibe abgerollt. Die Glasmacherpfeife benutzte man zunächst aber mehr für die Herstellung von Gebrauchsgegenständen (Gläser und Becher, die die bisher verwendeten goldenen und silbernen ersetzten), als für Fenstergläser. Erst allmählich setzte sich die neue Technik für Glasfenster durch; für die großen Kaiserthermen war sie dann unabdingbar. Wahrscheinlich haben die Thermen wesentlich zur Entwicklung und Verbreitung des Fensterglases beigetragen.

Die Fenster waren entweder ohne Rahmen direkt in den Mörtel eingelassen oder hatten einen Rahmen aus Bronze, Blei, Holz oder Stein. Er konnte auch durch je einen Zapfen oben und unten gedreht werden und bot damit eine Entlüftungsmöglichkeit. Je nach Größe der Fensteröffnung wurden meh-

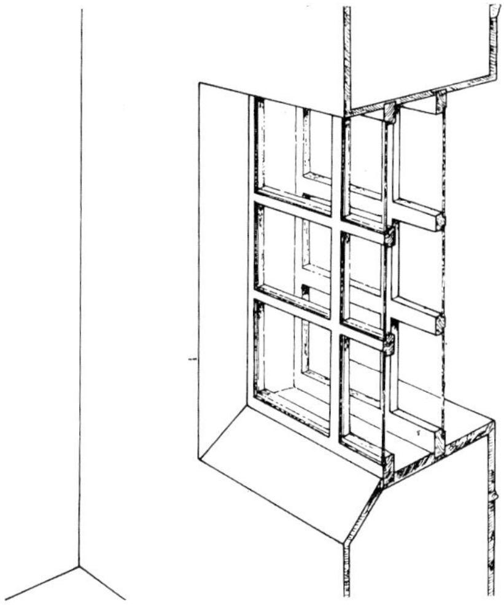

38 Rekonstruiertes Doppelglasfenster (Xanten)

rere Scheiben mit Zwischenstegen zusammengefügt und ähnelten damit unseren heutigen Kassettenfenstern. Außer in den großen Thermen sind Glasfenster auch schon früh in den großen Villen anzutreffen, wo sie zum Luxus der Ausstattung gehörten.

Auch Doppelfenster fanden in den römischen Thermen bereits Verwendung. In den Vorstadtthermen von Herculaneum fand man Reste hölzerner Kastenfenster, die eine Rekonstruktion der Doppelverglasung im Caldarium der Herbergsthermen von Xanten zuließen (Abb. 38),[92] ein frühes Beispiel noch heute praktizierter Wärmeisolierung. Bei den Ausgrabungen der römischen Villa bei Bad Neuenahr-Ahrweiler (S. 108f.) ist man auf eine eigenwillige Konstruktion gestoßen: Außer der Verglasung sind Fensterläden zu erkennen, die man in Schlitze zwischen Mauerwerk und Verputz schieben konnte.[93]

Neben der Wasserversorgung, den Heizungsanlagen und dem Einsatz von Fensterglas muß noch einmal die Gußmauertechnik erwähnt werden, die so wichtig für die Weiterentwicklung des Gewölbebaus war und auch die Voraussetzung für den Bau der kaiserlichen Thermen und anderer Großbauten schuf. Darauf wird im folgenden von Fall zu Fall hingewiesen werden.

V. Badevorgang und Einzelräume

Über den eigentlichen Badevorgang ist wenig bekannt. Es liegt nur eine einzige ausführliche literarische Überlieferung vor. Sie stammt von Galenos (129–199 n. Chr.), dem Leibarzt Kaiser Marc Aurels. In seiner Schrift „*De methodo medendi*"[94] empfahl er ein stufenweises Aufwärmen des Körpers bis zur Höchstbelastung und eine abschließende Abkühlung, die er mit der Abkühlung des Eisens verglich. Das betraf jedoch in erster Linie Kranke, und wir wissen nicht, ob auch Gesunde diese Methode angewendet haben.

In den römischen Thermen sind die einzelnen Räume[95] so angeordnet, daß man auf eine Nutzung in folgender Reihenfolge schließen kann: Der Besucher legte seine Kleider im Auskleideraum ab (Apodyterium, A), erhitzte sich beim Ballspiel in der Palästra (P), kühlte sich im Kaltbad ab (Frigidarium, F), durchschritt den lauwarmen Raum (Tepidarium, T), um sich in das Warmbad zu begeben (Caldarium, C). Ob er auch das Schwitzbad (Laconicum resp. *Sudatorium*, L/S) besuchte, blieb ihm überlassen. Die Abkühlung erfolgte in dem Schwimmbad (Natatio, N), falls ein solches vorhanden war. Das Schwimmbad lag oft separat und wurde in das Schema (Abb. 39) nicht aufgenommen.

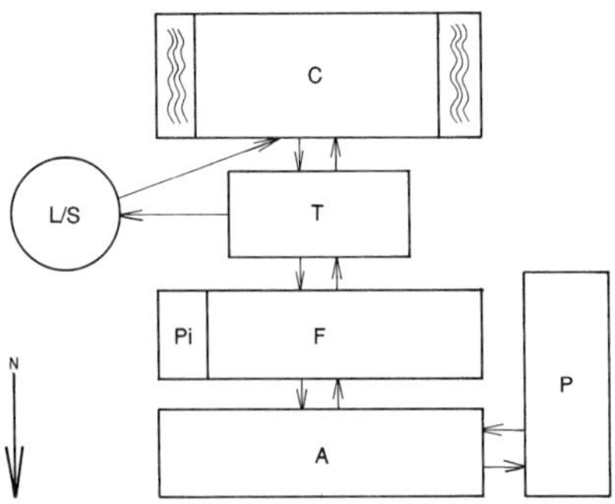

39 Schema des üblichen Badevorgangs

40 Apodyterium der Frauenabteilung der Forumsthermen in Herculaneum

Selbstverständlich konnte das Baderitual durch individuelle Gewohnheiten und Vorlieben modifiziert werden. Auch Wiederholungen des Badevorgangs oder Teile davon über Stunden oder den Tag verteilt sind überliefert.[96]

1. Apodyterium

Der Badegast betrat zunächst das Apodyterium, wo er seine Kleider ablegte. An den Wänden liefen oft Sitzbänke entlang, die seiner Bequemlichkeit beim Auskleiden dienten. Die Kleider konnte er in gemauerten und stuckierten (Abb. 40) oder aus Holz gezimmerten, abschließbaren Boxen (*loculi*) aufbewahren. Vor Kleiderdiebstahl wurde ausdrücklich gewarnt.[97] Der wohlhabende Bürger brachte seinen Sklaven mit, der die Kleider und Wertsachen beaufsichtigte.[98] In großen Anlagen gab es einen dafür bestallten Garderobier (*capsarius*), der die Kleider gegen eine Gebühr bewachte.[99]

Wenn bei steinernen Thermenbauten kein Apodyterium nachweisbar ist, kann ein entsprechender Holzvorbau angenommen werden[100], besonders bei kleineren Badeanlagen. Nur vereinzelt, und dann hauptsächlich bei Villenbädern, diente der anschließende Kaltbaderaum zugleich als Auskleideraum.[101] In einigen öffentlichen Badeanlagen befand sich vor dem Apodyterium ein Warteraum (Abb. 123, 7), der ebenfalls an den Wänden umlaufende Sitzbänke aufwies, um bei Überfüllung den Badegästen Gelegenheit zur Überbrückung der Wartezeit zu geben. Wenn eine Spiel- bzw. Sportstätte vorhanden war, stand sie stets in baulichem Zusammenhang mit dem Auskleideraum.

2. Frigidarium

Dem Apodyterium schloß sich das Frigidarium an, das nach Vitruv (V, 11) zu jeder römischen Badeanlage gehörte und verständlicherweise nie unterheizt war. Seine Lage ist auch durch mehrere literarische Quellen bekannt.[102] Das Frigidarium sollte – von individuellen Gepflogenheiten abgesehen – den Körper erfrischen, sowohl nach sportlicher Betätigung als auch nach dem Warm- bzw. Heißbad. Die Form des Frigidariums folgte keinen bestimmten Empfehlungen. Es war durchweg rechteckig und mit einer oder mehreren rechteckigen oder halbrunden Nischen ausgestattet. In den Nischen befanden sich eine oder mehrere Becken (*Piscinen* = Pi, Abb. 39), deren Boden oft tiefer (ca. $^{1}/_{2}$ bis $^{3}/_{4}$ m) lag als der übrige Boden des Frigidariums.[103] In einem Badesessel aus Marmor konnte man sich kalt übergießen lassen. Von diesem Marmorsessel soll es in den Caracalla-Thermen in Rom (s. S. 83 ff.) ca. 1600 gegeben haben, die auch zum Schauen und Verweilen eingeladen haben dürften. Das Frigidarium war der zentrale Raum der Thermen. Er überragte meist

41 Außenfassade des Frigidariums der Diokletians-Thermen Rom (Rekonstruktion)

mit seiner hohen Halle die übrigen Säle und bildete mit seiner reichgeschmückten Außenwand einen imposanten Hintergrund für die Natatio, die unter freiem Himmel auf das Frigidarium folgte (Abb. 41).

3. Tepidarium

Vom Frigidarium gelangte man in das Tepidarium, auch „*cella media*" genannt. Es handelt sich um einen lauwarmen Raum[104], der auch als Durchgangs-, Übergangs- oder Anpassungsraum zwischen Kalt- und Warmbad bezeichnet wurde. Nur selten befanden sich Wasserbecken im Tepidarium. Der Raum war im Verhältnis zu Frigidarium und Caldarium relativ klein. Wenn es in der Gesamtanlage kein separates Salbzimmer (*unctorium*) gab, übernahm das Tepidarium auch dessen Funktion.[105]

4. Caldarium

Dem Tepidarium folgte das Caldarium, der dritte der eigentlichen Baderäume. Das Caldarium wurde, um die Sonneneinstrahlung zu nutzen, nach Süden oder Südwesten (Vitruv V, 10, 1) gelegt und mit Apsiden versehen. Es war stets hypokaustiert und erreichte dadurch eine hohe Raumtemperatur. Am Boden war sie am höchsten: sie wird auf 50–60 Grad Celsius geschätzt.[106] Aus diesem Grunde trugen die Badenden Holzpantoffeln oder -sandalen (Abb. 43 u. 44).[107]
Im Caldarium befanden sich eine oder mehrere Heißwasserwannen, sogenannte *alvei*, die häufig in den Apsiden standen; in ihnen nahm der Badegast ein heißes Bad (Abb. 42) oder ließ sich auf deren Stufen heiß übergießen. Gegenüber der Heißwasserwanne stand, meist in einer Nische, der sogenannten Schola Labri, das Labrum (Abb. 45).[108] Es handelt sich um ein flaches,

42 Rekonstruktion eines Caldariums mit Einsicht in Präfurnium und Hypokaustenräume

kreisrundes Waschbecken auf einem Ständer, das mit kaltem Wasser gefüllt war, und an dem sich der Badende abkühlen konnte. Ständiges Überlaufen der Schale ließ den heißen Fußboden erträglicher werden. Gleichzeitig entstand Wasserdampf, der das Caldarium zum feucht-heißen Schwitzbad machte. Gelegentlich ragte in der Mitte der Schale ein kleines Röhrchen empor,

43 (links) Holzpantinen (Nachbildung)
44 (rechts) Sandalen (Abbildung auf einem Fußbodenmosaik)

aus dem Wasser sprudelte. In der Regel führten separate Leitungen dorthin. In einigen Fällen wurde das Labrum von einer Quelle oder einer Zisterne gespeist.

In der Literatur ist immer noch vereinzelt zu lesen, daß das Wasser im Labrum heiß gewesen sei.[109] Dazu ist zu bemerken, daß im Caldarium eine Heißwasserwanne stand, deren Wasserzufuhr direkt hinter der Wanne verlief, dort wo sich auch der Ofen befand. Hätte das Wasser im Becken (Labrum) ebenfalls heiß sein sollen, so wäre es technisch sinnvoll gewesen, eine Heißwasserleitung direkt von der Heißwasserzufuhr der Wanne zum Becken zu verlegen. Die Wasserleitung wurde aber von außen separat dem Raum zugeführt. Dabei verlief diese Leitung durch den von Hypokausten geheizten Boden oder durch Tubuli erwärmte Wände, was jedoch zu keiner spürbaren Erwärmung des Wassers führen konnte, weil die Oberfläche des Rohres (Durchmesser und Länge) bei dem ständig laufenden Wasser viel zu gering war. Es hätte auch der anregenden Wirkung des Temperaturwechsels widersprochen, sich nach einem heißen Bad noch einmal am Labrum heiß oder warm zu bespritzen.

„Die Nischen der Waschbecken aber sollen so geräumig sein, daß, wenn diejenigen, die früher gekommen sind, ihre Plätze ringsum eingenommen

45 Caldarium mit Labrumnische (Männer-Abt. Forumsthermen Pompeji)

haben, die übrigen Wartenden bequem stehen können“ (Vitruv V, 10, 4). Diese Empfehlung wurde generell eingehalten und sicherte, daß ein freiwerdender Platz am Beckenrand sofort wieder eingenommen werden konnte.

Wegen der oft zusätzlich anzutreffenden, kleinen runden Öffnung in der Überwölbung der Labrumnische (Abb. 45) hat man sich gefragt, ob nicht in diesen Fällen vor dem Einbau des Labrums in der Schola eine Heißluftzufuhr bestand, die den halbrunden Raum zu einem Laconicum machte. Die Luke wäre dann verschließbar gewesen und hätte der Hitzeregulierung gedient.[110] Aber auch die Dämpfe des auf den unterheizten Boden spritzenden Wassers hatten nach einem Abzug verlangt.

5. Laconicum – Sudatorium

Nach Vitruv (V, 10, 5) müssen das Laconicum und die Schwitzräume („*laconicum sudationesque*“) mit dem Warmbad verbunden sein. Das Laconicum verweist auf griechischen, die Sudationes auf lateinischen Ursprung. Dabei scheint das Laconicum mit den strengen spartanischen (lakonischen) Erziehungsmethoden zusammenzuhängen, die zum Ziel hatten, nicht nur den Körper durch hartes Training zu stärken, sondern auch den Mut mit dem „Feuerbad“ zu erproben (S. 21).

Aufschlußreich ist, daß sich die Maße des durch eine Inschrift schon lange bekannten und von Eschebach[111] lokalisierten Laconicums der Stabianer Thermen in Pompeji auf ein peloponnesisches Fußmaß zurückführen lassen, so daß Etymologie und Maßeinheit in dieselbe Richtung weisen (vgl. oben, S. 37 f.).

Die Doppelbezeichnung und der Plural (Sudationes) bei Vitruv lassen den Schluß zu, daß es sich um verschiedene Arten von Schwitzbädern handelt. Antike Quellen und archäologische Befunde weisen das Laconicum eindeutig als trocken-heißes Schwitzbad aus. Bei den Sudatoria könnte es sich nach Heinz[112] um alle anderen Schwitzräume handeln, seien sie rund oder eckig, hypokaustiert oder nicht. Es gilt jedoch noch einmal zu betonen, daß das griechische Laconicum von den Römern nicht generell übernommen wurde. Man betrachtete es nach wie vor als typisch griechisch und band es deshalb nicht ohne weiteres in das Konzept des römischen Bades ein. Die anderen Badeformen der Griechen wurden vollkommen integriert, so daß sie nicht mehr als etwas Fremdes empfunden wurden. In Frauenabteilungen römischer Bäder hatte das Laconicum keinen Platz.

Die äußere Form des Laconicums entsprach weitgehend den Angaben Vitruvs (s.o.), sie war rund und halbkugel- oder kegelförmig überwölbt. Es gab eine Dachöffnung *(opaion/oculus)*, die ein Schild *(clipeus)* aufwies, der zur Temperaturregelung mittels einer Kette von unten bedient werden konnte. Vitruv schreibt:

"... So breit sie sind, so hoch sollen sie bis zum untersten Teil des Segments der halbkugelförmigen Wölbung sein. In der halbkugelförmigen Wölbung soll in der Mitte eine Lichtöffnung gelassen werden, und aus ihr soll an Ketten eine Metallscheibe herabhängen, durch deren Emporziehen und Herablassen die Temperatur des Schwitzbades geregelt wird. Und sie selbst (die Schwitzhalle) muß, wie es scheint, kreisrund gemacht werden, damit die Wärme der Flamme und des Dampfes von der Mitte her gleichmäßig durch die Rundungen der halbkreisförmigen Wölbung zirkuliert."

Über die Benutzung des Laconicums gibt u.a. der Befund der Stabianer Thermen in Pompeji Aufschluß (Abb. 46a u. b). Der Raum war nicht hypokaustiert, mußte also von der Mitte aus durch einen Kohleofen geheizt werden. Um das mit Holzkohlenglut gefüllte Bronzebecken saßen die Besucher des Schwitzbades und gerieten durch die trocken-heiße Luft und die Strahlungswärme der Glut allmählich ins Schwitzen. Die Rundung der Wände und der Decke verhalf dazu, daß die von der zentralen Feuerstelle ausgehende trockene Luft sich gleichmäßig durch den ganzen Raum verteilte (vgl. S. 21). Entgegen der Beschreibung Vitruvs war das Laconicum der Stabianer Thermen in Pompeji allerdings nicht kuppel-, sondern kegelförmig überwölbt. Die gleiche Beobachtung konnte bei den Forumsthermen in Pompeji gemacht werden.[113] Der Rundbau besaß hier wie da und bei weiteren Beispielen vier apsidiale Nischen (Scholae). Man zog sich in diese Nischen zurück, um sich auszuruhen oder um die Hitze in der Nähe des Holzkohlenfeuers in der Mitte des Raumes von Zeit zu Zeit zu meiden, wie Stuhlbeinabdrucke in den Stabianer Thermen beweisen (S. 37). In den Lagerthermen in Lambaesis sind im Schwitzbad sogar acht Scholae festzustellen (Abb. 84).

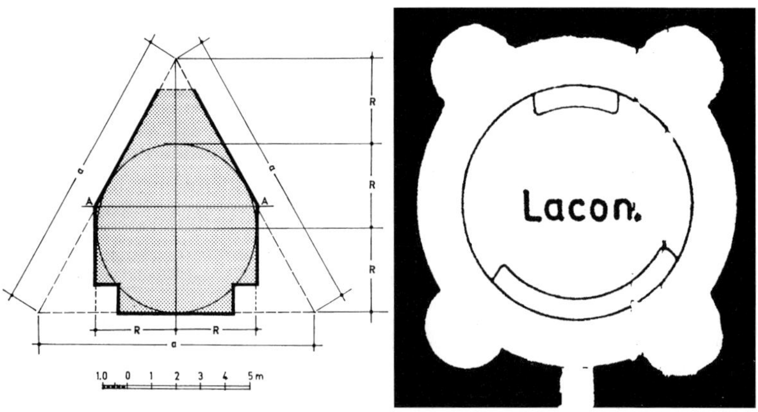

46 Laconicum der Stabianer Thermen in Pompeji.
a (links) Schnitt. b (rechts) Grundriß

Auch die Rundungen dieser überwölbten Nischen trugen zur gleichmäßigen Verteilung der Wärme bei und ließen keine kälteren Ecken oder Winkel zu.

6. Unctorium – Destrictarium

Auf das Unctorium (von *ungere* = salben) wurde bereits beim Tepidarium (S. 56) hingewiesen, wobei anzunehmen ist, daß das Salben und Ölen auch das Massieren nach sich gezogen hat. Die Bezeichnung Destrictarium begegnet das erste Mal auf einer Inschrift der Stabianer Thermen.[114] Soweit wir wissen, ist sie von keinem der antiken Schriftsteller benutzt worden. Selbst Vitruv, der einen Spezialwortschatz – vor allem griechische Lehnwörter und lateinische Neuschöpfungen – verwendete, kennt diesen Terminus nicht. Destringere (lat.) bedeutet abstreifen/abziehen, insbesondere Öl, Staub und Schweiß nach dem Sport mittels der *strigilis* (Abb. 124). Der Raum, der den Athleten zu dieser Körperpflege diente, war demnach das Destrictarium. In der griechischen Palästra gehörte es zu den Räumen, die um den Peristylhof angeordnet waren.

In den Stabianer Thermen hatte es einer Inschrift zufolge eine bauliche Einheit mit dem Laconicum gebildet und konnte unmittelbar nördlich des Laconicums identifiziert werden (Abb. 23, V). Die Bezeichnungen Destrictarium und Unctorium scheinen für zwei verschiedene Räume zu sprechen, doch könnten Reinigen und Salben auch in ein und demselben Raum stattgefunden haben. Auch der *aliptes* (von salben, kneten oder massieren), der gleichzeitig Diäten und Leibesübungen verordnete, und der *iatraliptes*, der zusätzlich über medizinische Kenntnisse verfügte, konnten ihre Tätigkeiten im Unctorium wie auch im Destrictarium ausgeübt haben.

Es ist auch möglich, daß hier oder in benachbarten Räumen je nach Größe der Bäder kosmetische Behandlungen erfolgten. Da für die Ausübung all dieser Tätigkeiten keine speziellen und fest installierten Einrichtungen erforderlich waren, lassen sich nur in wenigen Fällen die Räume, die dazu dienten, exakt lokalisieren.

Um den Ablauf eines Badeaufenthaltes in den vorgezeichneten Einzelräumen lebendiger werden zu lassen, soll noch einmal Seneca (ep. 56, 1–2) zitiert werden:

„Ich wohne gerade über einem Bad; stell' dir das Stimmengewirr, das Geschrei in allen Tonarten vor, am liebsten möchte man taub sein! Ich höre das Ächzen der Leute, die mit Hanteln turnen; sie stoßen kurze Pfiffe aus und keuchen angestrengt. Wenn jemand ganz still daliegt und sich massieren läßt, höre ich das Klatschen der Hand auf seinem Rücken; jeweils einen anderen Laut, wenn der Schlag mit der flachen oder hohlen Hand gegeben wird. Wenn dann noch jemand kommt, der nicht mit dem Ball spielen kann, ohne zu schreien, und die Schläge mit lauter Stimme zu zählen beginnt, ist es ganz aus. Dazu kommen dann die Streitsüchtigen, der Dieb, den man auf frischer Tat ertappt hat, der Schwätzer, der sich an seiner eigenen Stimme berauscht; und dann die Taucher, die sich ins Schwimmbecken stürzen, daß das Wasser nach allen Seiten spritzt. Aber diese Leute lassen wenigstens ihre natürliche Stimme ertönen. Doch vergiß nicht den Haarausreißer, der jeden Augenblick im Falsett seine Dienste anpreist und nur still ist, wenn er jemanden die Haare ausreißt; dann aber beginnt sein Opfer zu zetern. Ganz zu schweigen von dem Geschrei der Getränke-, Wurst- und Pastetenhändler sowie der Laufburschen der Kneipen, die umherziehen und ihre Ware anbieten, jeder in einer anderen Tonart.“

So wie es Seneca in seiner Wohnung über einem öffentlichen Bad in Baiae erlebt hat, muß es auch vielen Römern in der dicht bebauten Hauptstadt ergangen sein.

7. Arztpraxen

Bei der Aufzählung der Einzelräume sollten die Arztpraxen nicht unerwähnt bleiben. In Heilbädern (S. 118ff.) waren sie obligatorisch. Daß Ärzte in den Thermen aber nicht nur als Balneologen oder Balneo-Therapeuten fungierten, beweisen Funde entsprechender ärztlicher Gerätschaften.[115] Antike Badeanlagen müssen die geeignete Stätte für Arztpraxen aller Fachrichtungen gewesen sein. Das abgebildete Chirurgen-Besteck (Abb. 47) wurde 1963 in einem Nebenraum der Xantener Thermen gefunden und könnte auf einen Operationsraum hinweisen.[116] Aus den Barbara-Thermen in Trier sind ähnliche Fundstücke bekannt. Daneben gibt es Fundhinweise auf menschliche Zähne, einschließlich solcher von Kindern, die auf die Tätigkeit von Zahnärzten schließen lassen.[117]

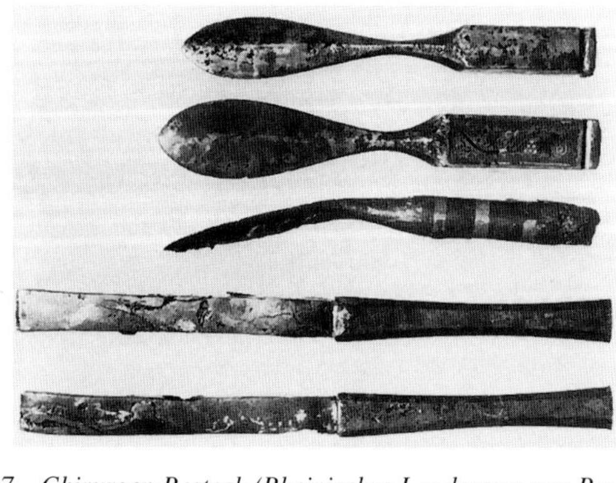

47 Chirurgen-Besteck (Rheinisches Landesmuseum Bonn)

8. Bibliotheken und Vortragsräume

Auch diesen Teil der römischen Thermen füllt die literarische Überlieferung mit Leben: So schildert Martial (3, 44) das „Bad" als Arbeitsplatz eines Dichters wie folgt:

„Könnt ich doch, mein geliebter Martialis,
meiner Tage mit dir mich sorglos freuen,
könnt beliebig die Mußezeit verteilen
und ein wirkliches Leben mit dir führen,
und wir wüßten von Saal und Haus der Großen,
von Prozessen voll Zank und trübem Forum,
und von prangenden Ahnenbildern gar nichts,
sondern nur Promenaden, Plaudern, Bücher,
Marsfeld, Porticus, Schatten, Brunnen, Bäder,
das war stets unser Platz und unsere Arbeit!
Jetzt lebt keiner für sich und merkt's,
wie immer schöne Tag dahinfliehn und entschwinden,
die, verloren für uns, doch für uns zählen.
Wer zu leben versteht, kann der noch zaudern?"

An anderer Stelle (5, 20) spricht Martial von einem aufdringlichen Dichter, der selbst im Bad nicht innehielt zu deklamieren:

„Was der Grund, daß dir keiner gern begegnet
und wohin du auch kommst, man flieht, und um dich,
Ligurin, eine mächtige Öde eintritt,
willst du wissen? Du spielst zu sehr den Dichter,
Das ist immer ein höchst gefährlich Laster.
Nicht die Tigrin, die rast beim Raub der Jungen,
nicht die Schlange, die Sonnenglut erhitzte,
nicht der arge Skorpion wird so gefürchtet.
Denn ich bitte, wer trüge all die Qualen!
Steht man, liest du, und sitzt man, liest du,
Läuft man, liest du und liest, auch wenn man abführt.
Flücht ich mich in ein Bad, du schreist ins Ohr mir;
geh' ich hin zu dem See, ich darf nicht schwimmen,
eil' ich grade zum Mahl, du hältst beim Gehn mich.
Bin ich grade beim Mahl, du scheuchst vom Essen.
Müde schlaf ich, du weckst mich, wenn ich liege.
Willst du sehn, wieviel Unheil du dir selbst schaffst?
Redlich, brav, ohne Fehl, bist du gefürchtet!"

Auch Athenaios (1, 1e) spricht von Rhetoren, die in Bädern auftraten, wo sie ein großes Publikum erwarten konnten. Bereits in griechischen Palästren hatte es Vortragsräume gegeben, (z.B. Olympia, S. 31 f.)

In den Diokletians-Thermen schlossen sich an die äußeren Flügel der Bibliotheken Rundsäle an (S. 90), vermutlich Vortragsräume, in denen solche Rhetoren gewirkt haben könnten. Die Bibliotheksräume der Diokletians-Thermen sind durch Sueton überliefert.[118] Danach sei die *Bibliotheca Ulpia* vom Trajans-Forum in die Diokletians-Thermen transferiert worden, wo sie zur größten Bibliothek Roms avancierte und noch im 5. Jh. bestanden habe. Bibliotheken sind auch für die Trajans- und Caracalla-Thermen überliefert.[119]

Archäologisch sind Bibliotheken nur faßbar, wenn in den Mauerresten Nischen nachgewiesen werden können, in denen die Holzkästen (*plutei*) und Schränke für die Schriftrollen oder später für die Bücherbände (*volumina*) Aufnahme fanden. Für die großen römischen Bibliotheken konnten ringsumlaufende Podien rekonstruiert werden, auf die breite, auf die einzelnen Schränke zulaufende Treppen führten; außerdem Säulen, die auf diesen Podien standen und auf ein oberes Geschoß mit umlaufender Galerie, also eine zweite Reihe mit Schranknischen, schließen lassen.[120] Derartige Bibliotheken waren hauptsächlich in den großen Kaiserthermen anzutreffen. In den Häusern wohlhabender Römer waren Bäder und Bibliotheken getrennt. Dagegen weiß man, daß in ihren Bädern Gemälde gehangen haben.[121]

9. Weitere Räume

Ein kurzer Hinweis auf Gast- und Imbißstuben, die sich von heutigen wenig unterschieden haben werden, soll das vielfältige Bild einer Thermenanlage abrunden. Dazu kamen Kassenhäuschen und ähnliches. Unter den vielen Räumen einer Thermenanlage befanden sich auch manche, die noch nicht gedeutet werden konnten. Eine wichtige Rolle haben schließlich die zwischen dem zentralen Komplex und der Umfassungsmauer gelegenen weiträumigen Gärten und Grünanlagen mit ihren Wandelgängen und Ruheplätzen gespielt.

10. Latrinen

Zu jeder Badeanlage gehörten Toiletten. In hellenistischer Zeit befanden sie sich meist an den Umgängen der Palästra.[122] Bei den frühen Bauten (4. und 3. Jh. v. Chr.) sind jedoch in der Regel nur Waschgelegenheiten, keine Latrinen nachgewiesen. Vielleicht hatte man den Unrat anders als mit fließendem Wasser abgeführt, wie Aristoteles (Der Staat der Athener, 50, 2) es für Athen überliefert. Oder es ist noch zugegangen wie zu Hesiods Zeiten (Werke und Tage 7. 27 ff. u. 7. 57 ff.)?

Als Beispiel einer Latrine in den Umgängen der Palästra sei Salamis auf Zypern ausgewählt (Abb. 48).[123] Die Palästra wurde in der hellenistischen und augusteischen Zeit erbaut und unter Trajan und Hadrian erneuert. In einer Ecke des Umgangs befand sich eine große Latrine in der Form einer halbkreisförmigen Exedra (Abb 48, Nr. 10), die von 44 Personen gleichzeitig benutzt werden konnte. Der Halbkreis war über den Sitzen durch ein von Säulen getragenes Dach geschützt, die Mitte ungedeckt. Zwischen Latrine und Palästra gab es einen freien Durchblick, der erst in christlicher Zeit durch eine Mauer geschlossen wurde. Die aufwendige Anlage dürfte erst in die römische Kaiserzeit gehören, doch könnte sie an derselben Stelle einfachere Vorgänger gehabt haben.

Auf die Therme am Ostflügel der Palästra soll hier nicht näher eingegangen werden. Die bauliche Einheit zeigt wiederum die enge Verbindung zwischen Sport und Bad, doch ist der Typus noch wie bei den Stabianer Thermen deutlich von der griechischen Palästra mit großem Peristylhof abgeleitet. Diese Form hat vor allem im griechischen Osten des Kaiserreiches fortgelebt.

In den römischen Thermen waren die Latrinen von den Auskleideräumen aus zu erreichen, doch blieben sie von ihnen getrennt, um Belästigungen zu vermeiden. Die Geruchsentfaltung wurde gering gehalten, weil ein Kanal und ständig laufendes Wasser unter den Sitzen die Exkremente sofort beseitigte.

Die eigentliche Installation bestand aus ca. 55 cm hohen und ebenso tiefen Marmorbänken mit kreisrunden Löchern von ungefähr 20 cm Durchmesser (*sella pertusa* = durchlochter Sitz) und nach vorn verlaufenden Schlitzen. Die Entfernung zwischen den einzelnen Öffnungen von Mitte zu Mitte betrug ca. 60 cm. Wie erwähnt, floß unterhalb der Sitze ständig Wasser, das mit der Kanalisation direkt verbunden war und oft aus Brauchwasser aus den

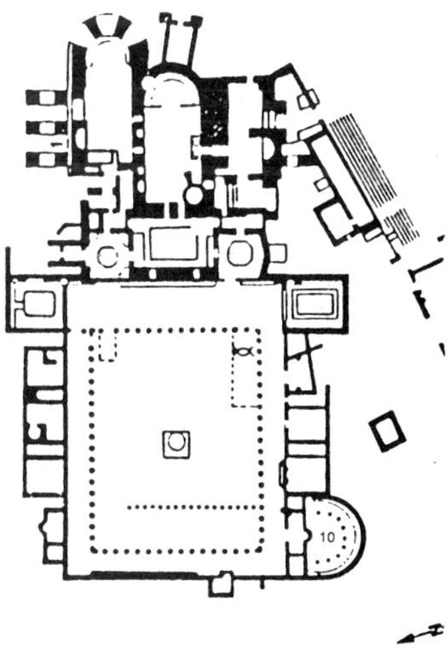

48 Gymnasium mit Palästra und Therme von Salamis (Nordzypern).
a (unten) heutige Ansicht.
b (rechts) Lageplan

Badebecken bestand. Vor den Sitzen befand sich nach einer Abstellfläche für die Füße eine kleinere Rinne, die ebenfalls mit fließendem Wasser versorgt wurde. Es diente zur Säuberung der Körperteile mit der Hand anstelle des Toilettenpapiers, das es damals noch nicht gab. Von den Sitzlöchern nach vorne führende Öffnungen erleichterten die Hantierung ohne Aufstehen. (Abb. 49 u. 50b).[124]

Auch die Benutzung von Schwämmchen ist literarisch belegt (z.B. Seneca, ep. 70, 20); sie ist bei der Rekonstruktion der Herbergsthermen in Xanten berücksichtigt worden, doch sprechen hygienische Gründe nicht für eine allgemein gebräuchliche Vorgehensweise. Es ist vorstellbar, daß die kalten Marmorsitze mit Holz- oder Strohbrillen bedeckt waren. Das kann jedoch wegen des vergänglichen Materials nicht bewiesen werden. Die Frage nach getrennter oder gemeinsamer Benutzung durch Männer und Frauen ließ sich inzwischen durch weitere Grabungen beantworten. Auch hier diente – wie bei den Bädern – die größere Anlage den Männern, die kleinere mit einer geringeren Zahl von Sitzen den Frauen.[125] Bei nur einer Latrinenanlage ist anzunehmen, daß sie gemeinsam benutzt wurde, jedoch separat nach getrennten Badezeiten. Der Fußboden bestand aus Marmor, anderen Steinplatten oder Mosaiken. Ob Holzroste vor den Sitzreihen oder im gesamten Fußbodenbereich lagen, ist unbekannt. Die relativ hohen Klosettsitze sprechen dafür. Dabei hätten die kleinen Reinigungsrinnen vor den Sitzen frei bleiben müssen. Wie zwei Beispiele (Abb. 50 a u. b) zeigen, waren sie meist höher gelegt worden, so daß

49 Latrine mit Fußbodenmosaik in den Thermen der kaiserlichen Villa bei Piazza Armerina auf Sizilien

50 a (links) Teilansicht (von Abb. 48) Latrine in der Palästra von Salamis (Nordzypern)
b (rechts) öffentliche Latrinen bei den Scholastika-Thermen in Ephesos

man für diese Fälle Roste für den übrigen Fußboden als sicher annehmen kann. Mosaikböden dürfte man allerdings nicht abgedeckt haben.

Die Latrinen waren wie die Badeanlagen oft aufwendig ausgestaltet: Anordnungen in Hufeisen-, L- bzw. I- oder Halbrundformen finden sich ebenso wie Einarbeitungen für Türen. Nicht allein der Fußboden war mit Marmor ausgelegt, auch die Wände waren marmorvertäfelt. In größeren Anlagen bestand die Decke oft aus Kreuzgratgewölben, die von Säulen mit Kapitellen getragen wurden.[126] Manche Latrinen verfügten sogar über einen Vorraum, dem wiederum ein Warteraum mit einer Bank vorgelagert war. Für das Bad des Vedius-Gymnasiums in Ephesos ist eine Platzreservierung von einigen Sitzen für Geschäftsleute überliefert.[127] Diese Umstände, die gemeinschaftliche Benutzung und die hygienischen Voraussetzungen lassen darauf schließen, daß der Ort nicht nur zu einem kurzen Aufenthalt einlud.[128]

Das Wort Latrine kommt vom lateinischen *lavatrina* und bedeutete ursprünglich Waschgelegenheit. Allmählich setzte sich für diesen Begriff das griechische Lehnwort bal(i)neum durch, und lavatrina wurde nur noch für Toiletten oder Abtritte verwendet und durch Verschleifung zu Latrine.[129]

VI. Typologie

Die Typologie der öffentlichen römischen Thermen wurde im wesentlichen von Krencker[130] entwickelt, der anläßlich der Publikation der Trierer Thermen 1929 die Bäder einer vergleichenden Übersicht unterzog. Allerdings konnte Krencker sich nur an die zu dieser Zeit bekannten Anlagen halten, und er ließ den Blocktypus außer Acht, der schon 1908 von Pfretzschner erkannt worden war.[131] Dieser Typus wurde erst wieder von Heinz diskutiert[132] und soll auch hier seinen Platz finden. Die kleinasiatischen Sondertypen,[133] die stärker an die griechische Tradition anknüpfen, mußten wir dagegen beiseite lassen. Auf sie und andere regionale Unterschiede weisen wir jedoch ausdrücklich hin. Der Unterschied zwischen allgemeinem Bad und Heilbad wird in Kapitel IX verdeutlicht.

Bei der folgenden Aufstellung kann es sich nur um Grundstrukturen handeln, die auch in Abwandlungen auftraten. So mußte die übliche achsiale Anordnung aufgegeben werden, wenn topographische Gegebenheiten oder bereits vorhandene Bauten es erforderten. Besondere Wünsche des Auftraggebers oder des Architekten sollten auch in Betracht gezogen werden.

Bei Doppelanlagen unterschiedlicher Größe handelt es sich bei der größeren um den Badetrakt für Männer, bei der kleineren um den für Frauen. Bei gleich großen, meist parallel verlaufenden Doppelanlagen liegt die Vermutung nahe, daß man eine Hälfte bei Bedarf (Reparatur, Verknappung von Brennmaterial oder Wasser oder auch weniger Besucher) stillgelegt hat.

Im folgenden werden die einzelnen Räume, deren Funktion im vorangegangenen Kapitel beschrieben wurde, besonders bei den Abbildungen mit ihrem Anfangsbuchstaben abgekürzt:

A = Apodyterium	P = Palästra	Pr = Präfurnium
C = Caldarium	Pi = Piscina	S = Sudatorium
F = Frigidarium	Po = Portikus	T = Tepidarium

Die hypokaustierten Räume sind mit ⁚⁚ gekennzeichnet.

1. Reihentypus

Beim Reihentypus (Abb. 51) waren die einzelnen Räume hintereinander angeordnet.[134] Das bedeutete, daß die Besucher hin und zurück denselben Weg nahmen und dabei ins Gedränge kommen konnten. Dieser Typus war auch mit seitlich angegliederten Räumen anzutreffen: Das Laconicum bzw.

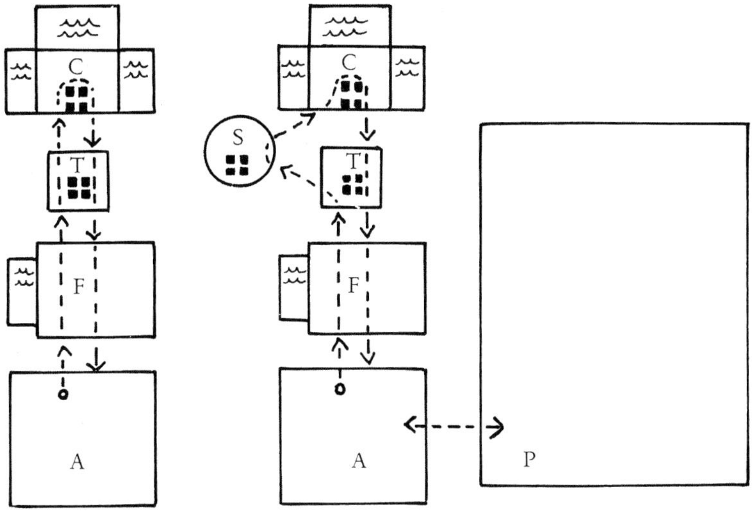

51 Schema des Reihentypus.
a einfache Form. *b mit seitlich angefügtem Sudatorium u. Palästra*

Sudatorium konnte sowohl dem Frigidarium als auch dem Tepidarium oder dem Caldarium angeschlossen sein, während die Palästra sowohl vor als auch seitlich der Längsachse liegen konnte und stets im Zusammenhang mit dem Apodyterium stand. Es handelt sich um einen Typus, der sich konstant bis zum kulturellen Verfall des römischen Imperiums im gesamten Reichsgebiet gehalten hat.

2. *Blocktypus*

Wie bereits erwähnt, wurde dieser Typus in der Forschungsgeschichte vernachlässigt (S. 68), obwohl er, wie die Ausgrabungen ergeben haben, der älteste ist.[135] Pfretzschner hatte bereits erkannt, daß es Bäder gab, deren Räume nicht in einer Reihe hintereinander lagen, sondern in zwei oder mehreren Reihen nebeneinander.[136] Der Blocktypus faßte diese zu einem möglichst geschlossenen Baukörper zusammen, wobei die Benutzungsrichtung abgeknickt wurde. Man könnte ihn auch als eine Spielart des Reihentypus bezeichnen, zumal man hier wie da den gleichen Hin- und Rückweg nehmen mußte. Soweit meine Nachforschungen ergeben haben, ist der Blocktypus häufiger beim Privatbad als bei öffentlichen Bädern anzutreffen.

An den beiden Beispielen der Bäder in den römischen Villen (*villae rusticae*) bei Pforzheim-Hagenschieß[137] und der „Haselburg“ im Odenwald,[138] beide aus dem 2. Jh. n. Chr., (Abb. 52, 53) ist der Blocktypus gut zu erkennen.

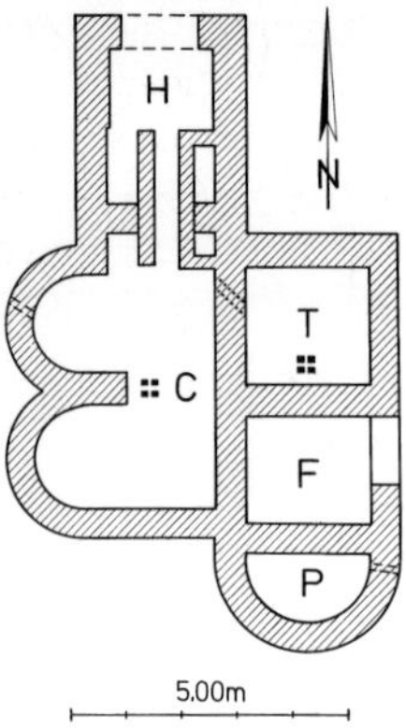

52 *Pforzheim-Hagenschieß (Grundriß; H = Heizraum, Praefurnium)*

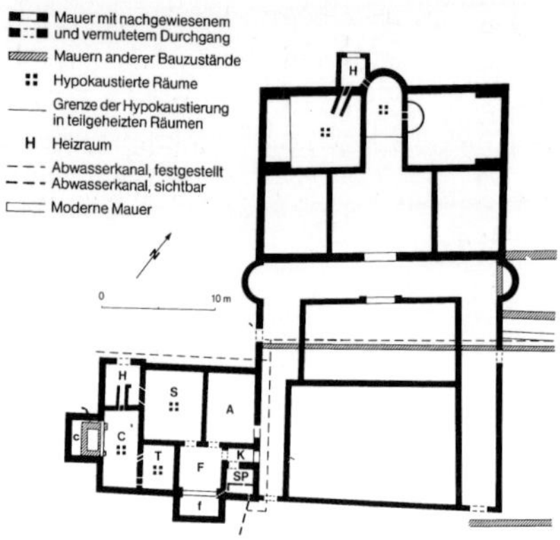

53 *Grundriß der Villa rustica „Haselburg" (links die Badeanlage; H = Heizraum, Praefurnium)*

3. *Ringtypus*

Der Ringtypus (Abb. 54) war die logische Weiterentwicklung des Reihentypus, der, wie gesagt, bei starkem Besucherstrom zu Gedränge führen konnte.[139] Beim Ringtypus erfolgte die Benutzung im Rundgang, so daß Stau-

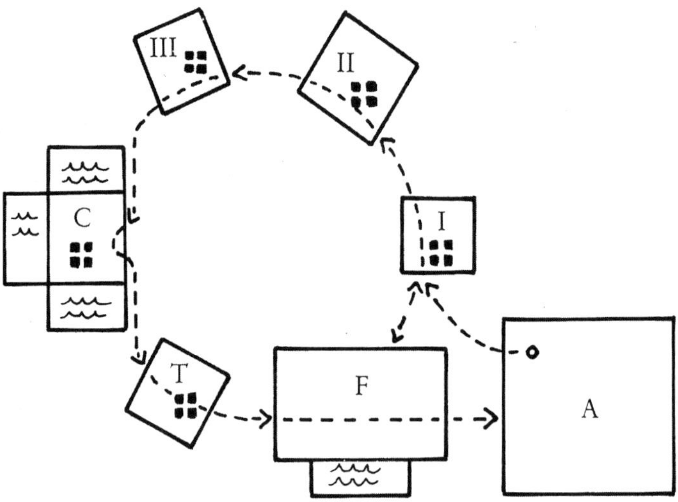

54 *Schema des Ringtypus*

ungen vermieden und der Ablauf des Badebetriebes wesentlich verbessert wurde. Auch hierbei gab es Anlagen, bei denen zusätzliche Räume vor dem Warmbad geschaffen wurden. Als Beispiele für den Ringtypus seien die großen Ostthermen von Timgad in Nordafrika (bei Batna im heutigen Algerien)[140] und die Römischen Bäder im Poseidon-Heiligtum von Isthmia[141] genannt.

4. Kleiner Kaisertypus

Die weitere Entwicklung führte zu großen, repräsentativen Anlagen, die sich nicht mehr in die beschriebenen Typen einbinden lassen, sondern mehrere kombinieren. Das Schema des kleinen Kaisertypus (Abb. 55a)[142] besteht aus zwei ringförmig zusammengeschlossenen Reihentypen. Man konnte, aus der Palästra kommend, rechts oder links mit einem Apodyterium beginnen und durch mehrere Räume in das große Caldarium gelangen, wo sich die Wege vereinten und gemeinsam durch Tepidarium und Frigidarium in der Mittelachse zu den Apodyterien zurückführten. Die Verdoppelung des Weges und der Nebenräume hat zu einer komplexen Symmetrie des Grundrisses geführt,

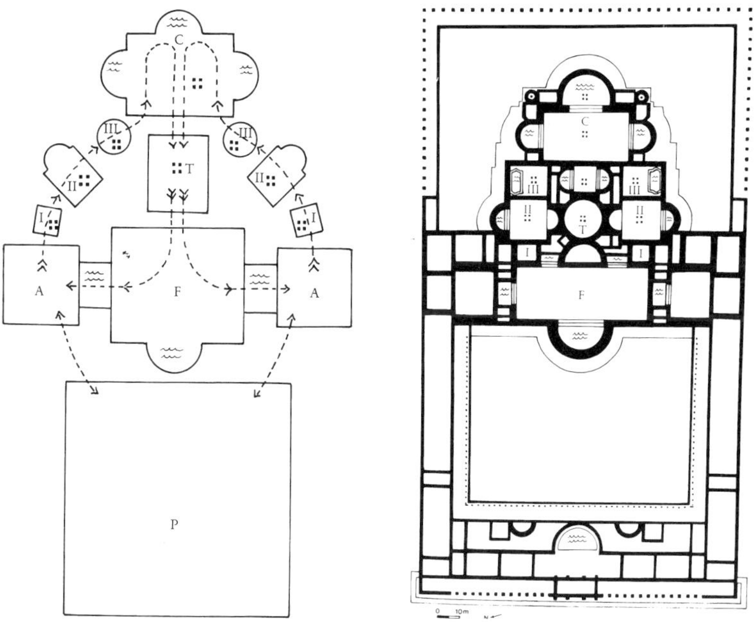

55 Der „Kleine Kaisertypus“
a (links) allgemeines Schema b (rechts) Grundriß der Kaiserthermen Trier

die sich bei den großen Kaiserthermen in grandioser Weise fortentwickeln sollte. Bei dem kleinen Typus, für den die Trierer Kaiserthermen ein gutes Beispiel bieten (Abb. 55b),[143] fehlte in der Regel die vor dem Frigidarium liegende Natatio. Das Caldarium war meistens ein rechteckiger Saal mit drei großen Apsiden.

5. *Großer Kaisertypus*

Aus dem Kleinen hat sich der Große Kaisertypus entwickelt (Abb. 56).[144] Charakteristisch war auch hier die große Mittelachse mit F(rigidarium), T(epidarium) und C(aldarium), wobei letzteres von Süden bzw. Südwesten sein Licht erhalten sollte, wie es Vitruv (V, 10, 1) gefordert hatte, und wie Plinius (ep. 2, 17, 11) es von einer bestimmten Badeanlage berichtete. Dieser Versuch, durch die Süd- bzw. Südwestausrichtung die Sonnenstrahlen optimal zu nutzen, spricht für den bevorzugten Besuch der Bäder zu den Nachmittagsstunden. Vor dem breit gelagerten Frigidarium befand sich die große Natatio. Die Fassade des Frigidariums war architektonisch ähnlich einer *Nymphäum*sfront reich gegliedert und bildete einen imposanten Hintergrund für die Natatio (Abb. 41). Flankiert wurde die Hauptachse von großen ungedeckten Palästren (S. 87 Anm. 179), Apodyterien und weiteren Nebenräumen, die zu verschiedenen, noch nicht in allen Fällen geklärten, Zwecken genutzt werden konnten.

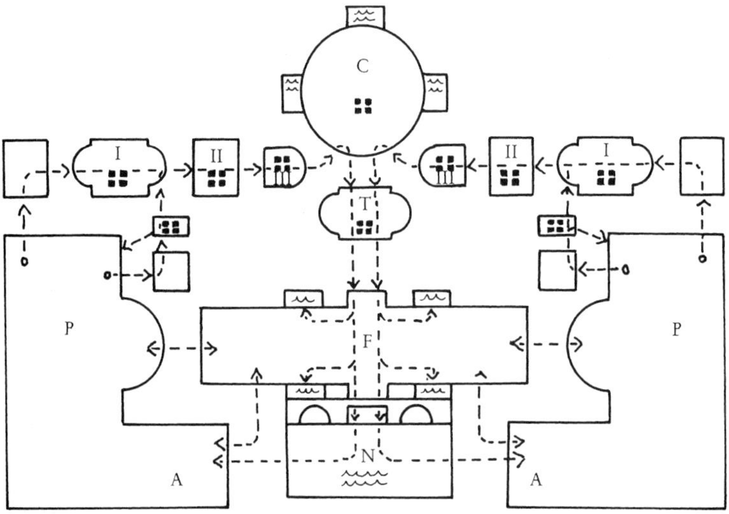

56 *Schema des „Großen Kaisertypus"*

VII. Öffentliche Bäder

1. Die stadtrömischen Bäder

In der Kaiserzeit waren es nicht zuletzt die großen öffentlich genutzten Thermen[145], die das Bild der Stadt Rom geprägt haben. Sie führten bereits im Altertum die Bezeichnung thermae, die sich im Laufe der Zeit für große öffentliche Badeanlagen gegenüber balnea durchgesetzt hatte. Als balnea publica oder balneae publicae wurden die kleineren öffentlichen Bäder bezeichnet. Die von Privatleuten gestifteten und von Pächtern verwalteten öffentlichen Bäder hießen *balnea meritoria* (Miet- oder Pachtbäder).

Für die Agrippa-Thermen und die Nero-Thermen ist neben „thermae" aber auch die Bezeichnung „gymnasium"[146] überliefert. Man hatte lange angenommen, daß es sich bei den Thermae und dem Gymnasium Neros um zwei verschiedene Bauten handele. Erst kürzlich wurde nachgewiesen[147], daß sich die beiden Begriffe im frühen 1. Jh. n. Chr. noch gedeckt hatten und sich der Begriff „thermae" erst im letzten Drittel des Jahrhunderts für große öffentliche Bäder herauskristallisierte. Die Bezeichnung „gymnasium" spricht dafür, daß die alte griechische Verbindung von Sport und Bad mit dem Gewicht auf Sport zunächst noch beibehalten wurde. Dazu würde es auch passen, daß Tacitus und Cassius Dio die von Nero veranstalteten Spiele *graeco more* (nach griechischer Sitte) nannten[148] und Neros Vorliebe für griechische Traditionen hervorhoben.

Agrippa-Thermen

Agrippa, Feldherr, Vertrauter und Schwiegersohn des Augustus hatte sich auf Kriegszügen große Reichtümer erworben, aus denen er zahlreiche öffentliche Bauten finanzierte, darunter das erste Pantheon und die nach ihm benannten Thermen. Im Jahre 25 v. Chr. wurde der Bau der Agrippa-Thermen[149] auf dem Marsfeld begonnen und nach dem Anschluß an die neu errichtete Wasserleitung, die Aqua Virgo (Plinius n.h. 36, 121), sechs Jahre später der Öffentlichkeit übergeben. Mit der Aqua Virgo wurde auch ein bei den Thermen angelegter See, das *stagnum Agrippae*, versorgt, das als Natatio unter freiem Himmel diente. Der Entwässerung in den Tiber diente ein eigener Kanal, der Euripus. Der Name leitet sich von der griechischen Meerenge gleichen Namens zwischen Euböa und dem griechischen Festland ab. Von der einst großartigen Anlage sind heute nur noch die Reste eines Rundsaales erhalten, der einen ungefähren Durchmesser von 25 m hatte und heute von

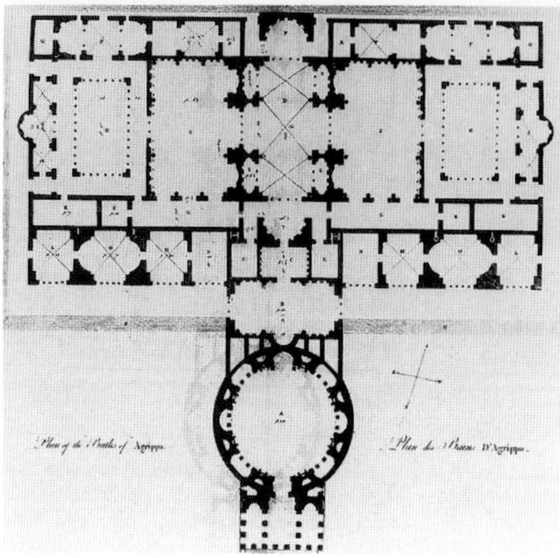

57 *Plan der Agrippa-Thermen nach Palladio*

der Via Arco della Ciambella durchschnitten wird (Abb. 58). Interessant ist, daß der Rundbau der Agrippa-Thermen in einer Achse südlich von dem ebenfalls von Agrippa erbauten ersten Pantheon lag, was zu manchen Überlegungen und Spekulationen Anlaß gegeben hat. Der genaue Grundriß der Agrippa-Thermen ist bis heute nicht geklärt. Als erster hat Palladio[150] den Versuch gemacht, ihn zu rekonstruieren, doch hat er dabei die Charakteristika der großen Kaiserthermen vorausgesetzt (Abb. 57).

Der von Hülsen[151] rekonstruierte Grundriß (Abb. 58), dem die sichtbaren Reste und ein im Jahre 1900 gefundenes Bruchstück des marmornen Stadt-

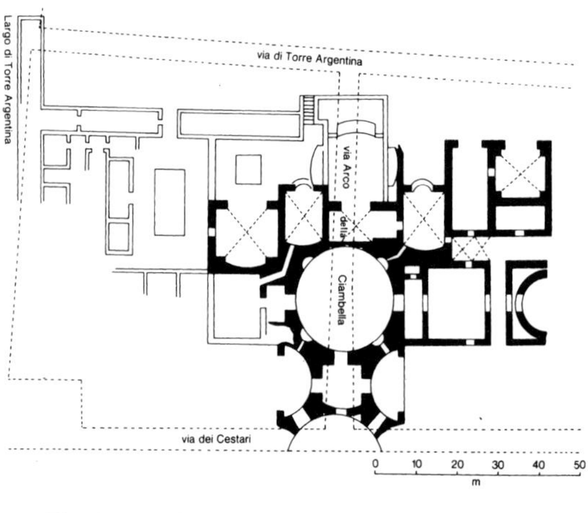

58 *Grundriß der Agrippa-Thermen nach Hülsen*

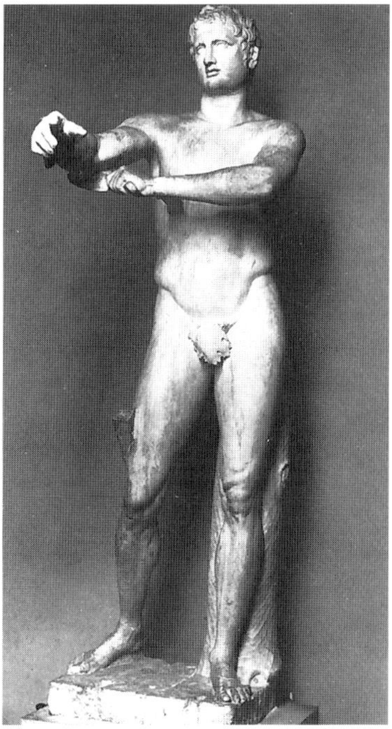

59 *Der Apoxyomenos des Lysipp.*
Römische Marmorkopie nach einem griechischen Bronzeoriginal

planes Roms aus severischer Zeit (*Forma Urbis Romae*)[152] zugrunde liegen, scheint der ursprünglichen Gestalt näher zu kommen. Danach kann es sich noch nicht um eine symmetrische Anlage gehandelt haben.[153] Die Rotunde, die einem Laconicum gleicht, doch dafür zu groß sein dürfte, weist jedoch schon auf die monumentalen Thermen der Kaiserzeit voraus.

Vor seinen Thermen hat Agrippa den *Apoxyomenos* des Lysipp (Abb. 59) aufstellen lassen, der zu den berühmtesten Werken der griechischen Plastik gehörte. Tiberius hatte die Statue in seinen Palast überführen lassen und wollte vor den Thermen eine Kopie aufstellen[154], mußte jedoch auf den Protest des Volkes hin den Apoxyomenos an die alte Stelle zurückbringen lassen (Plinius n.h. 34, 62). Für das „Thermen-Gymnasium" Agrippas war keine Statue besser geeignet als der Lysippische Athlet, der sich nach dem Wettkampf von Öl und Staub befreit und damit auf das Bad vorbereitet.

Der Apoxyomenos, die Natatio unter freiem Himmel und die Lage der Thermen auf dem Marsfeld nicht weit vom Tiber, die an die Badeanlagen am Kladeos in Olympia erinnern, lassen noch die griechische Tradition erkennen. Wenn Martial von Marsfeld, Bad und See spricht, könnte er die Agrippa-Thermen vor Augen gehabt haben (S. 63). Das Marsfeld vor den Toren der Stadt hatte als Heerlager vor dem Triumphzug zum Kapitol und auch für militärische und sportliche Übungen gedient und dürfte deshalb für die ersten öffentlichen Thermen ausgewählt worden sein.

Aus den Agrippa-Thermen ist noch eine prächtige Porphyrbadewanne erhalten. Sie befindet sich heute in der Corsini-Kapelle der Lateranskirche in Rom (San Giovanni in Laterano) und dient den Gebeinen Papst Clemens XII. (1730–1740) als Sarkophag.[155]

Nero-Thermen

62 n. Chr. wurden unter Nero nordwestlich des Pantheons (Abb. 60, 98) Thermen von riesigen Ausmaßen eröffnet: 190 m in der Länge und 120 m in der Breite. Die Nero-Thermen[156] waren die ersten einer Reihe großer Kaiser-Thermen, deren Hauptbaderäume achsial angeordnet waren und beiderseits, spiegelbildlich zur Mittelachse, von den übrigen Räumen flankiert wurden. Sie waren zugleich prägend für alle Folgebauten der Thermenarchitektur, die dem großen Kaisertypus (S. 72) entsprechen. Zahlreiche Zeugnisse aus der Antike berichten über die Baufreudigkeit Neros, die in seinem kaiserlichen Palast, der *domus aurea* gipfelte. Bei Martial (ep. 7, 34) heißt es: „Was ist schlimmer als Nero? Was aber ist großartiger als Neros Thermen?"

Der Fülle von literarischen Quellen stehen auf archäologischer Seite heute nur spärliche Reste gegenüber: Zwei Granitsäulen befinden sich neben St. Eustachio[157] und zwei weitere stehen links in der Vorhalle des Pantheon,

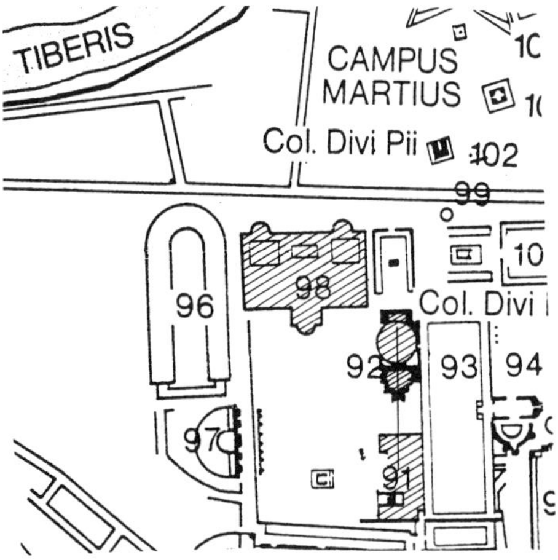

60 Lageplan Marsfeld (Campus Martius) / Agrippa-Thermen (91) / Pantheon (92) / Nero-Thermen (98)

wo sie im 17. Jahrhundert eingebaut wurden.[158] Starke Ziegelpfeiler von der westlichen Außenmauer kamen 1933 bei der Gestaltung des Corso del Rinascimento ans Licht, wurden dabei aber vernichtet.[159] Es liegt auch hier ein Rekonstruktionsversuch Palladios (Abb. 61)[160] vor, den er bei seinem Romaufenthalt (1545–47), bei dem er einen besseren Erhaltungszustand vorfand als wir heute, angefertigt hat. Sein Plan wird allgemein als im wesentlichen richtig anerkannt.

Unter Alexander Severus, 227 n. Chr., wurden die Thermen erneuert,[161] durch einen neuen Aquaedukt gespeist und in Thermae Alexandrinae umbenannt.[162]

Der Grundriß Palladios zeigt, daß nunmehr ein architektonisches Meisterwerk entstanden ist, dem spätere Generationen nur noch wenig hinzuzufügen hatten. Sollte Alexander Severus sich bei der Erneuerung an den alten Grundriß gehalten haben und Palladios Plan im wesentlichen zuverlässig sein, so wären schon zu Neros Zeit sämtliche Räume, die nun gleichfalls doppelte Palästra eingeschlossen, zu einem großen Block zusamengefaßt, aus dem nur das Caldarium im Süden weit herausspringt, um die ganze Sonnenstrahlung einzufangen (vgl. S. 81). Es ist begreiflich, daß dieses erste Beispiel vom Typus der großen Kaiserthermen seinen Eindruck auf die Zeitgenossen nicht verfehlte.

An das Caldarium (C) schloß sich nach Norden das relativ kleine Tepidarium (T) mit Piscinen in den Nischen an, dem das bereits erwähnte Frigidarium (F) und die offene Natatio (N) folgten. Mit den Agrippa- und den Nero-Thermen besaß das Marsfeld die ersten großen öffentlichen Thermen Roms.

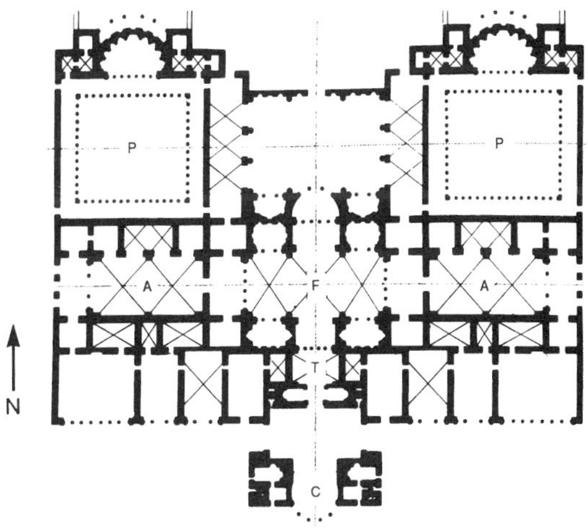

61 Grundriß der Nero-Thermen nach Palladio

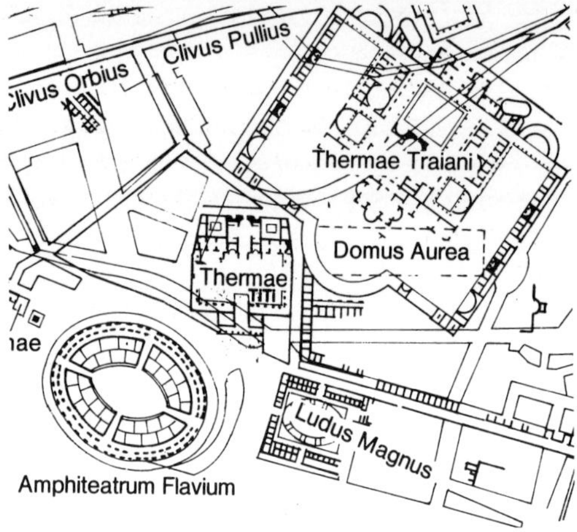

62 *Ausschnitt des antiken Stadtplans*

Titus-Thermen

Titus hat nur kurze Zeit regiert (79–81 n. Chr.). Trotzdem sind aus seiner Regierungszeit verschiedene große Bauten überliefert, von denen der bekannteste das bereits unter seinem Vorgänger und Vater Vespasian (69–79 n. Chr.) begonnene Colosseum *(Amphitheatrum Flavium)* war. Mit dem Gelände um das Colosseum gab Titus dem Volk ein Gebiet zurück, das Nero für den Bau seines „Goldenen Hauses“ gewaltsam und widerrechtlich in seinen Besitz gebracht hatte. Die volksnahe Politik des Titus schlug sich auch im Bau seiner Thermen[163] nieder, für die nur eine kurze Bauzeit anzunehmen ist. Leider sind davon heute nur noch einige Ziegelsäulen einer ehemaligen Portikus erhalten, so daß wir uns auch hier mit einem Grundriß begnügen müssen, den Palladio bei seinem Rom-Besuch unter dem Eindruck der noch besser erhaltenen Ruine zeichnen konnte (Abb. 63). Die Titus-Thermen waren über Teilen der Domus Aurea am Abhang des Oppius errichtet und kleiner als die neronischen, die bereits etwa den Maßen des kompakten Teils der späteren Trajans-Thermen entsprachen (Abb. 62).

Ihre Lage gleich neben dem Colosseum, von dem aus man sie über eine monumentale Treppe mit vorgelegter Portikus erreichen konnte, ließen sie bald zur bevorzugten Badegelegenheit des Volkes werden. Bei Martial (3, 36) lesen wir, daß der „Herr“ in der Aqua Virgo (den Agrippa-Thermen), der „Klient“ in den Volksbädern der Titus-Thermen badete, deren Publikum dem des Colosseums entsprochen haben dürfte.

In der Mittelachse lagen wieder von Norden nach Süden aufgereiht: Frigidarium, Tepidarium und Caldarium (Abb. 63). Im übrigen gehören die Titus-Thermen zum Typus der Kleinen Kaiserthermen (S. 71 f.), bei dem die Natatio fehlt. Wir begegnen aber wieder zwei Palästren, wie bei den Nero-Thermen, und als Neuheit einem großen Vorhof.

Einige Räume sind im Plan mit Kreuzgratgewölbe versehen, die im Frigidarium noch durch zwei Halbtonnengewölbe erweitert wurden.[165] Diese Technik konnte bereits im Plan der Nero-Thermen festgestellt werden (S. 77). Es ist jedoch anzunehmen, daß sie in beiden Fällen aus Reparatur- oder Umbauarbeiten stammt, weil derartige Spannweiten im 1. Jh. n.Ch. kaum möglich waren.

Das breitgelagerte Frigidarium (F) der Titus-Thermen wurde von zwei ca. 12 × 15 qm großen Räumen oder Höfen flankiert, die als Palästra (P) gedient haben könnten, weil sie für Apodyterien, als die sie auch gedeutet werden, zu groß sind. Vielleicht haben sie aber auch als beides gedient. In den Seitenflügeln des relativ kleinen Tepidariums (T) standen Piscinen. Das Caldarium (C) zeigt eine eigenwillige Form: Zwei symmetrisch angeordnete, durch einen Korridor getrennte Räume öffneten sich nach drei Seiten mit jeweils zwei Säulen. In den südlichen rechteckigen Nischen standen Wannen. Die beiden nur von außen zugänglichen Eckräume scheinen Vorträgen o. ä. vorbehalten gewesen zu sein. In den nördlichen äußeren Ecken der Gesamtanlage sind Treppen eingezeichnet, die den Schluß zulassen, daß die Titus-Thermen teilweise mit Dachterrassen ausgestattet oder zweigeschossig waren. Darauf weisen auch zwei Münzen hin, die rechts vom Colosseum ein doppelstöckiges Gebäude zeigen.[166] Sonst fehlen Darstellungen von Thermen auf Münzen völlig, im Unterschied zu anderen kaiserlichen Bauten.

Leider sind die Titus-Thermen zu wenig erforscht und lassen heute wegen der darüber hinwegführenden Viale del Monte Oppio auch keine weiteren Ausgrabungen zu.

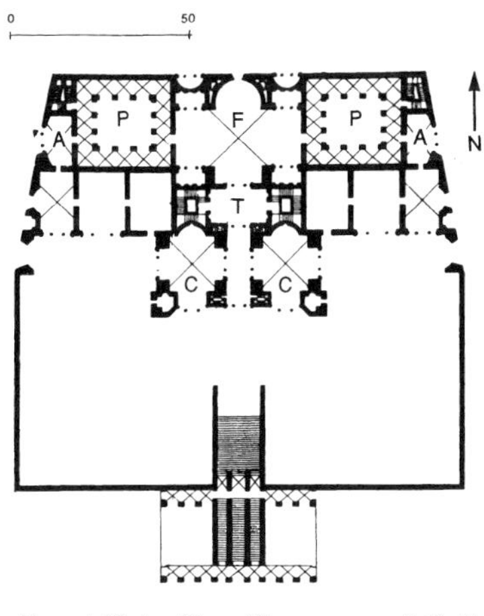

63 Grundriß der Titus-Thermen nach Palladio

Trajans-Thermen

Unter Trajan (98–117 n. Chr., Abb. 64) hat das römische Imperium seine größte Ausdehnung erfahren. Es reichte im Osten weit nach Vorderasien, im Norden dehnte es sich bis Großbritannien, im Westen bis Spanien aus, im Süden gehörten große Teile Nordafrikas dazu. Unter Trajan setzte eine neue große Bautätigkeit ein, sowohl in Rom als auch in den Provinzen.

Als im Jahre 104 n. Chr. Neros Goldenes Haus abbrannte, nutzte Trajan die Gelegenheit und ließ wohl unter der Leitung seines syrischen Architekten Apollodor[167] eine großartige Thermenanlage (Abb. 65) auf diesem Gelände errichten.[168]

Bereits 109 n. Chr.,[169] nach den Daker-Feldzügen und in einer Bauzeit von nur fünf Jahren, wurde sie der Öffentlichkeit übergeben. Das gesamte Areal, das in seiner größten Ausdehnung ca. 330 m × 315 m mißt, war von einer Mauer mit weiteren Räumen und kleinen und großen Exedren umgeben. Eine von ihnen mit dem Ausmaß eines Theaters öffnete sich nach Süden.

Zwischen der äußeren Einfassung und dem Kernbau, den eigentlichen Thermen mit einer Größe von 212 m × 190 m, war reichlich Platz für Gartenanlagen und für Spiel- und Sportstätten.

Die zur gleichen Zeit erbaute Aqua Trajana sorgte für eine kontinuierliche Wasserversorgung, indem sie die Thermen und ein gewaltiges Reservoir, die „Sette Sale“[170], speiste. Dieser Wasserspeicher befand sich als eine selbstän-

64 Altersbildnis des Kaisers Trajan (Liebieghaus Frankfurt)

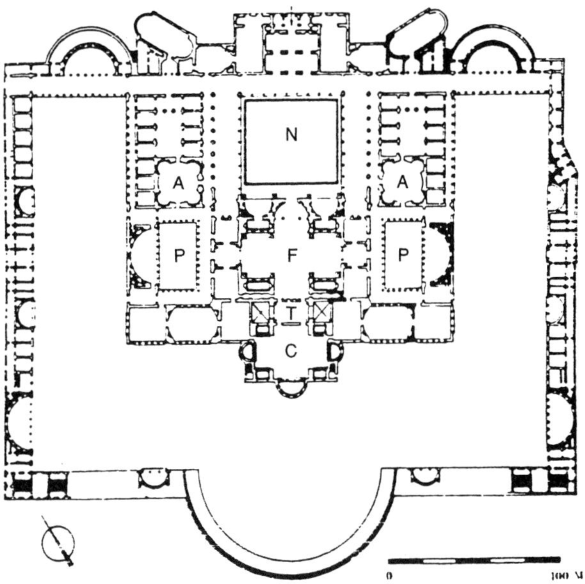

65 *Grundriß der Trajans-Thermen*

dige Baueinheit ca. 75 m nordöstlich außerhalb des eigentlichen Thermenkomplexes. Die Trajans-Thermen lagen auf dem Oppius in nächster Nähe der Titus-Thermen und des Colosseums (Abb. 62). Gegenüber diesen waren sie allerdings in der Achse gedreht. Das Caldarium sprang weit aus der südwestlichen Frontseite heraus, ein Merkmal, wie es Palladio bereits für die Nero-Thermen angenommen hatte (Abb. 61). Hier ist es jedoch erstmals nachgewiesen und dann bei fast allen kommenden Kaiser-Thermen wiederzufinden. Die Anordnung der einzelnen Räume entsprach dem großen Kaisertypus, der hier vollkommen ausgereift und zu seiner „kanonischen" Form gelangt war. Die Gärten sind hier an drei, und nicht wie später an allen vier Seiten um den zentralen Badekomplex herumgeführt.

Während wir uns bei den spärlichen Ruinen der bisher behandelten Thermen Roms an ein Fragment der Forma urbis und an die Pläne Palladios halten mußten, trifft man bei den Trajans-Thermen noch heute auf viele zusammenhängende Mauern (Abb. 67), die eine vollständige Rekonstruktion erlauben. Sie zeigen eine Technik aus gebrannten Ziegeln und Mörtel, die Anfang des 1. Jhs. n. Chr. einsetzt und hier in weiterentwickelter Form auftritt.

Die Gußmauertechnik, der Einsatz von Ziegeln, sei es für Verkleidungen oder die Mauern selbst, und die Gewölbetechnik haben in den Trajans-Thermen einen Stand erreicht, der von späteren Thermen nicht mehr übertroffen

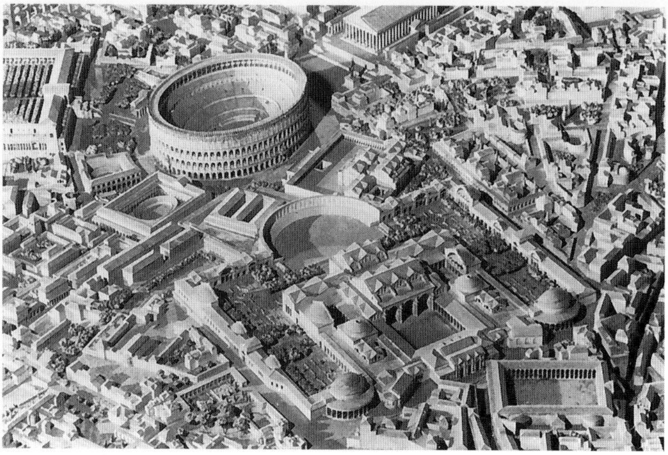

66 Trajans-Thermen (Modell)

wurde. Nur die Monumentalität und Pracht und Vielfalt der Ausstattung konnten noch gesteigert werden.

Die Thermen des Agrippa und des Nero waren noch auf dem Marsfeld in der Nähe des Tibers konzentriert. Mit dem Colosseum und den Thermen des Titus und des Trajan entstand nun im Herzen Roms ein Erholungs- und Vergnügungszentrum für die Bedürfnisse einer zahlenmäßig enorm gestiegenen Bevölkerung. Mit ihren äußeren Umfassungsmauern übertrafen die Trajans-Thermen das Areal der älteren Thermen bei weitem, und die großräumigen

67 Trajans-Thermen (Südliche Exedra)
(vgl. Abb. 65 Grundriß und Abb. 66 Modell)

Anlagen unter freiem Himmel schufen weitere Erholungsflächen. Caracalla hat mit seinen berühmter gewordenen Thermen das trajanische Vorbild nur aufzugreifen und den neuen Zeiten anzupassen brauchen.

Wahrscheinlich hatte Trajan, dessen Forum einem Heerlager (*Castrum*) nachempfunden ist und auf dessen Säule die Feldzüge gegen die Daker dargestellt sind, auch bei den Thermen nicht zuletzt an seine Soldaten und ihre Unterhaltung in der Hauptstadt gedacht. Auch die kurze Bauzeit von nur fünf Jahren ist ohne Beteiligung des Militärs kaum denkbar.

Caracalla-Thermen

Caracalla (211–217 n.Chr., Abb.68) regierte vor allem mit Hilfe seiner Armee und baute auf die unteren Schichten des Volkes. In jungen Jahren begleitete er seinen Vater Septimius Severus auf dem Partherfeldzug und führte später selbst Feldzüge im Osten. So verwundert es nicht, daß er seine riesigen Thermen[171] im südöstlichen Teil der Stadt an der Via Appia errichten ließ, auf der die Heere aus dem Orient über Brindisi nach Rom zurückkehrten, und am Fuße des seit alters von orientalischen Kulten geprägten Aventin. Er ließ die Gegend durch eine prächtige Straße erschließen und die Wasserzufuhr durch einen Abzweig der *Aqua Marcia* sichern.

Ziegelstempel beweisen, daß der Bau nicht vor 212 begonnen wurde. Früher nahm man an, daß die Thermen bereits unter seinem Vater Septimius Severus angefangen worden waren.[172]

Die heute noch eindrucksvollen Reste der gigantischen Anlage bestehen hauptsächlich aus hoch aufragenden Mauern aus Ziegelwerk und deren Fül-

68 Porträt Caracallas (Neapel, Nationalmuseum)

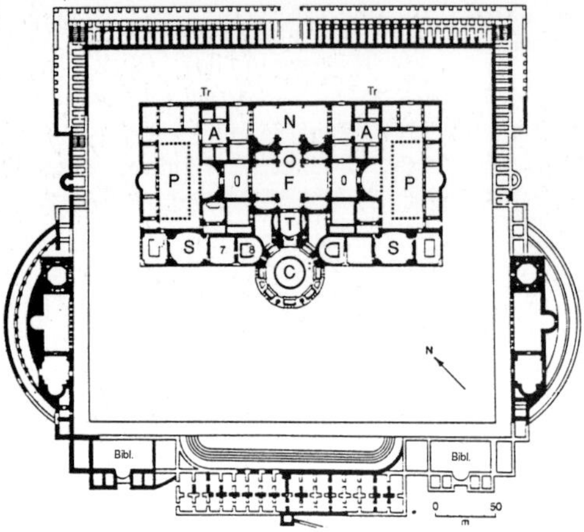

69 *Grundriß der Caracalla-Thermen*

lungen *(opus caementitium)*. Die Abgelegenheit des Ortes im späteren Rom hat die Plünderung der Gebäude in Grenzen gehalten, so daß die Überreste eine Rekonstruktion in Grund- und Aufriß zulassen.

Der große Thermenhof war fast quadratisch angelegt (Abb. 69). Der Besucher näherte sich von Nordosten dem Haupteingang in der Mitte einer 337 m breiten Portikus, die allerdings erst unter Alexander Severus (222–235) hinzugefügt wurde.[173] Der zweistöckige Bau beherbergte im Erdgeschoß Läden und Magazine, während der erste Stock vermutlich Wohnräume für das Personal enthielt. Die Läden setzten sich auch an den Seiten der Umfassungsmauern bis etwa zu deren Mitte fort. Darauf folgten zwei *Exedren*, die mit

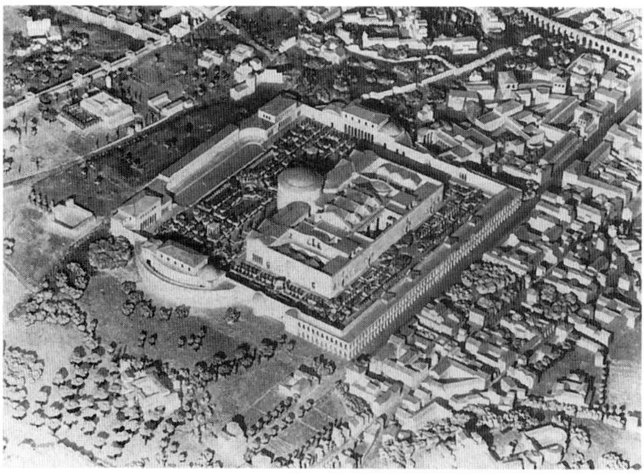

70 *Modell der Caracalla-Thermen*

71 Heutige Ruinen der Caracalla-Thermen mit moderner Zuschauertribüne in der Mitte (Luftaufnahme)

einem Durchmesser von 120 m die Seiten des Gebäudes nach Südwesten hin abschlossen. Vor den Exedren schmückte je ein Brunnen die Gartenanlage (im Plan nicht eingezeichnet). Wichtigster Teil der Südwestfront war eine aus 64 Einzelkammern bestehende Zisterne, deren Fassungsvermögen auf 33000 m^3 geschätzt wird.[174] Die Mauern der großen Zisterne waren vom Garten der Thermen aus gesehen durch die Stufen einer Zuschauertribüne kaschiert. Diese bildete mit dem davorliegenden Platz vermutlich ein Stadion für Wett- und Schaukämpfe. Rechts und links des Wasserreservoirs befanden sich rechteckige Räume mit offener Säulenstellung zum Garten hin, die als Bibliotheken gedeutet werden. Die Funktion weiterer Räume in den Umfassungsmauern ist noch unklar. Der Kernbau, die eigentliche Badeanlage, erstreckte sich über den nördlichen Teil des Areals und hatte ein Ausmaß von 214 × 110 m. An den Seiten des rechteckigen Blocks traten zwei kleinere Exedren, im Süden der größere Teil des kreisrunden Caldariums (C) hervor, das durch große, paarweise zusammengefaßte zweistöckige Fenster wieder soviel Sonnenlicht und Wärme wie möglich empfing.

Seine Kuppel ruhte auf acht mächtigen Pfeilern, von denen vier noch erhalten sind. Der innere Durchmesser der Rotunde betrug 35 m, ebensoviel die Höhe bis zum Scheitel der Kuppel.[175] Damit war dieser Saal nicht viel kleiner als das Pantheon, in das man eine Kugel von 43,30 m Durchmesser einschreiben kann.

Vier schmale Eingänge mit Wärmeschleusen halfen, die Temperatur beständig zu halten. In den Nischen der Seitenwände gab es sieben Becken mit warmem Wasser. Ob in der Mitte des Raumes das in den Plan (Abb. 69) eingezeichnete große, runde von unten beheizte Wasserbecken eingelassen war, ist nicht geklärt.

Heute werden während der Sommermonate abends Opern und Konzerte im ehemaligen Caldarium aufgeführt. In der Bildmitte (Abb. 71) ist die dafür eingebaute Zuschauertribüne zu sehen.

Das Caldarium (C) war wie üblich hypokaustiert, ebenso das anschließende Tepidarium (T), ein kleiner, rechteckiger Raum, der weniger zum Aufenthalt einlud, sondern eher als Wärmeschleuse und Durchgang zum Frigidarium (F) diente. Dieses lag in der Mitte der Anlage, d. h. im Schnittpunkt der Längs- und Querachse, und bildete den größten und am prächtigsten ausgestatteten Raum der Thermen. Er war 58 m lang und 24 m breit. Hier kühlte man sich nach dem Heißbad ab und hielt sich zur Entspannung auf. Acht schwarze Porphyrsäulen von fast zwei Meter Durchmesser trugen drei nebeneinander liegende Kreuzgratgewölbe. In Wandnischen waren vier große Kaltwasserwannen eingelassen. Zwei davon befinden sich heute auf der Piazza Farnese in Rom, wo sie das Wasser einer in der Renaissance hinzugefügten Fontäne auffangen (Abb. 72).[176] Die Wannen stammen aus denselben far-

72 (links) Einer der beiden Brunnen auf der Piazza Farnese mit Wanne aus dem Frigidarium der Caracalla-Thermen

73 (rechts) Brunnen auf dem Aventin mit antiker Badewanne und Maske

nesischen Grabungen wie die berühmten Statuen (S. 147ff.), die sich einst im Palazzo Farnese befanden. Eine antike Badewanne unbekannter Herkunft ist für einen Brunnen auf dem Aventin wiederverwendet worden (Abb. 73).[177] Die reiche Ausstattung des Frigidariums mit Statuen wird Gegenstand eines späteren Kapitels sein (S. 146ff.). Dem Frigidarium war die Natatio (N) vorgelagert. Sie bestand aus einem großen Schwimmbecken von 56 m Länge und 22 m Breite und öffnete sich in Kolonnaden zu den seitlichen Nebenräumen hin. Ihren äußeren Abschluß bildete eine hohe, einst reich mit Säulen und Nischen für Statuen geschmückte Wand; in der gegenüberliegenden Seite lagen zwei weite und tiefe Nischen. Der langen Nordwand waren vier Säulen vorgeblendet, von denen eine erhalten ist und seit 1560 auf der Piazza di Santa Trinità in Florenz steht. Sie wurde von Papst Pius IV. gestiftet und trägt eine „Justitia" des Bildhauers Francesco Tadda.[178]

Zwei große Palästren (P) von je ca. 30 × 68 m flankierten die Mittelachse. Von ihnen waren durch Säulenreihen je drei hypokaustierte Räume abgetrennt, der mittlere mit einer Exedra; sie gehörten sicher auch zum Sportbetrieb. Die große Exedra gegenüber, die hier ebenfalls durch Säulen von der Palästra getrennt war, hat Vorläufer in hellenistischen Palästren (Gymnasien) und hatte vermutlich Unterrichtszwecken gedient. Eine Überdachung der Palästren, wie sie Krencker und spätere Autoren annahmen, ist inzwischen widerlegt.[179] Gesichert ist jedoch eine Laufterrasse über den drei mit Gewölben gedeckten Säulengängen. Die Höhe der Terrassen wird mit 13,50 m angegeben. Weitere Terrassen gab es auf den Dächern anderer Räume, deren stützendes Tonnengewölbe zum Teil noch heute sichtbar ist und die über zwei Holztreppen an den Ecken des Eingangsbereiches zu erreichen waren. Alle Terrassenböden waren mit schwarz-weißen Mosaiken versehen; farbige sind von Sportplätzen erhalten (S. 142f.).[180] Die Apodyteria (A) standen auch hier in Verbindung mit den Palästren. Die zu beiden Seiten des Caldariums liegenden Rundräume könnten Sudatoria gewesen sein.

Unter den Thermen befand sich ein Netz von Bedienungsgängen. Die Gänge waren so breit, daß Karren eingesetzt werden konnten, deren Umkehr durch Nischen ermöglicht wurde. In dieses unterirdische Versorgungssystem hatte der Badbesucher keinen Einblick.

In den Gewölben des Kellers befand sich auch das größte *Mithräum* Roms.[181] Es lag in der Nähe der großen Exedra an der Nordwestseite der Umfassungsmauer und ist von der Außenseite zugänglich. Der Mithras-Kult stammt aus Persien und war durch Kaufleute und vor allem durch Soldaten aus dem Orient über Kleinasien und Griechenland schon im 1. Jh. v. Chr. zu den Römern gelangt. Zeitweise erreichte er bekanntlich eine solche Verbreitung, daß er eine ernsthafte Konkurrenz für das Christentum war. Das Mithräum an dieser Stelle zeigt noch einmal, für welche Bevölkerungsgruppen die Caracalla-Thermen bestimmt waren.

In der Spätantike wurden die Caracalla-Thermen als eines der Wunder

Roms gerühmt.[182] Unter Constantin dem Großen fanden Umbauten am Caldarium statt, und die letzten Ausgrabungen im Gebiet der östlichen Bibliothek lassen Änderungen aus dem späten 3. oder frühen 4. Jh. erkennen. Bei früheren Ausgrabungen kamen bereits Ziegelstempel aus der Zeit des Theodosius (379–395) ans Licht.[183] Leider fehlt bis heute eine zusammenfassende Beschreibung dieser großartigen Thermen, in denen ca. 1600 Badegäste gleichzeitig Platz gefunden haben sollen. Die noch größeren Diokletians-Thermen wurden rund 100 Jahre später gebaut.

Diokletians-Thermen

Den Höhepunkt römischer Thermenarchitektur bildeten die Diokletians-Thermen (Abb. 74).[184] Sie lagen auf den Ausläufern des Quirinals, Viminals und Esquilins, in der Gegend des heutigen Bahnhofs Stazione Termini, der von den Thermen seinen Namen erhielt.[185] Damit hat nach dem Marsfeld im Nordwesten, der Mitte und dem Süden auch der Nordosten der Stadt, in dem sich die *Castra Praetoria* befanden, eine große Thermenanlage erhalten. Die Diokletians-Thermen wurden zwischen 298–306 n. Chr. errichtet, wie aus einer Weihinschrift hervorgeht, die in der Eingangshalle des heutigen Thermen-Museums ausgestellt ist und aus Fragmenten verschiedener Exemplare rekonstruiert werden konnte.[186]

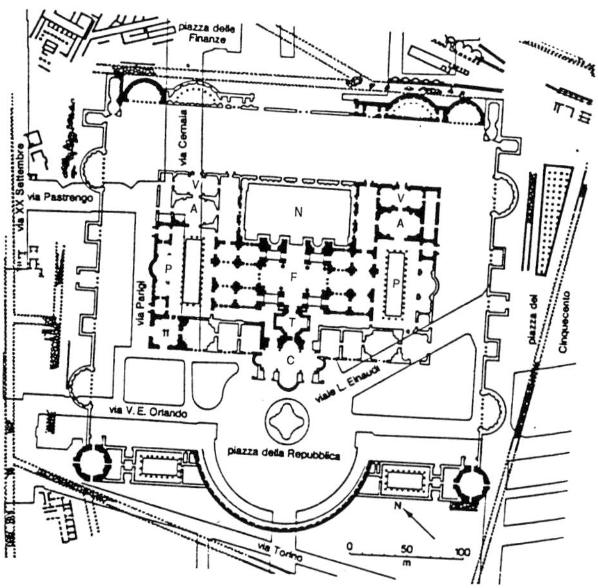

74 Grundriß der Diokletians-Thermen

„Unsere Herren Diokletianus und Maximianus, die unbesiegten älteren Augusti, Väter der Imperatoren und Caesaren, und unsere Herren Constantius und Maximianus, die unbesiegten Augusti, und Severus und Maximinus, die edelsten Caesaren, schenkten ihren Römern die segensreichen Diokletians-Thermen, deren Bau Maximianus nach seiner Rückkehr aus Afrika in Anwesenheit der Majestät beschloß und anordnete, und die er dem Namen seines Bruders Diokletianus weihte, nachdem er den Grund und Boden für ein so großes Werk angekauft hatte und den Bau mit seinem prächtigen Schmuck vollenden ließ."

Unter Diokletian erlangte das Reich nach vielen Rückschlägen wieder eine gewisse Stabilität. Diokletian setzte nicht nur seinen Bruder Maximianus als Mitregenten ein, d. h. als zweiten Augustus, sondern gleichzeitig seinen eigenen Sohn und den des Maximianus als Caesaren (Constantinus und Maximinus) und schuf damit die Tetrarchie. Die Periode der Soldatenkaiser, die meist vom Heer zum Herrscher ausgerufen und oft nach kurzer Regierung ermordet wurden, hatte fast in die Katastrophe geführt und war keine Zeit für große Repräsentationsbauten in Rom. Die größte Bauleistung war bezeichnenderweise die große Mauer, die Aurelian etwa 270 n. Chr. um die Hauptstadt ziehen ließ. Um so erstaunlicher ist es, daß Maximian in Rom, das ja keine kaiserliche Residenz mehr war, nach Jahren der Vernachlässigung den Bau dieser prächtigen Thermenanlage veranlaßte. Rom war aber nach wie vor die Hauptstadt, das Zentrum des Römischen Reiches. Es fanden weiterhin Regierungsjubiläen in Rom statt, wie beispielweise die *vicennalia* (20-Jahre-Regierungsfeier) des Diokletian im Jahre 303.

Neben den Thermen sind unter Diokletian viele weitere Großbauten, auch in den Provinzen errichtet worden, so daß Laktanz (MP. 7, 8) ihn einer unbegrenzten Bauwut bezichtigt. In der Tat gehört er mit Augustus, Trajan, Hadrian und Justinian zu den bedeutendsten kaiserlichen Bauherren.

Die Diokletians-Thermen übertrafen an Größe alle Kaiserthermen des Römischen Reiches: der Außenbau umfaßte 380 × 370 m (= ca. 140 000 m^2 oder 30 Fußballfelder), der Kernbau 250 × 180 m. Mehr als 3000 Personen,[187] also fast doppelt so viele wie bei den Caracalla-Thermen, sollen die Möglichkeit gehabt haben, gleichzeitig die Badeanlage zu besuchen. Wenn man bedenkt, daß dieses gigantische Werk in nur acht Jahren errichtet wurde, so müssen viele Hände daran mitgewirkt haben. Nach Angaben aus dem Mittelalter sollen 40 000 zu Zwangsarbeit verurteilte Christen herangezogen worden sein.[188]

Wie bei den vorangegangenen Beispielen soll auch hier mit der Beschreibung der Umfassungsmauer begonnen werden. Der öffentliche Eingang lag wieder in der Mitte der Nordostseite. Links und rechts davon befanden sich je zwei halbrunde Räume, davon ein geschlossener und ein durch Säulen geöffneter, beide mit kleinen Nischen, sowie kleine rechteckige Räume. Auch die seitlichen Umfassungsmauern hatten je einen Eingang in der Mitte sowie

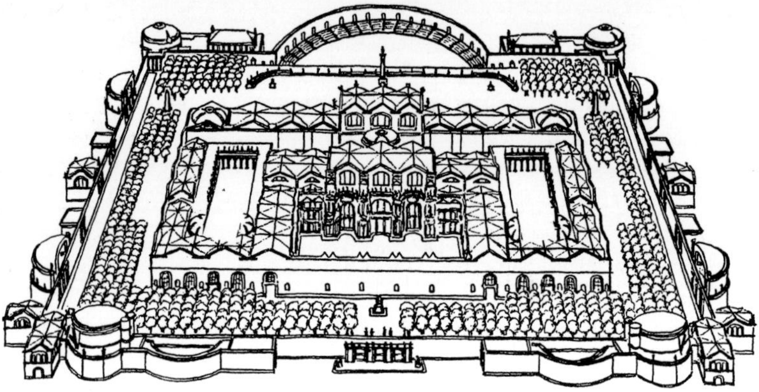

75 *Rekonstruktionsversuch der Diokletians-Thermen mit Gartenanlagen*

kleinere rechteckige und größere halbkreisförmige Nischen. Die Funktionen dieser Räume sind ungeklärt. Ähnliche Apsiden gab es bei den Kaiserforen in Rom und der Hadrians-Bibliothek in Athen, um einige Beispiele zu nennen, die zur Deutung beitragen könnten.

Besonders eindrucksvoll ist der südwestliche Teil der Umfassungsmauer. In seiner Mitte öffnet sich wie in den Trajans-Thermen eine große, halbrunde Exedra, die heutige Piazza della Repubblica. Vielleicht hatte sie als Theater gedient. Rechts und links davon lag je ein rechteckiger Raum mit einem Säulenhof im Innern. In ihnen befand sich die Bibliotheca Ulpia, die in eine griechische und lateinische Sektion geteilt und zuvor auf dem Trajans-Forum untergebracht war.[189] Darauf folgten an den Ecken zwei Rundsäle, die heute noch erhalten sind und als Vortragsräume gedeutet werden. Der westliche wurde um 1600 von Kartäusermönchen in die Kirche San Bernardo alle Terme umgewandelt. Im östlichen befindet sich heute ein Observatorium. Zwischen der Umfassungsmauer und dem Kernbau dehnten sich wieder großzügig angelegte Gärten aus (Abb. 75).

Der Kernbau entsprach dem großen Kaisertypus. Das Caldarium (C) war nicht wie bei den Caracalla-Thermen eine Rotunde, sondern wie bei den Trajans-Thermen ein mit drei Apsiden versehenes Rechteck, das sich offenbar als geeigneter erwiesen hatte. Auch die theaterförmige Exedra und die Raumfolgen an den Umfassungsmauern weisen auf die Trajans-Thermen zurück.

Das an das Caldarium anschließende kleine Tepidarium (T) hatte zwei Seitennischen mit Piscinen.

Auf das Tepidarium folgte das kolossale quer zur Mittelachse liegende Frigidarium (F). Die Bestimmung der beiden zuletzt genannten Räumlichkeiten bereitete früher Schwierigkeiten. Heute ist man sich einig, daß die Anordnung der Räume dem allgemeinen Schema folgte.

Das Frigidarium war ein riesiger rechteckiger, von drei Kreuzgratgewölben überspannter Saal. Seine Länge betrug 90,80 m, die Breite 27 m. Die Höhe wird mit 28 m angegeben. In den Ecken befanden sich vier Kaltwasserpiscinen mit einem Ausmaß von je 15 × 10 m. An den beiden Längsseiten des Raumes trugen jeweils vier kolossale Granitsäulen das Gewölbe. Diese Säulen sind heute noch an Ort und Stelle zu bewundern. Ihre Höhe beträgt 13,80 m, der Umfang über 5 m. Die korinthischen Kapitelle der Ecksäulen sind reich mit Akanthusblättern und Voluten verziert. Die mittleren Säulen tragen Kompositkapitelle, eine Kombination von ionischen und korinthischen Kapitellelementen, die in der Kaiserzeit oft verwendet wurde. Die Säulen sind Monolithe. Basen, Kapitelle und Gesims bestehen aus weißem Marmor.

Die imposante Raumwirkung kann man noch heute in der Kirche S. Maria degli Angeli erleben, die Michelangelo in das Frigidarium hineingebaut hat (Abb. 77). Dabei hat er den Eingang nach Südwesten zu der großen antiken Exedra hin in die halbrunde Nische des Caldariums verlegt und aus dem Tepidarium ein Vestibül gemacht.

Die Rückseite des Frigidariums, die zugleich die Schauwand der Natatio gebildet hatte, war kunstvoll gegliedert und ist heute noch teilweise sichtbar. Auch der Stich Piranesis aus dem 18. Jh. (Abb. 76) vermittelt einen Eindruck davon. Die Rechteck- und Halbrundnischen waren ursprünglich reich mit Statuen geschmückt. Die Natatio nahm schätzungsweise eine Fläche von

76 *Frigidarium (Außenfassade) der Diokletians-Thermen (Stich von Piranesi)*

2500 m^2 ein. Spuren des alten Beckenbodens weisen auf eine Marmorverkleidung hin. Die Tiefe war wie üblich so gering, daß man darin stehen konnte.[190] Sprungbretter oder -türme, wie sie die Griechen beim Baden unter freiem Himmel dargestellt haben, waren bei den Thermen nicht am Platze. Der Boden neigte sich für den Wasserabfluß leicht nach Westen. Die von E. Brödner vermutete Dachkonstruktion über der Natatio ist aus statischen Gründen abzulehnen, es sei denn, die Autorin hätte an eine zeitweise Überspannung durch eine Zeltplane gedacht.[191]

Außer durch den Einbau der Kirche wurden Teile der Thermen auch durch die Umwandlung in ein Kartäuser-Kloster und die Einrichtung des Nationalmuseums gerettet. Der Museumsplan wurde Ende des letzten Jahrhunderts gefaßt, durch ein Gesetz vom 1. 7. 1907 beschlossen und von Lanciani[192] in die Tat umgesetzt.

So haben Michelangelos Kirche und der Einbau des Klosters mit seinen Kreuzgängen (Chiostro grande und Chiostro piccolo) neben der Einrichtung des Museo Nazionale Romano die letzten und größten Kaiserthermen Roms vor dem weiteren Verfall bewahrt. Abbildung 78 zeigt einen Teil der heute noch sichtbaren Reste: oben den eigentlichen Badekomplex mit den drei

77 Kirche S. Maria degli Angeli

78 *Heute noch sichtbare Reste der Diokletians-Thermen mit der Piazza della Repubblica*

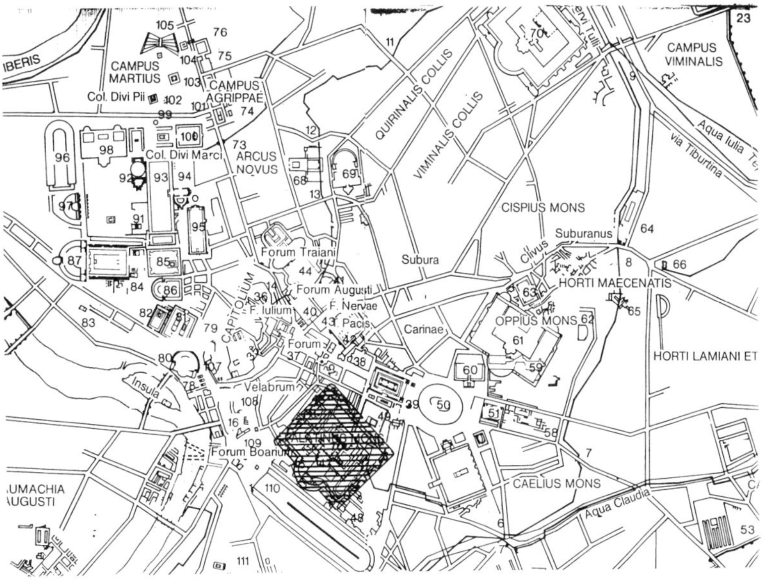

79 *Flächenvergleich: Palatin/Diokletians-Thermen*

hohen Fenstern des Frigidariums und der Eingangsnische von S. Maria degli Angeli, davor die riesige Exedra der Umfassungsmauer, die heutige Piazza della Repubblica mit einem neuzeitlichen Springbrunnen in der Mitte.

Von den gewaltigen Ausmaßen dieser größten Thermen Roms erhält man eine bessere Vorstellung durch einen Vergleich mit dem Palatin (Abb. 79), dessen Fläche mit sämtlichen Kaiserpalästen die Diokletians-Thermen hätten bedecken können.

Nicht lange nach den Diokletians-Thermen sind auf dem Quirinal unter Constantin dem Großen (306/312–337) die letzten großen kaiserlichen Thermen in Rom entstanden, das damals nicht mehr die Hauptstadt des Reiches war. Von dem Bauwerk selbst ist nichts mehr erhalten. Die Constantins-Thermen sind nur aus alten Aufnahmen und Plänen bekannt. Danach waren die Hauptbaderäume, wie beim großen Kaisertypus üblich, auf einer Achse angeordnet. Nur ein halbrunder monumentaler Hof wich davon ab.[193]

Der Stadtplan zeigt, wie sich die großen Thermen über das Stadtgebiet verteilten und welche herausragende Rolle sie unter den Monumenten Roms spielten (Abb. 80).

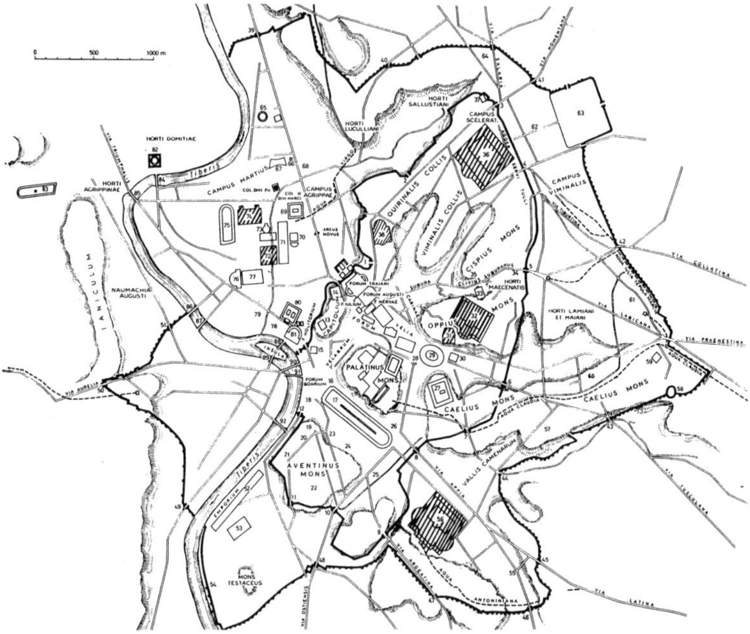

80 Stadtplan Roms im 4. Jh. v. Chr.
Thermen des Agrippa (72), Nero (74), Titus (31), Trajan (32), Caracalla (56), Diokletian (36), Constantin (38)

Seit Trajan wurden die Dimensionen der Thermen vor allem von den immer größer werdenden Gärten und ihren riesigen Exedren bestimmt, die von nun an den Zentralbau umgaben und ihrerseits ummauert waren.

Zur Zeit Neros gab es auf dem Marsfeld offenbar noch keinen Bedarf an einem derart abgegeschlossenen Freizeitraum unter freiem Himmel, wie ja auch die Agrippa-Thermen sich mit See und Kanal zum Marsfeld und Tiber hin geöffnet hatten.

Der Zentralbau selbst ist seit Nero nicht mehr wesentlich gewachsen, wie die maßstabgleiche Übersicht zeigt (Abb. 81). Auch mit ihrem Grundriß und ihrer schon von den Zeitgenossen bewunderten Pracht hatte Nero einen Maßstab für die späteren Kaiserthermen gesetzt.

Dagegen nahm jedoch Zahl und Vielfalt der kurvierten Räume, Exedren, Nischen und Gewölbe zu, die die prachtvolle Wirkung gesteigert haben müssen. Wie die Grundrisse jeweils bereichert, abgewandelt oder teilweise wiederholt wurden, zeigt die vergleichende Abbildung. Man versuche, sich in die verschiedenen Räume und Raumfolgen hineinzudenken, sich ihre Wirkung und Nutzung vorzustellen und auf die Erfahrungen und Bedürfnisse zu schließen, die zu den Veränderungen geführt haben könnten. Bei den Diokletians-Thermen fällt vor allem die vergrößerte Natatio auf. Raumgruppen werden zu größeren Einheiten mit freien Durchgängen zusammengeführt, in denen sich immer größere Massen begegnen und bewegen konnten. Der zentrale Teil zwischen

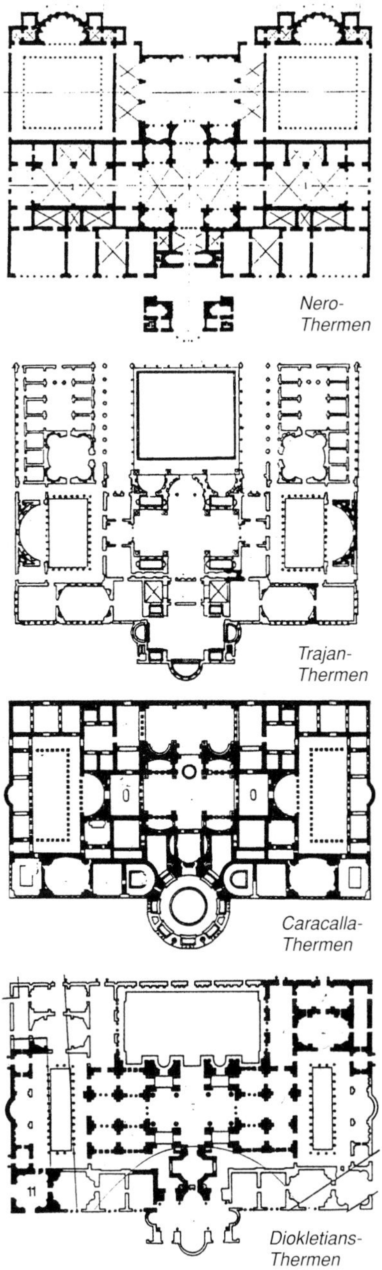

81 Gegenüberstellung der Nero-Thermen mit den Kernbauten der Trajans-, Caracalla- und Diokletians-Thermen

Tepidarium, Natatio und Palästra kommt beinahe einer riesigen, mehrschiffigen Pfeilerhalle gleich, in deren Mitte sich der Hauptsaal des Frigidariums öffnete. Die Pläne zeigen auch noch einmal, wie die für die römische Architektur charakteristische zentralachsiale Anlage bei den großen Kaiserthermen in immer neuen Mustern zu einer in alle Ecken reichenden Symmetrie geführt hat. Aus der Funktion der Räume allein ist diese hochentwickelte Kunstform nicht zu erklären. Eine einfache Form der Symmetrie findet sich bereits in dem Wohnhaus, das in die Stabianer Thermen in Pompeji eingebaut wurde (S. 35f., Abb. 23, III).

Von den geschätzten 1500000 Einwohnern Roms zur Zeit Constantins hatten etwa 10000 gleichzeitig allein in den vorher genannten Thermen Platz. Daneben hat es noch ca. 850 kleinere Bäder (balnea meritoria) gegeben (S. 73), die von Privatleuten erbaut, dann aber Pächtern übergeben und der Öffentlichkeit zur Verfügung gestellt wurden. Dazu kamen vermutlich noch unzählige Bäder in den privaten Häusern (S. 109).

Solche Einrichtungen gab es nicht nur in Rom. In allen Provinzen des Reiches waren in den Städten und größeren Ansiedlungen bedeutende Badeanlagen anzutreffen, auch Kaiserthermen von stadtrömischer Größe und Ausstattung.

Selbst in Dörfern oder kleineren Siedlungen fanden sich Badeanlagen ähnlichen Typs, so daß Plinius (ep. 2, 17, 26), als er unerwartet Besuch erhielt, nicht die eigenen Bäder in seinem Landhaus heizen lassen mußte, weil er seinen Gästen auch ein öffentliches Bad im benachbarten Dorf bieten konnte. Thermen und Bäder gehörten zum täglichen Leben des Römers und spielten bei der Romanisierung der Provinzen eine maßgebliche Rolle, vergleichbar derjenigen des Gymnasiums bei der Hellenisierung der Welt.

2. *Militärbäder*

Eine besondere Kategorie der öffentlichen Bäder bildeten die Militärbäder,[194] bei denen man Kastellbäder[195] und Legionslagerbäder[196] unterscheidet. Zumindest die Kastellbäder waren nicht nur für das Militär reserviert, sondern durften auch von der Zivilbevölkerung benachbarter Orte benutzt werden.[197] Das geht schon daraus hervor, daß sie sich außerhalb der Wehranlage befanden.[198] Ebenso wie die Legionslagerbäder wurden sie aus öffentlichen Mitteln errichtet. Die Legionslagerthermen lagen innerhalb des Lagers und scheinen demnach nicht für die Zivilbevölkerung zugänglich gewesen zu sein. Die Militärbäder haben sich vor allem in der Zeit zwischen dem letzten Viertel des 1. Jhs. n. Chr. bis zur Mitte des 2. Jhs. n. Chr. verbreitet, als die Provinzen konsolidiert und die Grenzen befestigt wurden. Aus dem 3. und 4. Jh. n. Chr. kennen wir fast nur noch Renovierungsarbeiten an älteren Bädern, die sogar häufig verkleinert wurden.[199]

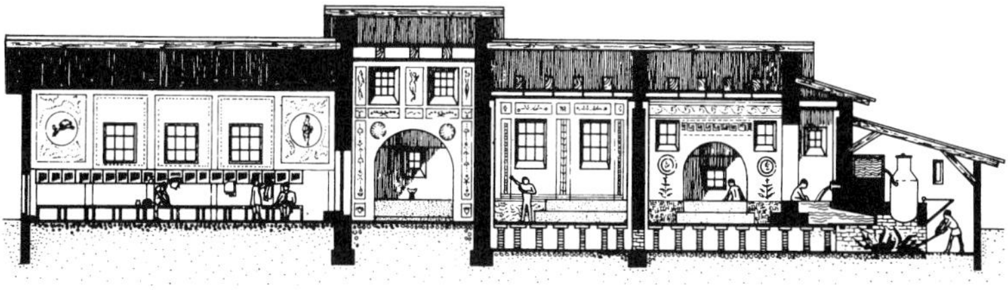

82 Schnitt durch ein römisches Kastellbad (Walldürn) (Modell im Museum der Saalburg)

Die Legionslagerbäder waren auf die Stärke einer Legion (ca. 6000 Mann) ausgerichtet und erstreckten sich über eine Fläche von 2500–8500 m^2,[200] während die Kastellbäder 500–1000 Personen Platz boten und sich in der Regel auf wenige 100 bis 1000 m^2 ausdehnten.[201] Die römischen Militärbäder sind in den nördlichen Provinzen besonders gut erforscht.[202] Sie waren reine Zweckbauten und deshalb nicht aufwendig oder gar luxuriös ausgestattet. Es fehlte jedoch nicht an den für das römische Bad obligaten Räumen, so daß keine typologischen Unterschiede zwischen Militärbädern und anderen römischen Badeanlagen bestanden. Je nach örtlichen Gegebenheiten waren sie meist im Reihen- oder Blocktypus errichtet.

Das Laconicum/Sudatorium, die Natatio und die Palästra bildeten immer wichtige Bestandteile, denn die Militärbäder dienten schließlich vorwiegend der Abhärtung und der Körperertüchtigung von Soldaten. Wenn eine Palästra fehlte, war das Apodyterium besonders groß, um die Aufgabe der Palästra

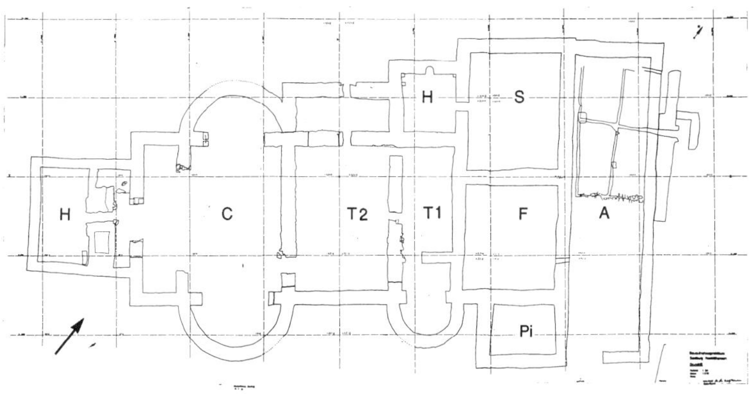

83 Grundriß des Kastellbades auf der Saalburg (1993 neu vermessen von Studenten des Archäologischen Instituts der Universität Frankfurt am Main)
A = Apodyterium, C = Caldarium, F = Frigidarium, H = Heizung, Pi = Piscina, S = Sudatorium, T_1 u. T_2 = Tepidaria

mit zu übernehmen. In der Frühzeit der römischen Militärbäder war der Auskleideraum sogar oft mit einem inneren Säulenumgang versehen,[203] und damit an die Form der Palästra angelehnt.

Damals waren Apodyterien oft aus Holz oder Fachwerk gebaut.[204] Erst bei den späteren Militärbädern trifft man in der Regel auf steinerne, meist rechteckige und relativ kleine Auskleideräume.[205]

Als Kastellbad soll hier das Bad der Saalburg bei Bad Homburg v. d. H.[206] und als Legionslagertherme die von Lambaesis[207] im heutigen Algerien vorgestellt werden.

Das Bad auf der Saalburg (Abb. 83) gehört zum Reihentypus. Es lag nur wenige Schritte vor dem Eingang zum Kastell, bildete mit der *mansio* (Unterkunftsgebäude/Herberge) eine Einheit und war mit 41,5 m Länge von beachtlicher Größe. Die 135 n. Chr. erbaute Anlage ist heute noch in den Grundmauern erhalten und vermittelt mit dem im Museum (dem ehemaligem *horreum*) ausgestellten Modell des Kastellbades Walldürn (Abb. 82) ein

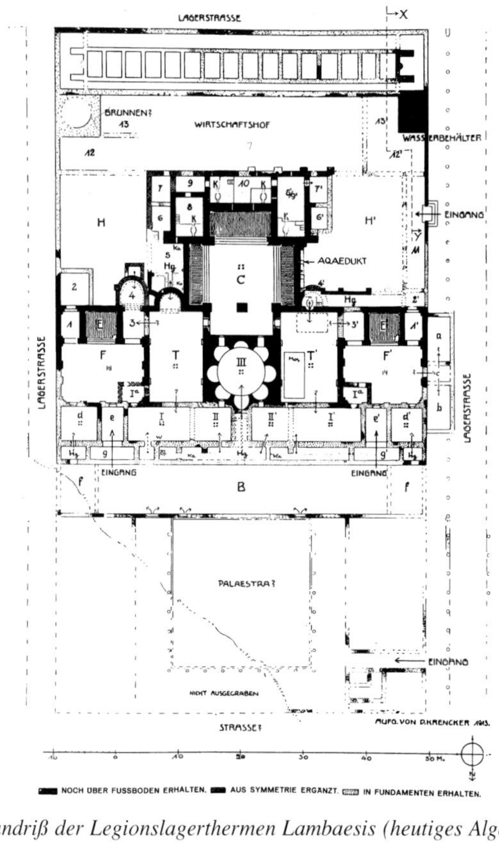

84 Grundriß der Legionslagerthermen Lambaesis (heutiges Algerien)

anschauliches Bild eines ehemaligen Kastellbades. Ganz in der Nähe des Bades auf der Saalburg lag ein Mithräum. Die Verbindung von Bad und Mithräum ist schon bei den Caracalla-Thermen in Rom aufgefallen (S. 87). In Sardes sind innerhalb der Thermenanlage Räume bzw. Gebäude für religiöse Verrichtungen (Kaiserkult und Synagoge) erhalten.[208] Zeichen der Götterverehrung wurden auch bei den 1967 aufgedeckten schweizerischen Thermalbädern in Baden an der Limmat gefunden, die auf Kulthandlungen für Mithras, Merkur und Bacchus schließen lassen.[209] Auch Larenheiligtümer hat es verschiedentlich in Bädern gegeben. Die hier angedeuteten Zusammenhänge können leider nicht vertieft werden, denn die Götterverehrung innerhalb von Thermenanlagen wurde noch nicht eigens untersucht.

Die Legionslagerthermen von Lambaesis (Abb. 84) wurden um die Mitte des 2. Jhs. n. Chr. erbaut und bis in die Zeit Constantins des Großen benutzt. Sie hatten eine ungefähre Größe von 53 × 117,50 m und lagen an einer der Hauptsäulenstraßen der Stadt. In der Mittelachse folgte dem großen achtapsidialen Kuppelraum des Sudatoriums das Caldarium. Dahinter schlossen sich Heiz- und Kesselräume an, die bei den Ausgrabungen noch so gut erhalten waren, daß sie wichtige Aufschlüsse über die Heiztechnik geben konnten (Abb. 37). Zwei Tepidarien und Frigidarien mit Piscinen waren parallel zur Hauptachse errichtet.

Lambaesis besaß neben den riesigen Legionslagerthermen in der Vorstadt eine zweite, ebenso große Ziviltherme und mehrere kleine Balnea;[210] dies bestätigt die Annahme, daß die Lagerthermen nur für die Soldaten vorgesehen waren.

Da das Militär hauptsächlich in den Provinzen oder an den Grenzen stationiert war, nicht aber in Rom, hat es dort auch keine Militärbäder gegeben. Wenn Soldaten in Rom anwesend waren, haben sie die öffentlichen Thermen benutzt. Dies scheint besonders von Trajan und Caracalla bereits beim Bau ihrer großen Thermen berücksichtigt worden zu sein.

Bei den Militärbädern in Baden-Baden (Aquae), die unter Vespasian (69–79 n. Chr.) begonnen und unter Caracalla (211–217 n. Chr., ab jetzt Aquae Aureliae) wiederhergestellt (CIL 13, 6301, 6312), erweitert und luxuriöser gestaltet wurden, sind zwei Anlagen zu unterscheiden: das Kaiserbad und das Soldatenbad.[211] Diese Bezeichnungen stammen aus der Neuzeit und wurden aufgrund der unterschiedlichen Ausstattung gewählt. Ob tatsächlich hier nur der Kaiser und sein Gefolge, und dort nur die Soldaten gebadet haben, läßt sich nicht belegen. Diese Annahme würde auch den Gepflogenheiten der Römer, bei denen Badeanlagen zum Treffen aller sozialer Schichten gedacht waren (S. 115), widersprechen.

Nach Abzug der römischen Truppen sind viele Militärbäder von der Zivilbevölkerung weiterbenutzt worden.[212]

VIII. Privatbäder

1. Griechisch

Wie bei den öffentlichen Bädern läßt sich auch im Bereich der privaten Bäder die Entwicklung nicht bis zu ihren Anfängen zurückverfolgen. Unsere Kenntnisse über Waschen und Baden im Freien oder in geschlossenen Räumen beruhen, wie weiter oben beschrieben, bis in die klassische Zeit hinein auf literarischen Quellen und Abbildungen auf Vasen (S. 13ff.). Genaue Aufschlüsse brachten erst die archäologischen Befunde, vor allem in den Häusern der neu gegründeten Städte seit dem 5. Jh. v. Chr. Die Hausgrundrisse zeigen, daß die Herdstelle in der Küche Voraussetzung für ein warmes Bad gewesen ist und anfangs vielleicht die Küche selbst, später ein Nebenraum, als Bad mit transportablem Badegerät gedient haben wird.

Olynth

Für die Größe der frühen griechischen Privatbäder liefert Olynth in Nordgriechenland interessante Anhaltspunkte. Die Stadt wurde im Jahre 352 v. Chr. durch Philipp II. in Trümmer gelegt und nie wieder aufgebaut.

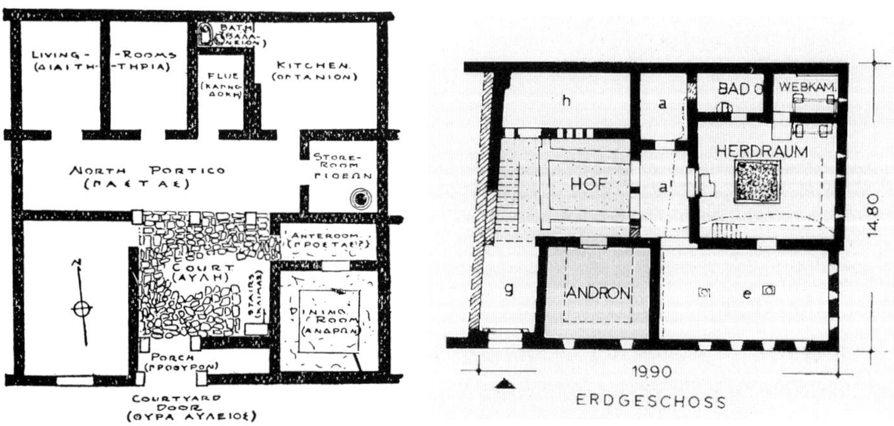

85 Griechische Hausgrundrisse mit Bädern.
a (links) Olynth, Haus AVIIa.
b (rechts) Orraon (heute Ammotopos)

Der Zustand der zerstörten Stadt erhielt sich also ähnlich wie in Pompeji bis zu den Ausgrabungen in unserer Zeit. Olynth war erst 80 Jahre vor seinem Untergang als Stadt im Rasterplan mit je 10 Reihenhäusern pro Wohnblock gegründet worden. Für jedes Haus war eine Grundfläche von 300 m^2 bemessen. Diese systematische Stadtplanung erstreckte sich auch auf die Details. Die Ausgrabungen ergaben, daß wahrscheinlich von Anfang an jedes Haus mit einem kleinen, rechteckigen, nur knapp 4 m^2 großen Baderaum mit einer eingebauten Sitzwanne aus Ton ausgestattet war, der sich zur Küche mit ihrer Feuerstelle hin öffnete (Abb. 85a).[213] Auch in Orraon in Epirus (Abb. 85b) ist diese Anordnung belegt.

Priene

Das klassische Priene wurde gegründet, als Olynth gerade zerstört worden war.[214] Es war lange bewohnt, die Häuser wurden von den Bewohnern immer wieder umgebaut. Auch hier hatte es bei der Stadtgründung ein Einheits- oder Typenhaus gegeben,[215] zu dem wie in den planvoll angelegten Städten Nordgriechenlands auch ein Badezimmer gehörte. Gefunden hat man allerdings nur eine einzige Badewanne an Ort und Stelle in einem kleinen Raum des Hauses 21a (nach der Zählung der Ausgräber).[216] In den Obergeschossen von Priener Häusern konnten aber Estrichböden nachgewiesen werden, die für Badezimmer sprechen. Ähnliche Befunde gibt es in Olynth, Kallipolis und auf Sizilien.[217] Die Erforschung der Wohngebiete und der Privathäuser hatte lange hinter dem Interesse für Tempel und öffentliche Profanbauten zurückgestanden und ist erst in jüngerer Zeit in Gang gekommen, so daß unsere Kenntnisse auf diesem Gebiet noch dürftig sind. Inzwischen scheint deutlich zu werden, daß bei den „Neubauwohnungen" der klassischen Zeit ein Bad bereits zur Standardausstattung gehörte.

2. Römisch

Über römische Privatbäder haben die Vesuvstädte wichtige und umfangreiche Kenntnisse geliefert. Es läßt sich eine ähnliche Entwicklung wie in Griechenland von einem Bad in oder neben der Küche, wie es auch Vitruv (VI, 6, 2) empfohlen hatte, bis zur separaten, mehrräumigen Anlage verfolgen; diese wurde nun auch prächtig ausgestattet und konnte wie öffentliche Bäder über Apodyterium, Frigidarium, Tepidarium und Caldarium mit einem eigenen Präfurnium verfügen.

Ob einfache oder aufwendige Form war nicht immer eine Frage der zeitlichen Entwicklung, sondern des Vermögens und der Ansprüche der Besitzer, so daß viele Formen gleichzeitig vorkommen konnten.

Unter Privatbad (*balneum domi*) im Gegensatz zu öffentlichen Bädern (*balneae publicae* oder *balnea publica)* sollen hier nur solche Bäder verstanden werden, die vom Hausbesitzer selbst, seiner Familie oder seinen Freunden und Gästen genutzt wurden. Es werden jene Bäder ausgeschlossen, die zwar von Privatleuten gestiftet, der Öffentlichkeit aber zur Verfügung gestellt und von Pächtern verwaltet wurden (*balnea meritoria,* S. 73 u. 96).

Literarische Überlieferung

Bevor auf ausgewählte Beispiele näher eingegangen wird, können einige Zitate aus literarischen Quellen helfen, eine Vorstellung über damalige Badeverhältnisse zu vermitteln. Von einem primitiven Privatbad erfahren wir durch Seneca. Er hatte gerade das Landhaus des Scipio Africanus besucht und schrieb an Lucilius (ep. 86, 4ff.):

"… ein winziges Bad, dunkel nach uralter Gewohnheit".

"… ganz kleine – man möchte eher sagen – Schlitze als Fenster aus der steinernen Wand ausgespart, damit sie, ohne die Festigkeit der Mauer zu beeinträchtigen, Licht zulassen."

"… Großes Vergnügen kam mich an, als ich Scipios Lebensweise und unsere verglich. In diesem Winkel also wusch jener „Schrecken Karthagos" seinen Körper, ermüdet von ländlicher Arbeit. Doch wen gibt es heute, der sich so zu waschen ertrüge?".

"… nicht in gefiltertem Wasser badete er, sondern oft in trübem und, wenn es heftig regnete, geradezu schlammigem. Nicht viel lag ihm daran, ob er so badete: er kam nämlich, um dort den Schweiß abzuwaschen, nicht Salböl … nicht täglich badete er …".

Dunkel war auch das Bad des Gryllus, das Martial (2, 14, 11) „*tenebrae*" (ein „finsteres Loch") nennt.

Großzügig angelegte Bäder besaß dagegen Plinius in seiner Villa in Laurentum (ep. 2, 17, 11) und in Etrurien (ep. 5, 2, 25).

Über das Laurentinum schreibt er: „Auf eine Reihe von Schlafzimmern folgt ein geräumiges und weites Gemach für das Kaltbad, an dessen gegenüberliegenden Wänden zwei Bassins, beide von reichlichem Fassungsvermögen, sich wie Erker ausbauchen, für den Fall, daß man, ohne weit zu gehen, ein Schwimmbad nehmen will".

Über seine Villa in Etrurien: „Auf ein großes, freundliches Auskleidezimmer folgt der Kaltbaderaum, in dem sich ein geräumiges, im Schatten liegendes Bassin befindet. Willst du aber in einer weiteren und weniger kühlen Wasserfläche schwimmen, so liegt im Hof der künstliche Teich, und dicht daneben ist ein Brunnen, mit dessen Wasser du dich abkühlen kannst, wenn dir die laue Flut nicht mehr behagt".

Das luxuriös ausgestattete Bad eines privaten Stifters loben sowohl Martial (6, 42) als auch Statius (Silvae 1, 5, 30–59) in ihren Gedichten. Es handelt sich um das Bad eines gewissen C. Claudius Etruscus, Sohn eines Freigelassenen Claudius, der unter Nero und Vespasian zu Geld und Ansehen gekommen war und im Jahre 90 n. Chr. das Bad gestiftet hatte. Da es sich jedoch um kein Privatbad in unserem Sinne handelt (S. 102), soll darauf nur verwiesen werden, weil hier von großen Glasfenstern, kostbaren Marmorverkleidungen und silbernen Armaturen die Rede ist, die am Ende des 1. Jhs. n. Chr. offenbar nichts Ungewöhnliches waren.

Auch Seneca (ep. 86, 4) schreibt über den Luxus der Bäder: "... Jetzt aber nennt man „Schlupfwinkel für lichtscheues Ungeziefer" alle Bäder, die nicht so angelegt sind, daß sie das volle Tageslicht mit weiten Fenstern auffangen, und in denen man nicht beim Baden (von der Sonne) gebräunt wird und von der Wanne aus den Blick über Gefilde und Meere hat." Wenn ein freier Blick beim Baden oder Schwimmen gewährt war, dann ist anzunehmen, daß die Fenster tief heruntergezogen waren. Das wird durch archäologische Befunde bestätigt, wobei wieder Pompeji wichtige Erkenntnisse liefert.

Bäder in verschiedenen Häusern und Villen

Für das einfache, geradezu primitive Privatbad, wie z. B. das des Scipio (S. 102), fehlen archäologische Befunde. Für aufwendigere Bäder sollen folgende Beispiele stehen:

Haus des Diomedes in Pompeji

Das nach dem Thema eines Wandbildes benannte Haus, das aus der frühen Zeit Pompejis stammt, liegt vor dem Herculaner Tor an der sogen. Gräberstraße, die die Gebäudeecke mit dem Bad abschneidet (Abb. 86). In dem verbliebenen Dreieck befanden sich die Küche (K) und ein Vorraum mit einem

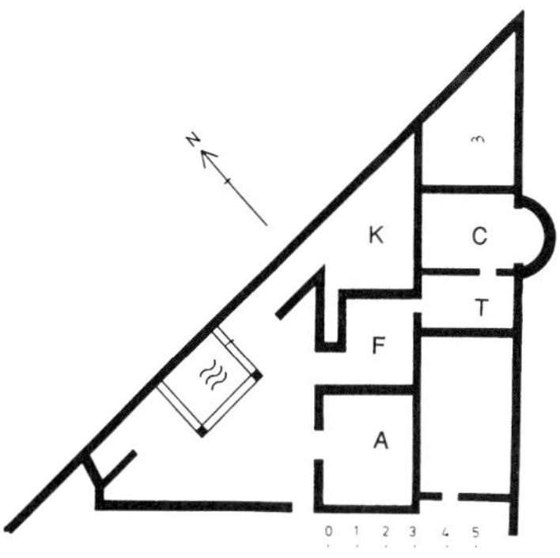

86 Bad im Haus des Diomedes

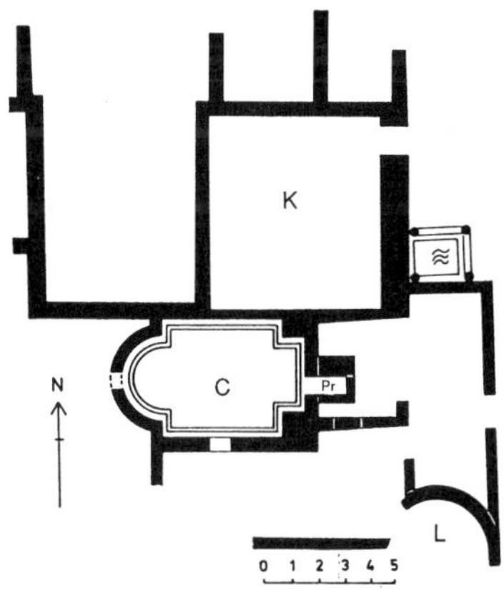

87 Bad der Villa bei Castellamare

Kaltwasserbecken. Von diesem Vorraum gelangte man in das Apodyterium (A) wie auch in ein Frigidarium (F), von dem der Weg weiter in ein Tepidarium (T) und schließlich in ein Caldarium (C) mit der üblichen Apsis führte. Man hat hier also den Reihentypus in bescheidenen Verhältnissen und verwinkelter Form vor sich. Baderäume und Küche liegen Wand an Wand.

Villa bei Castellamare di Stabia

In der erst 1975 auf dem Berg Varano ausgegrabenen Villa (Abb. 87)[220] lag das Caldarium (C) wieder neben der Küche (K), doch hatte es einen eigenen Heizraum (Pr). Der Mauerrest im Süden könnte von einem runden Laconicum (L) stammen.[221] Die Zugänge zu Bad und Küche lagen weiter auseinander, doch gab es auch hier ein Wasserbecken, von dem offenbar beide Einrichtungen versorgt wurden.

Das Haus des Menander in Pompeji

Die Weiterentwicklung des Privatbades zeigt uns die Villa mit dem Gemälde des Dichters Menander, das sich in der rechteckigen Nische der Südseite des Peristyls befindet, in Pompeji[222] (Abb. 88a u. b). Hier waren Bad und Küche (K) zwar benachbart, aber durch einen Korridor getrennt, also ohne direkte Verbindung, so daß das Bad zu einem eigenständigen Teil des Hauses geworden war. Es ist das eleganteste Privatbad, das bisher in Pompeji ausgegraben wurde. Man betrat es von der Portikus des großen Peristyls her (E). Ein Mosaik mit einem Delphin auf der Türschwelle wies den Eingang zum Wasserbereich. Zunächst kam man in eine Vorhalle (V) in der Form eines kleinen Peristyls *(atriolum)*, dessen Dach von acht stuckierten und bemalten Backsteinsäulen getragen wurde. Das Peristylhöfchen vor dem Bad scheint etwas besonderes gewesen zu sein: Hier konnte man vor und nach dem Bad verweilen, abseits des eigentlichen Hauses. Südlich davon lag das Tepidarium (T), das auch – falls man sich nicht schon in der kleinen Vorhalle entkleidet hatte – als Apodyterium gedient haben dürfte. Von hier gelangte man durch einen schmalen Durchgang, dessen Fußbodenmosaik einen Sklaven mit zwei *askoi* (Schläuchen) in den Händen sowie vier Strigiles und einen Aryballos zeigt (Abb. 88b), in das Caldarium (C), das überaus prächtig ausgestattet war. In der Nordwand befand sich eine rechteckige Nische für eine Wanne. In der Westwand öffnete sich die Apsis, in der das Labrum gestanden hatte. Die malerische Dekoration der Apsis beginnt unten mit dem ca. 1 m hohen Sockel, auf dem in drei Feldern Flußlandschaften dargestellt sind. Darüber folgt eine 40 cm hohe Zone, auf der zwischen geflügelten weiblichen Wesen einfarbig weiße Frauenfiguren als Reliefs zu sehen sind. Anschließend folgen langrechteckige von Girlanden gerahmte Felder, die Frauen beim Baden zeigen. Ein Stuckgesims bildet den Abschluß der Dekorationen in der Apsis,

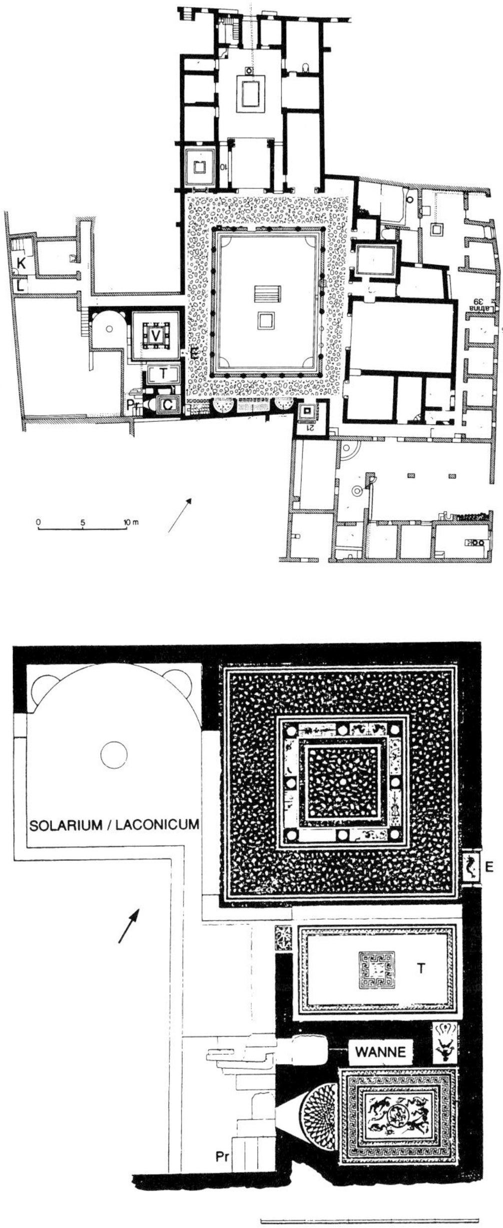

88 *a (oben) Grundriß, Haus des Menander in Pompeji.*
b (unten) Grundriß des Bades

an deren stuckverzierter Halbkuppel noch ein Delphin und Reste einer Muschel zu erkennen sind (Teilansicht Abb. 110). Die Malereien der übrigen Wände des Caldariums bestehen aus grünen Feldern, die durch einen roten Rahmen getrennt und mit kleinen Athletenfiguren versehen sind. Athleten kommen bei der Ausschmückung von Bädern immer wieder vor, man denke nur an den Apoxyomenos (Abb. 59) oder an das Athletenmosaik aus den Caracalla-Thermen (Abb. 114). Westlich des Atriolum, gegenüber dem Eingang zum Bad, befindet sich ein Raum mit halbkreisförmiger Exedra, der entweder als Nymphäum eines Solariums oder als Rest eines Laconicums gedeutet wird.[223] Nordwestlich des Bades, durch einen Korridor getrennt, war – wie bereits erwähnt – die Küche (K), in der außer dem Herd ein Wasserbehälter stand. Zwischen Küche und Bad, am Ende des Flurs, lag die Latrine (L). Das Bad besaß ein eigenes Praefurnium (Pr) hinter der Apsis des Caldariums. Vor dem Erdbeben (62 n. Chr.) befand sich der Ofen im Keller, wo er gleichzeitig als Backofen für das Brot diente.

Aufgrund des Mosaikfußbodens und der Dekoration der Apsis läßt sich das Bad noch in republikanische Zeit datieren, obwohl die Wandmalereien des Caldariums aus einer späteren Epoche stammen. Sie gehören Umbau- und Renovierungsphasen an, die beim Vesuvausbruch 79 n. Chr. noch nicht abgeschlossen waren. Die Datierung zeigt, daß der wohlhabende Bürger schon relativ früh ein eigenes, gut ausgestattetes Bad besitzen konnte.

Außer den hier beschriebenen Privatbädern in Pompeji gab es noch in vielen weiteren Häusern ähnliche Badeeinrichtungen, die uns die Lavamassen des Vesuvausbruchs erhalten haben. Daneben besaß Pompeji drei stattliche öffentliche Bäder, wie die Stabianer Thermen (S. 34 ff.), die Zentral- und die Forums-Thermen, die nicht nur den Einwohnern, sondern auch den Besuchern der Stadt gedient haben, wie beispielsweise Schiffsbesatzungen, denn Pompeji hatte damals noch am Meer gelegen. Auch das könnte erklären, warum die Männertrakte größer als die der Frauen waren.

Separate private Badehäuser

Der nächste Schritt führt von der selbständigen Anlage innerhalb des Wohnhauses zum separaten Badehaus. Er kann besonders augenfällig am Beispiel der Gutshöfe von Tengen-Büsslingen (Abb. 89a)[224] und von Merdingen, beide im Breisgau (Abb. 89b)[225] und der Villen in Nennig an der Mosel und bei Bad Neuenahr (Abb. 90a,b, und 91) gezeigt werden.

Gutshofbäder

Die Ausstattung der Gutshofbäder war in der Regel einfach. Marmor, Porphyr und silberne Armaturen traf man hier nicht an. Große Glasfenster, wie sie im Süden des Imperiums üblich waren, wurden wegen des rauheren

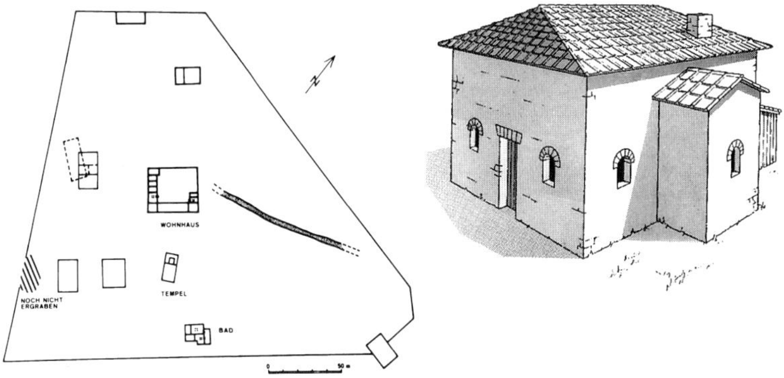

89 Gutshofbäder. a (links) Plan der Gutshofanlage von Tengen-Büsslingen. b (rechts) Rekonstruktion des Badehauses von Merdingen b. Freiburg/Br.

Klimas im Norden, aus dem unsere Beispiele stammen, durch kleinere ersetzt. Die obligaten Räume (Apodyterium, Caldarium, Frigidarium und Tepidarium) waren jedoch gewöhnlich vorhanden. In nur wenigen Fällen diente das Frigidarium auch als Aus- und Ankleidezimmer oder war, wie bereits erwähnt, als Holzbau vorgelagert. Die Anordnung der Baderäume erfolgte meist im Blocktypus, d. h. es handelte sich um einen fast quadratischen Baukomplex.

Bad der Villa in Nennig

Im Gegensatz zu den einfachen, meist blockhaften Bauten der Gutshofbadehäuser (z. B. Abb. 89b) treffen wir bei der römischen Villa von Nennig[226] auf ein luxuriös ausgestattetes Bad. Es lag am äußersten Ende des Gartens. Anders als beim Gutshofbad von Tengen-Büsslingen (Abb. 89a) konnte man hier durch eine lange Wandelhalle auch bei schlechtem Wetter trockenen Fußes das separat liegende Badehaus erreichen. Es war mit sechs Apsiden versehen, fünf außen und eine innen (Abb. 90a). In der Apsis des Caldariums (C) stand über Hypokausten eine Badewanne. Bei den anderen fehlt der Abfluß, so daß hier keine weiteren Wannen gestanden haben können. Der zentral gelegene Raum könnte das Tepidarium gewesen sein. Das Bad umfaßte eine Fläche von ca. 90 m^2 und besaß zusätzlich ein separates Schwimmbad von ca. 65 m^2. Die Rekonstruktion (Abb. 90b) zeigt, daß es sich dabei um eine aufwendige Badeanlage handelte. Sie gehörte zu einer Palastvilla, die vor allem wegen ihres großartigen Mosaiks bekannt wurde. Wir wissen nicht, wem sie einst gehört hat.

Das Bad steht dem Besucher zur Zeit leider nicht zur Besichtigung offen.

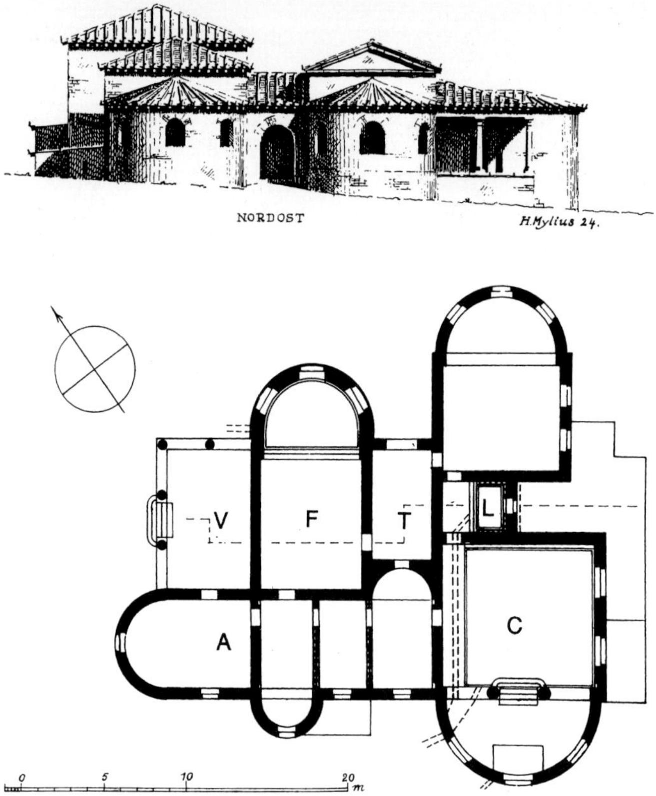

90 Bad der Palastvilla in Nennig.
a (oben) Rekonstruktion b (unten) Grundriß

Bad der Römervilla bei Bad Neuenahr-Ahrweiler

Im letzten Jahrzehnt ist man beim Ausbau der B 267 bei Ahrweiler am Fuß des Silberberges auf eine Römervilla mit separater großzügiger Badeanlage gestoßen (Abb. 91).[227] Die Villa aus dem 2.–3. Jh. war auf einem Vorgängerbau aus dem 1. Jh. errichtet worden und besaß einen Badetrakt, der vollkommen freigelegt werden konnte. Die Hypokaustenheizung ist noch so gut erhalten, daß sie wieder beheizt werden könnte. Das Mauerwerk steht z. T. noch bis zur Fensterhöhe und vermittelt dadurch einen großartigen Raumeindruck. Die ganze Anlage ist nördlich der Alpen einmalig, sowohl hinsichtlich ihrer Ausdehnung und Ausstattung als auch wegen ihres Erhaltungszustandes. Nachdem die Villa im 4. Jh. verlassen worden war, hatte der Schutt des abgerutschten Silberbergs die Gebäudereste konserviert.

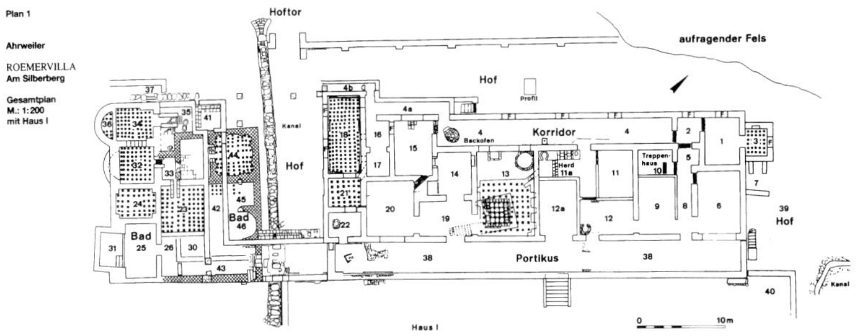

91 Römische Villa am Silberberg bei Bad Neuenahr-Ahrweiler – links im Bild das Bad (Grundriß)

Über die Privatbäder in der Stadt Rom selbst wissen wir nur wenig. Aber wie können wir über Bäder berichten, wenn wir nicht einmal genügend Privathäuser kennen. Über Bäder in Villen und Palästen, beispielsweise auf dem Palatin (Anm. 304) und auf dem Esquilin (S. 132), sind wir informiert. Bei unseren Betrachtungen denken wir aber auch an die Mittel- und Unterschicht der Bevölkerung. Für sie scheint das überwältigende Angebot der öffentlichen Bäder und Thermen das Privatbad weitgehend überflüssig gemacht zu haben. So hat Martial (XI, 52, 4) beispielsweise bei der Beschreibung seines kleinen Wohnhauses in Rom ausdrücklich auf eine in der Nähe liegende Badeanstalt eines gewissen Stephanus hingewiesen. Das Eintrittsgeld war niedrig, manchmal sogar gratis, weil bestimmte Anlagen subventioniert wurden. Zur Zeit Constantins I. (312–337 n. Chr.) zählte man in Rom an öffentlichen Bädern 11 thermae und 856 balneae (S. 39, Anm. 56), die sich auf 46602 einfache Wohnblöcke (Insulae) mit mehreren Wohnungen und 1790 größere Wohnhäuser verteilten. 50 Wohnblöcken stand demnach je ein öffentliches Bad zur Verfügung, so daß der Römer es nicht nötig hatte, sich ein eigenes Bad einzurichten. Das geringe Eintrittsgeld gestattete auch dem Ärmeren den Besuch der öffentlichen Bäder, in denen er zugleich an einem Luxus teilnehmen konnte, der ihn sein karges Zuhause vergessen ließ. Auch waren die großen Bäder, wie schon mehrfach erwähnt, ein willkommener Treffpunkt aller sozialen Schichten und boten die vielfältigsten Kommunikationsmöglichkeiten. Die sonst in vielen Fällen hilfreiche literarische Überlieferung berichtet zwar über primitive Privatbäder der republikanischen Zeit und großzügige Villenbäder auf dem Lande (S. 102 f.) sowie über die in den Kataster stehenden balnea meritoria, läßt uns aber bei Privatbädern im kaiserzeitlichen Rom im Stich.

Auch das benachbarte Ostia, in dem noch mehrstöckige Mietshäuser erhalten sind, gibt uns keine näheren Aufschlüsse über das Privatbad in einer Großstadt damaliger Zeit.

Bäder in kaiserlichen Villen und Palästen

Zu den Privatbädern zählen auch die großzügig angelegten Baderäume in den kaiserlichen Villen und Palästen, von denen nun einige Beispiele herausgegriffen werden. Die Paläste hellenistischer Könige sind in diesem Punkt nicht ergiebig.

Das Bad des Kaisers Tiberius in der Villa Jovis auf Capri

Die Badeanlage der Villa Jovis läßt sich in Grund- und Aufriß sowie in der technischen Ausstattung anhand der archäologischen Befunde fast vollständig rekonstruieren. Die eigentlichen Baderäume lagen im Obergeschoß (Abb. 92b), zu dem man über eine Rampe zum Vestibül – einer Halle mit vier Säulen – und über das Treppenhaus gelangte. Die Anlage entsprach dem sogenannten Reihentypus. Vom Apodyterium (A) ging man durch das Frigidarium (F) und Tepidarium (T) in das Caldarium (C) mit Halbrundapsiden an den Schmalseiten. In der einen befand sich die Warmwasserwanne, in der anderen die Schola labri. An der Rückseite des Caldariums lag ein breiter Bedienungsraum, der aus zwei Teilen auf unterschiedlichen Ebenen bestand: Ein Praefurnium lag tiefer und diente der Beheizung des Badebeckens, ein anderes war für das Hypokaustengeschoß unter dem Caldarium installiert. Das Tepidarium wurde indirekt beheizt. Die luxuriös ausgestattete Badeanlage stand im Widerspruch zu einer von Tacitus (Annalen 3, 54) überlieferten Rede des Kaisers, in der er gegen den allgemeinen Luxus zu Felde zog.

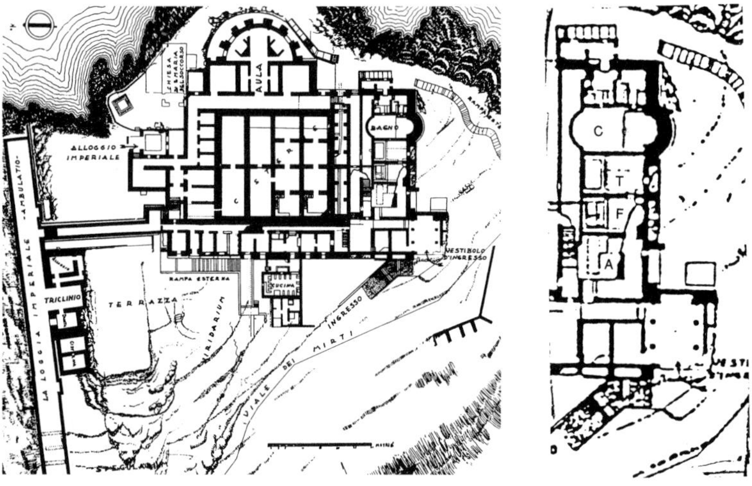

92 Grundriß der Villa Jovis.
a (links) Gesamtgrundriß. b (rechts) Ausschnitt (Bad)

*93 Die Bäder des Kaisers Hadrian in Tivoli.
Ausschnitt des Modells der Hadriansvilla in Tivoli*

Die Bäder des Kaisers Hadrian in Tivoli

In der Hadriansvilla bei Tivoli, dem antiken *Tibur,* wurde nach den Vorstellungen und Entwürfen des Kaisers unter Leitung des Architekten Apollodor aus Damaskus, der bereits unter Trajan hervorgetreten war, eine großartige Villenanlage mit einer Vielzahl von Bauten geschaffen.

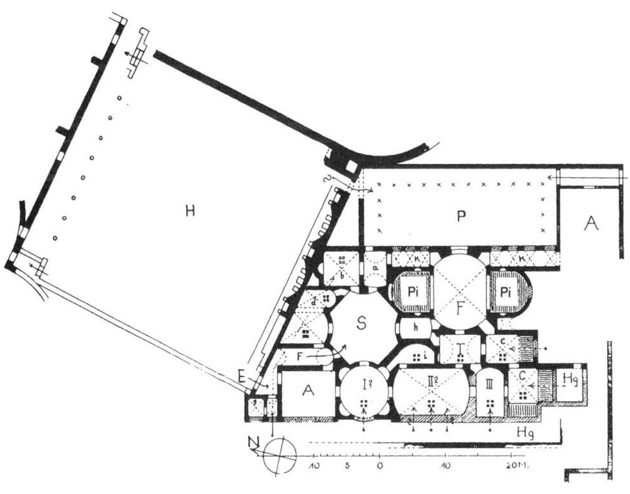

94 Grundriß der „Kleinen Thermen"

Dazu gehörten mehrere Thermen, von denen hier die „Kleinen" und „Großen Thermen" besonders interessieren. Sie lagen zwischen der Stoa Poikile und dem Canopus. In dem Modell der Villa (Abb. 93) sind sie an den weit herabreichenden Fenstern und an den Kuppelbauten deutlich zu erkennen. Die „Kleinen" befinden sich links, die „Großen Thermen" rechts im Bild.

Die „Kleinen Thermen"

Bei den Rundbauten der Thermen finden wir, wie in der hadrianischen Architektur allgemein, eindrucksvolle Neuerungen vor. Die Wände verliefen teils konkav, teils konvex und schwangen in kunstvoll gestaltete Gewölbe ein. Diese reichen „barocken" Formen traf man vor allem in den „Kleinen Thermen" an. Beide Bäder zeigten mit ihren geheizten Räumen nach Südwesten.

Der Eingang zu den „Kleinen Thermen" (Abb. 94, E) lag in der Ecke eines großen Hofes (H) und führte zunächst in das Apodyterium (A). Über einen Gang (F) gelangte man in einen achteckigen Raum (S) mit vier geraden und vier nach innen gerundeten Seiten, der das Zentrum der ganzen Anlage bildete. Er könnte ein Empfangs- oder Aufenthaltsraum gewesen sein. Das Dach war ein rundes Gewölbe, das keine Rücksicht auf den komplizierten Grundriß nahm. Die kleinen Räume nördlich und östlich des Achtecks waren zum Teil hypokaustiert und konnten vielseitig genutzt werden.

Weiter westlich davon lag eine ebenfalls von unten beheizte Rotunde (I) mit vier Sitznischen, die als Sudatorium zu bezeichnen ist. Der anschließende Raum (II), der größte der westlichen Räume, wurde lange für das Tepidarium (T) gehalten, das jedoch nach neueren Forschungen vor dem Frigidarium anzusetzen ist (die Funktion von Raum II ist also noch nicht geklärt). Über den Raum (III) gelangte man zum Caldarium (C), das mit zwei Wannen ausgestattet war. Östlich davon folgte ein weiterer kleinerer Raum (c) mit einer Wanne, so daß es sich hier wahrscheinlich um eine Erweiterung des Caldariums handelt. Raum c schuf auch eine Verbindung von C nach T. Ganz im Westen lag der Heizgang (Hg), der Caldarium sowie die Räume I–III versorgte. Das Tepidarium (T) konnte durch mehrere Eingänge erreicht werden. Das Frigidarium (F) hatte kreisbogenförmige Schmalseiten und besaß zwei große Flügel mit kurvierten Wänden für die Wasserbecken (Pi). Im Osten befand sich der Ausgang zur Palästra (P).

Die „Großen Thermen"

Die „Großen Thermen" der Villa waren klarer konzipiert (Abb. 95). Die nicht ganz symmetrische Anlage wird von zwei Achsen bestimmt, die sich in der Rotunde I im Westen kreuzen. Von Ost nach West folgen nacheinander die Palästra, eine Art Hof mit dem seitlichen Eingang (E), Natatio, Frigidarium und Rotunde. Dazu gehören Nebenräume, von denen der große Raum A das

Apodyterium sein dürfte. Der Weg von der Palästra oder dem Eingang führte an beiden Seiten der Natatio (N) vorbei oder durch das Apodyterium in das Frigidarium, das mit einer großen apsidialen Piscina ausgestattet war. Die Rotunde hatte zwei große Apsiden, nach außen führende große Fenster und eine Kuppel mit einer Öffnung, die sich mit einem Metallschild zur Regulierung der Wärme verschließen ließ. Sie war wie alle Räume dieses Traktes hypokaustiert und darüber hinaus mit einem eigenen Ofen versehen. Es handelt sich demnach um das ehemalige Sudatorium. Links davon (nach Norden) schlossen sich kleinere Räume an, auf der anderen Seite zwei große Räume mit Tonnengewölbe (II und III) und ein Caldarium (C) mit drei rechteckigen Beckennischen. Dahinter lag die Heizung (Hg), von der aus die ganze Raumfolge bis zu den zwei Räumen im Norden mit Wärme versorgt wurde. Die wie ein Sudatorium gestaltete Rotunde lag merkwürdigerweise von der Feuerstelle ziemlich weit entfernt, ein Umstand, der auch für die „Kleinen Thermen" zutrifft. Ihre Raumfolge im Südwesten ist hier im Prinzip übernommen worden. Über die Verbindungstüren zwischen den Räumen gibt der Grundriß Aufschluß. Es fällt auf, daß die Rotunde der „Großen Thermen" mit den großen Räumen in Richtung Caldarium verbunden war, nicht aber mit den kleinen gegenüber, was für unterschiedliche Benutzer spricht.

Die „Kleinen Thermen" in Tivoli wurden etwas früher als die „Großen Thermen" gebaut.[230] Beide sind keinem bestimmten Typus zuzuordnen. Da sie unmittelbar nebeneinander lagen, drängt sich die Frage nach ihrer speziellen Bestimmung auf. Handelte es sich um Sommer- und Winterthermen

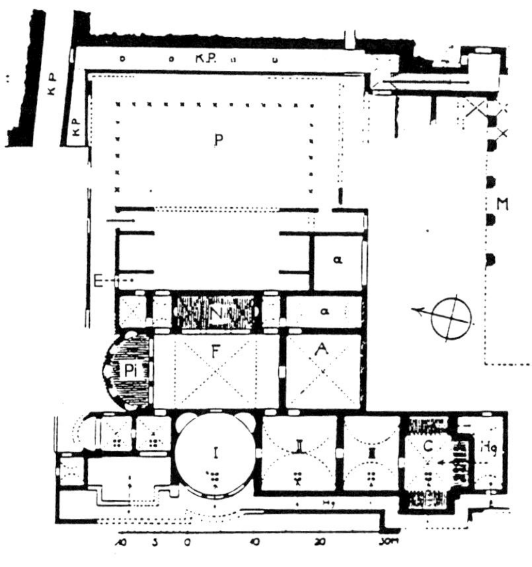

95 Grundriß der „Großen Thermen"

(*thermae aestivae* und *thermae hiemales*)[231] oder sogar um Frauen- und Männer-Thermen? Obwohl sich eine Unterscheidung in Frauen- und Männerbäder auf das aus der Historia Augusta 18,10 bekannte Verbot gemeinsamen Badens beider Geschlechter stützen könnte (das allerdings oft mißachtet wurde und erneuert werden mußte), halte ich dies für fraglich, weil beide Anlagen Palästren besitzen, die sonst in Frauenthermen fehlen.

Bad mit dem sogenannten „*heliocaminus*"

Gleich neben dem Teatro marittimo, einem von einer ringförmigen Mauer und einem Wassergraben umgebenen Gebäude, lag eine weitere, relativ kleine Badeanlage, die aus der ersten Bauphase in Tivoli zwischen 118 und 125 n. Chr. stammt und durch ihren sogen. Heliocaminus berühmt geworden ist (Abb. 96).[232] Der Name (Sonnenkamin oder Sonnenofen) rührt daher, daß der in der Südwestecke liegende Kuppelbau sich mit großen bis zur Erde reichenden Fenstern öffnete und die Sonnenstrahlen voll hereinließ. Außerdem wurde für diesen Raum wie auch für die übrigen Warmbaderäume die natürliche Neigung des Terrains so ausgenutzt, daß möglichst keiner dem anderen die Sonne wegnahm. In der Mitte des Rundbaus befand sich im Boden ein

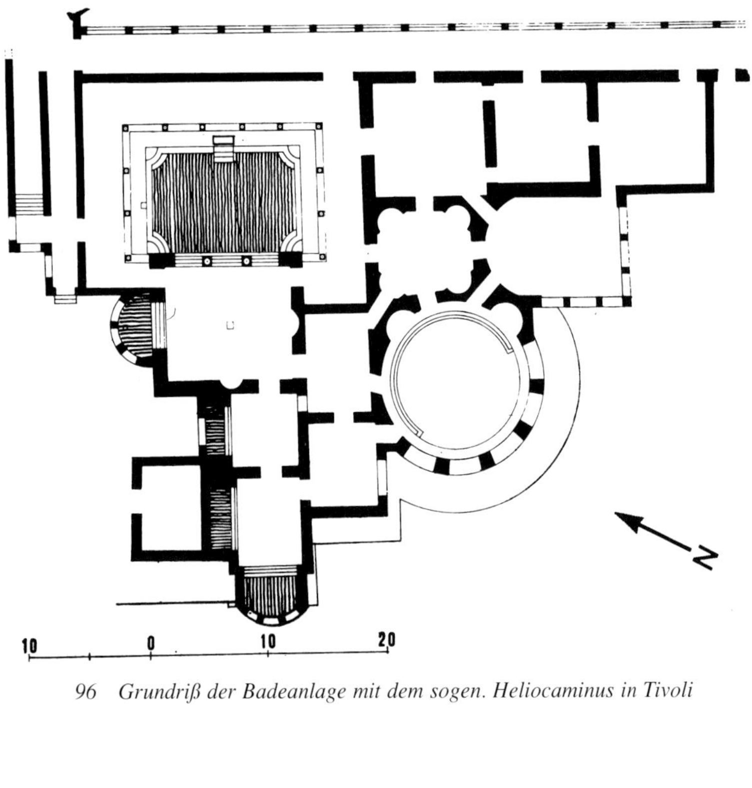

96 Grundriß der Badeanlage mit dem sogen. Heliocaminus in Tivoli

Wasserbecken von 1,35 m Tiefe. Man konnte über drei Stufen, die an der Mauerseite verliefen, hineingelangen oder auf ihnen sitzend den Blick durch die lichtdurchfluteten Fenster genießen. Es gab keinen Zu- und Abfluß, wie sie bei Wasserbecken üblich sind, sondern nur kleine Zulaufrohre für eine geringe Wassermenge, die in dem heißen Raum verdunsten konnte. Die Luftzirkulation erfolgte durch „Luftlöcher" im Kalottenbogen. Außerhalb der Fensterreihe, die durch vier große Pfeiler gegliedert war, verlief eine breite Terrasse, die zugleich das Dach eines ringförmigen Service-Tunnels bildete. Darunter waren auch die Praefurnia, die den Heliocaminus heizten.

Vom runden Sudatorium konnte man zu weiterem Aufenthalt in einen Raum mit runden Nischen und einer Art Veranda mit großen Fenstern an den beiden Außenseiten gelangen. Das rechteckige Becken in der Mitte des Peristylhofes lag wie eine Natatio unter freiem Himmel. Es war an den Ecken mit Sitzgelegenheiten und an einer Seite mit einer Treppe versehen. Von dieser Badeanlage führte ein direkter Zugang in den das Teatro marittimo umgebenden 4,90 m breiten und ca. 1,50 m tiefen Ringkanal, so daß dieser ebenfalls als Schwimmbecken dienen konnte.

Dieses kleine, aber feine Bad dürfte das bevorzugte Privatbad Hadrians gewesen sein.[233]

Daneben wird der Kaiser aber auch in den anderen Thermen seiner Villa gebadet haben. Es heißt, daß er das „Bad in der Menge" liebte, was zu folgender Anekdote Anlaß gab:

„Als er nämlich eines Tages beobachtet hatte, wie ein ihm von seiner Dienstzeit bekannter Veteran sich den Rücken und den übrigen Teil des Körpers an der Wand abscheuerte, erkundigte er sich bei ihm, weshalb er die Marmorplatten benutze, um sich abzuscheuern. Als er vernahm, dies geschehe in Ermangelung eines Sklaven, beschenkte er den Alten mit Sklaven als auch mit einer Geldbeihilfe. Als aber anderentags mehrere Greise sich an der Wand scheuerten, um des Kaisers Freigiebigkeit zu provozieren, ließ er sie antreten und wies sie an, sich gegenseitig zu frottieren. Er renommierte gern mit seiner Liebe zum niedrigen Volk." (Historia Augusta 17,5–8).

Ein weiterer badähnlicher Baukomplex der Villa Hadriana, das „Bad des Sallust" mit seinem kunstvollen Kuppelsaal ist nach neuesten Forschungen nicht mehr als Bad, sondern eher als sommerlicher Speisesaal zu interpretieren.[234]

Die Thermenanlage der Villa Casale bei Piazza Armerina

Die Thermen der Villa Casale bei Piazza Armerina auf Sizilien (Abb. 97 – links im Bild –) gehören zu den architektonisch interessantesten Teilen der Gesamtanlage.[235] Es scheint, als ob sich der Architekt von den gebogenen Grundrißführungen der Villa Hadriana in Tivoli hat inspirieren lassen. Die Badeanlage liegt im Westen der Villa und folgt in der Anordnung ihrer

Baderäume dem Schema des Reihentypus. Betreten wurde das Bad entweder durch die polygonale Eingangs-Portikus (E_1) über einen Vorraum (V) oder durch den an dem großen zentralen Peristylhof liegenden trapezförmigen Raum (E_2). Man gelangte dann in einen Vorraum, der auch als Palästra (P) bezeichnet wird, und von hier in den mit acht großen Apsiden versehenen Zentralbau, der vier Apodyteria (A), eine große Piscina (Pi) und weitere Räume enthielt. Dieses Raumgefüge stellte das Frigidarium (F) dar, dem sich im Westen ein quadratischer Raum anschloß, der als Unctorium (U) gedeutet wird. Von hier trat man in das biapsidiale Tepidarium (T), das die Raumform der sogenannten Palästra wiederholte. Sein Boden ist nicht mehr erhalten und gibt heute den Blick auf die Hypokaustenanlage frei. Im Westen öffneten sich zwei Türen zu einem dreigegliederten Caldarium (C), dessen Boden heute ebenfalls freiliegt. Der mittlere und südliche Teil hatte je eine Apsis, der nördliche eine rechteckige Nische mit einer großen Marmorwanne. Hinter der Abschlußmauer befanden sich, jedem der drei Räume vorgelagert, von außen zu heizende Praefurnia (Pr).

Die Anlage ist teils noch recht gut erhalten, teils vortrefflich restauriert, so daß man von der Aufteilung einen sehr guten Eindruck gewinnt. Als Glücksfall kann man den Erhaltungszustand der vielen Mosaiken bezeichnen, die

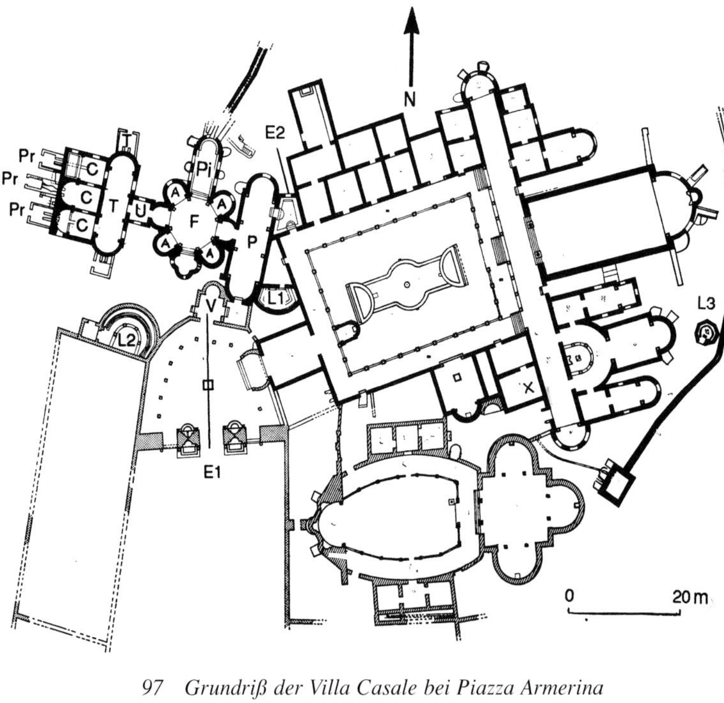

97 Grundriß der Villa Casale bei Piazza Armerina

nicht nur die einzelnen Räume des Bades zu bestimmen halfen. Die großartigen Jagdmotive im Nordtrakt sprechen für große Jagdgesellschaften.

Auch zur Datierung der Villa haben die Mosaiken beigetragen, über die allerdings die Diskussion noch anhält. Allgemein wird der Bau um die Wende vom 3./4. Jh. n. Chr. datiert. Danach könnte als Bauherr Kaiser Maximianus Herculeus in Frage kommen.[236] Ob Kaiserhof oder nicht, es hat sich wohl jedenfalls um ein großes Jagdhaus gehandelt.

Der Grad der Abgeschlossenheit war bei den privaten Kaiserbädern, die hier vorgestellt wurden, verschieden. Ganz privat muß das Bad in der Villa des Tiberius auf Capri gewesen sein, in der sich der Kaiser auf den fernsten und höchsten Punkt der Insel zurückgezogen hatte. Dafür spricht auch seine Lage im Obergeschoß des Palastes.

Bei den beiden zuerst beschriebenen Thermen der Villa Hadriana, mit der der Kaiser in der Nähe der Hauptstadt geblieben war, handelte es sich um selbständige Anlagen, die außer dem Hofstaat und offiziellen Gästen wohl auch dem umfangreichen Personal der riesigen Villa offenstanden. Das Bad mit dem Heliocaminus trägt rein privaten Charakter.

Auch die Thermen der Villa bei Piazza Armerina sind noch in die Gesamtanlage integriert, aber sie liegen am Rand der Wohngebäude und öffnen sich auch nach außen. Ihre zwei Eingänge (E_1 u. E_2) und drei Latrinen, von denen eine innerhalb des Palastes lag (L_1), die beiden anderen von außen zugängig waren (L_2 u. L_3), sprechen dafür, daß die Bäder auch den Bediensteten der Jagdgesellschaften und zu gewissen Zeiten vielleicht auch den Bewohnern des Latifundiums zur Verfügung standen.

IX. Heilbäder

1. Bei den Griechen

Das Heilbad ist keinem bestimmten Architekturtypus unterworfen.[229] Voraussetzung für die Anlage eines Heilbades ist und war eine Quelle, deren Wasser in natürlichem Zustand belassen, medizinisch nachweisbare Körperreaktionen hervorrief. Diese Reaktionen können heilend, lindernd oder prophylaktischer Natur sein. Die Bauwerke wurden den topographischen Gegebenheiten der Quelle angepaßt.

Quellwasser wurden bis in das 5. Jh. v. Chr. in Griechenland allgemein als schädlich empfunden. Erst unter dem Einfluß der Philosophen und der Medizinwissenschaftler, allen voran Hippokrates, wandelte sich die Einstellung allmählich. Das „Corpus Hippocraticum", eine Sammlung von Ärzteschriften, die aus verschiedenen Zeiten stammen und teilweise fälschlich Hippokrates zugeschrieben werden, enthält unter anderem wichtige Erkenntnisse über einzelne Heilquellen.[237] Der Schwerpunkt der damaligen Therapie lag auf der genauen Regelung der Lebensweise, der Aufteilung des Tages in Arbeit, Ruhe und Schlaf, auf Diäten und körperlicher Bewegung.

Anscheinend akzeptierten die griechischen Ärzte den therapeutischen Wert der Mineralquellen erst um das 3. Jh. v. Chr. Heiße Quellen sollen jedoch schon vor der Verbreitung des Asklepioskultes im späten 5. Jh. v. Chr. genutzt worden sein, und die Entwicklung der Asklepiosheiligtümer zeigt, wie sich die Ansichten im Laufe der Jahrhunderte geändert haben.[238]

Zu einem *Asklepieion* gehörten in der Regel eine heilige Quelle, die oft von einem steinernen Brunnenhaus umgeben war, und ein heiliger Hain. Im Laufe der Zeit gruppierten sich um beides herum sakrale und profane Bauten. Diese Kultstätten wurden von Priestern geleitet, denen eine Gruppe ärztlicher Helfer assistierte. In den Anfangszeiten wurden die Kranken hauptsächlich durch Heilschlaf, der sogenannten *Inkubation*, zu heilen versucht. Die Kranken unterzogen sich zunächst rituellen Waschungen an der Quelle des Heiligtums und begaben sich nach meditativen Spaziergängen im Tempelbezirk in das *Abaton*, einen Heilraum, der als Sitz einer göttlichen Kraft gegen die profane Welt besonders abgeschirmt war. Erscheinungen während der Inkubation wurden von den Priestern gedeutet und in therapeutische Maßnahmen umgesetzt.

Dabei spielte das Wasser zunächst eine untergeordnete Rolle. Nach und nach wandelte sich der Charakter der Asklepieien. Sie blieben zwar weiterhin Kultstätten, entwickelten sich aber mehr und mehr zu regelrechten Heilbädern, in denen dann bereits Balneotherapie betrieben wurde. Das brachte auch äußerliche Veränderungen mit sich. Im und um den Tempelbezirk entstanden immer mehr profane Bauten für die Wasser-Therapie, Inkubation, Krankenbehandlung, Unterbringung und Verpflegung sowie für Sport und Spiel.

Dieser Überblick ist notgedrungen kurz und kann die Entwicklung nur in groben Zügen wiedergeben. Als Beispiele für die schon in griechischer Zeit bekannten und berühmten Asklepieien, die später von den Römern übernommen und ausgebaut wurden, sollen hier Kos und Pergamon stehen.

Das Asklepieion von Kos

Die Insel Kos vor der Südwestküste der heutigen Türkei wurde vor allem als Wirkungsstätte des Hippokrates und seiner Ärzteschule am Beginn der wissenschaftlichen Medizin berühmt. Hippokrates lebte von 460– ca. 370 v. Chr. und hat noch in der Stadt Kos gewirkt. Erst nach seinem Tod, im mittleren 4. Jh., wurde außerhalb der Stadt in einem Zypressenhain am Fuß eines Gebirges ein Altar für Asklepios errichtet, aus dem sich das große hellenistische Heiligtum entwickelte (Abb. 98).[239] Auf der Altarterrasse entstanden mit der Zeit ein kleiner Tempel mit den Kultbildern des Asklepios und seiner Kinder, ein neuer reich geschmückter Altar und andere Gebäude.[240] Für die Heilbedürfnisse der Besucher wurden weitere Terrassen angelegt: unterhalb ein Platz mit Säulenhallen, hinter denen sich Räume für verschiedene Zwecke verbargen, oberhalb eine ähnliche Anlage mit Säulenhallen, die sich wahrscheinlich durch Bretter zu Inkubationszellen schließen ließen.[241] Schließlich kam in römischer Zeit auf der oberen Terrasse ein großer Tempel als Krönung des Ganzen hinzu. Die Terrassen waren durch breite Treppen verbun-

98 *Asklepieion von Kos*

den. Die Flügel der unteren Säulenhalle endeten vor der Stützmauer der unteren Terrasse und ließen hier zwei seitliche Durchgänge frei. „Der Stützmauer waren ein Schöpf- und ein Laufbrunnen eingefügt, die das bei den rituell gebundenen Kuren häufig zum Trinken oder Baden verschriebene Heilwasser spendeten.“[242] Die untere Terrasse könnte demnach als „Kurplatz“ bezeichnet werden.

Am Fuß des Hügels, unterhalb dieser Terrasse, finden sich Reste römischer Thermen, die wie der römische Tempel und andere Zeugnisse für das lange Leben des Heiligtums sprechen. In Rom wurde der Asklepioskult schon im 3. Jh. v. Chr. übernommen und der Name des Gottes zu Aesculapius latinisiert.

Das Asklepieion von Pergamon

Auch die Anfänge des Asklepieions von Pergamon, der heutigen Stadt Bergama im Nordwesten der Türkei, gehen auf das 4. Jh. v. Chr. zurück. Das Heiligtum liegt ca. 2 km von der Stadt entfernt bei einer heilkräftigen, radioaktiven Quelle. Der Gründer des Heiligtums soll ein gewisser Archaias gewesen sein, ein Bürger Pergamons, der auf wunderbare Weise im Asklepieion von Epidauros geheilt worden war.[243]

Zahlreiche Reste der hellenistischen Bauten wurden erst in neuerer Zeit ausgegraben. Es handelte sich zunächst um zwei kleinere Tempel sowie zwei zu Trink- und Badezwecken benutzte Brunnenhäuser. Der Ausbau in der heute noch sichtbaren Form erfolgte im 2. Jh. n. Chr. unter Antoninus Pius (138–161 n. Chr.). Das Asklepieion (Abb. 99) war ein auf allen Seiten von Hallen und anderen Gebäuden umgebener Rechteckhof von 102 m × 140 m. Man betrat ihn im Osten von der Heiligen Straße (13) aus durch einen Vorhof (2) und ein Propylon (4). Neben dem Vorhof lag nach Norden hin der sogenannte Kaisersaal (10) mit Bibliothek und Kaiserstatue, nach Süden hin der kreisrunde Tempel des Asklepios (9). Dieser Rundbau, dem Pantheon in Rom ähnlich, wenn auch kleiner, hatte einen Durchmesser von 23,85 m und eine Säulenvorhalle, die mit der des Propylons korrespondierte. Der größte und am besten erhaltene und für unser Thema interessanteste Bau war der südlich davon liegende Rundbau (11) von fast 60 m Außendurchmesser. Er war zweistöckig, mit Halbrundnischen im Oberbau versehen und nicht überwölbt. Vom Unterbau aus führte ein ca. 80 m langer unterirdischer Gang zur radioaktiven Heiligen Quelle in der Mitte des Hofes. Dieses ganze Gebäude mit seinen über den Halbkreis hinausgehenden Annexen ist noch nicht sicher gedeutet. Wahrscheinlich diente es als „Kursaal“. In seinen Nischen scheinen sich Kurgäste in Gruppen zu Gesprächen oder zum Ausruhen zurückgezogen zu haben. Auch Umkleideräume wie bei der ähnlichen Anlage in Piazza Armerina (Abb. 97) sind denkbar, denn man dürfte den Weg durch den Tunnel zu der Heilquelle kaum in voller Kleidung zurückgelegt haben. An den

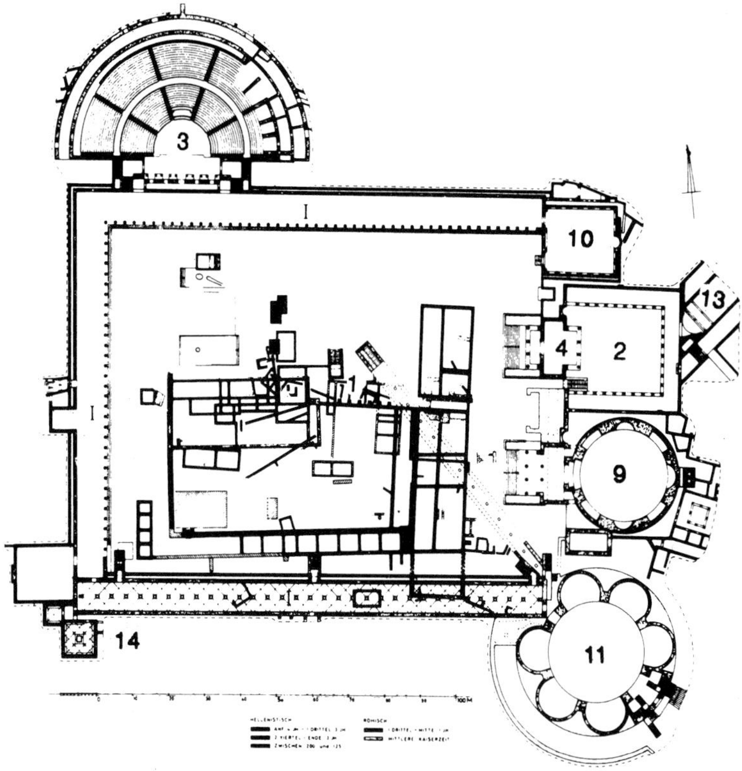

99 Asklepieion von Pergamon (Grundriß)
1. Brunnenhäuser für das Quellwasser, 2. Vorhof, 3. Theater, 4. Propylon, 9. Zeus-Asklepios-Tempel, 10. Bibliothek (Kaisersaal), 11. „Kursaal“, 13. Heilige Straße, 14. Latrine

übrigen Seiten der Anlage befanden sich Säulenhallen, an die sich im Nordwesten ein römisches Theater (3) anschloß.

So ist aus der unscheinbar eingefaßten Quelle eine imposante Kuranstalt mit prachtvollen Einrichtungen für Kult, Bequemlichkeit und Unterhaltung geworden.

In Pergamon hatte hauptsächlich Galenos gewirkt, der letzte große bekannte griechische Arzt, der hier 129 n. Chr. geboren wurde. Er kümmerte sich besonders um die Ausbildung junger Ärzte und bezog sich in seinen zahlreichen Schriften häufig auf Hippokrates, so daß man sagen kann, daß Pergamon in der Tradition von Kos gestanden hat. Später wurde Galenos Leibarzt des Kaisers Marc Aurel (161–180 n. Chr.).

Als weitere Asklepieien mit Bädern seien Epidauros und Gortys (S. 26ff.) oder das Asklepieion am Südabhang der Akropolis in Athen mit seinem tiefen Brunnen genannt.

2. Bei den Römern

Bei den Römern änderten sich die Heilmethoden insofern, als das Wasser und seine Anwendung den Vorrang bekamen. Die Kult- und Heilstätten hießen nicht mehr Asklepieien oder Äsculap-Heiligtümer, sondern betonten die Wichtigkeit des Wassers bereits im Namen des Heilortes. Beispiele sind Aquae Aureliae (das heutige Baden-Baden), Aquae Mattiacae (das heutige Wiesbaden) oder Fons Aponi (das heutige Abano Terme).

Die Wandlung zeichnete sich auch in der Architektur ab. Das Hauptcharakteristikum römischer Heilbäder war ein Schwimmbecken, in das große Freitreppen führten und das von vielen Räumen (Kabinen) mit Einzelwannen für differenzierte Heilverfahren umgeben war. Bei Heißwasserquellen wurden mehrere Schwimmbecken hintereinander angelegt, um das heiße Wasser abzukühlen und bei unterschiedlichen Krankheiten verschiedene Wassertemperaturen anwenden zu können. Fast alle heute bekannten und oft wieder genutzten Heilbäder sind auf römischen Ursprung zurückzuführen. Die Römer besaßen schon früh sehr gute Kenntnisse über Quellen und deren unterschiedliche Wirkungsweise auf den Organismus des Menschen.

Vitruv widmete dem Wasser ein ganzes Buch (8, 355ff.), in dem er über

I. die Auffindung des Wassers,
II. das Regenwasser,
III. die warmen Quellen und die Eigentümlichkeiten verschiedener Gewässer und
IV. die Prüfung des Wassers

schrieb. Auch von Plinius sind wichtige Informationen über Quellen überliefert.[244]

Neben den typischen Schwimm- und Badebecken konnten die römischen Heilbäder auch die Haupträume einer konventionellen Therme (Apodyterium, Frigidarium, Tepidarium und Caldarium) sowie vereinzelt Laconicum bzw. Sudatorium enthalten. Auch Ruhe- und Salbräume zählten selbstverständlich dazu.

Die Wandlung von einer Kultstätte mit Heilort zu einem Heilbad in einem bereits modernen Sinn soll an den folgenden Beispielen verdeutlicht werden.

Bath

Bath[245] liegt im Südosten Englands in der Nähe von Bristol und wurde vermutlich in frühflavischer Zeit gegründet. Die gesamte Anlage (Abb. 100a) war ca. 100 m lang. Im Zentrum befand sich das große rechteckige Schwimmbecken, das von umlaufenden Stufen zu betreten war. Zwölf Säulen am Rand des Beckens stützten ein den Umgang schützendes Dach. Das Wasser wurde direkt von einer heißen Quelle an der nordwestlichen Ecke des Beckens ein-

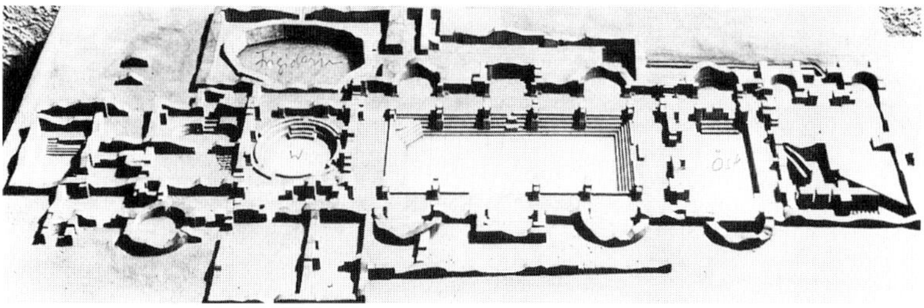

100 Bath a (oben) Modell-Grundriß b (rechts) heutige Ansicht, im Vordergrund ein Becken des römischen Bades

geleitet. Die Quelle war von Mauern eingefaßt und von einem Brunnenhaus überbaut. Neben dem großen Schwimmbad umfaßte die Anlage noch drei weitere Wasserbecken, zwei runde und ein rechteckiges. Ganz in der Nähe des Bades stand ein Tempel, der der Minerva Sul geweiht war und dem alten Heilbad den Namen Aquae Sulis gab. Das Beispiel Bath zeigt noch eine enge Verbindung von Heilquelle, Tempelbezirk und Bädern, wobei jedoch die vorrangige Bedeutung der Heilquelle in dem Namen Aquae Sulis schon zum Ausdruck kommt.

Badenweiler

Die römische Heiltherme in Badenweiler an den westlichen Ausläufern des Schwarzwaldes ist eine Doppelanlage und relativ gut erhalten.[246] Die ganze Anlage ist in fünf Bauphasen entstanden. Es wird vermutet, daß getrennte Sektionen für Männer und Frauen eingerichtet waren. Wegen der trennenden Mittelmauer konnten sich die Badenden jeweils nur in einer Hälfte des

101 Thermenanlage Badenweiler.
a (unten) Grundriß.
A = Zugang,
D + E = Auskleideräume,
C = Außenbecken,
B = Mittelbecken,
M = Kaltwasserbecken,
L = Schwitzbäder,
K = Heizraum.
b (rechts) Einzelbad südlich von B

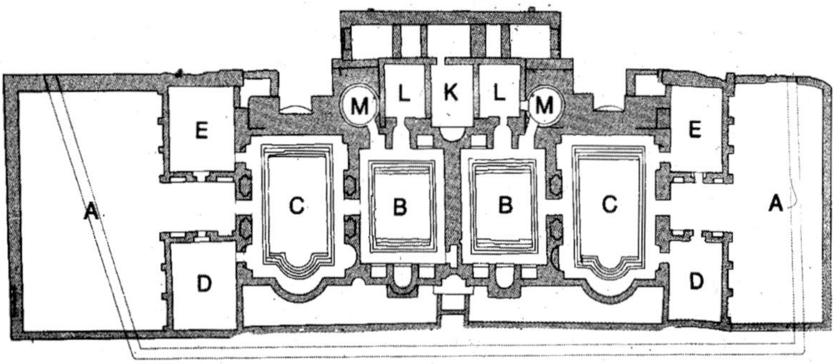

Gebäudes aufhalten. In jeder Hälfte befanden sich zwei unterschiedlich große rechteckige Becken (B+C mit Apsis), die von heute noch sprudelnden Thermalquellen gespeist wurden. Man betrat sie über ringsumlaufende Stufen. An der Nordseite lagen Räume mit Rundbecken (M) und südlich von B Einzelwannen (Abb. 101b) sowie im weiteren Umkreis einige von einer herkömmlichen Badeanlage bekannten Räume (Abb. 101a). Von einem Heilbad „in der Provinz" kann man nicht mehr sprechen, seit in neuester Zeit durch Luftaufnahmen eine Kaiservilla im nahen Heitersheim entdeckt wurde.[248]

Regionalen Charakter scheint dagegen Wiesbaden gehabt zu haben, das als Heilbad für die Mainzer Legionen gebaut und ursprünglich ein reines Militärbad war.

Daneben gab es auch größere Heilbäder, Heilorte, die durch eine hervorragende Lage und mehrere Quellen mit mehrfachen Heilungsmöglichkeiten zu einem besonderen Anziehungspunkt wurden.

Baiae

Das Musterbeispiel für ein antikes Heilbad von größter Beliebtheit und Anziehungskraft aufgrund seiner günstigen Lage, seiner reichen Quellen und zahlreichen Thermen ist Baiae. Es lag im Nordwesten des Golfes von Neapel.[249] Wegen seiner heißen Quellen hieß es im Altertum Krater von Cumae. Im Norden schlossen die Phlegräischen Felder an.

Strabon (2, 5, 4) hat die ganze Gegend mit einem großen Garten verglichen, und Horaz (ep. 1, 1) zählte Baiae zu den schönsten Gebieten Campaniens, ja sogar der Welt. Martial (ep. 11, 80 u. 4, 57) bezeichnete Baiae als „das goldene Ufer der seligen Liebesgöttin" und legte die Wohnungen der Nymphen und Nereiden nach Baiae.

In Baiae entsprang eine Vielzahl von warmen Mineralquellen, deren Heilkraft schon Plinius (n.h. 31, 2, 2) rühmte. Anfänglich scheinen die heilkräftigen Quellen von Baiae von den Bewohnern der Umgebung, aber auch von Soldaten und Matrosen vom nahegelegenen Hafen genutzt worden zu sein. In der Literatur ist Baiae für das Jahr 178 v. Chr. zum ersten Mal erwähnt (Livius 41, 16, 1–5), als der Konsul Cn. Cornelius zur Heilung seiner Gicht einige Zeit in Baiae verbrachte. Die Ausgestaltung zum Heilbad erfolgte bereits in republikanischer Zeit; später wurde Baiae besonders von den Kaisern und ihren Familien frequentiert. So stieg es zum luxuriösen Kur- und Badeort der Antike auf, zum Treffpunkt der damaligen „High-Society".

Der Komplex der Thermen (Abb. 102) dehnte sich ca. 450 m breit an einem Hügel aus. Die in den Hang gebauten Anlagen öffneten sich zum Golf hin und waren so errichtet, daß die Thermalquellen und heißen Dämpfe (*Fumarolen*) vielfältig genutzt werden konnten. Sie boten neben der Gelegenheit zum Baden und zur Erholung eine großartige Aussicht über den ganzen Golf.

Die einzelnen Thermenbereiche waren durch Treppen und Wege verbun-

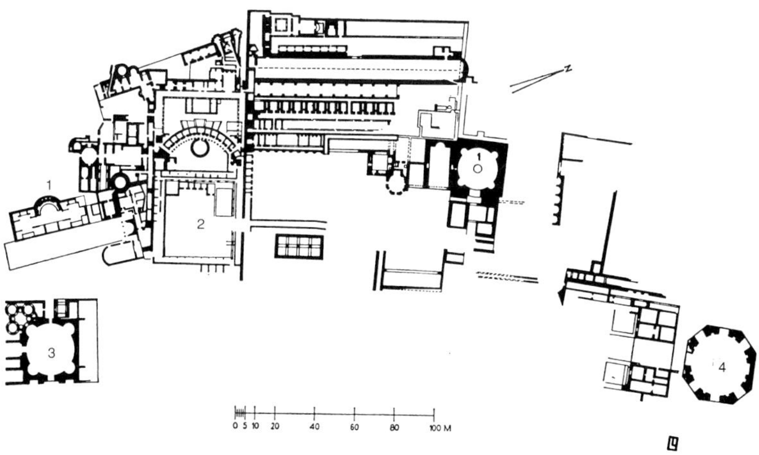

102 Baiae (Grundriß)

den und bildeten so eine geschlossene Anlage. Vom gesamten Areal interessieren für unser Thema vor allem drei Rundbauten und ein großer Komplex, der von drei Ebenen mit Schwimmbecken und einer weiträumigen Exedra gekennzeichnet war. Bei letzterem handelte es sich um die sogenannten Sosandra-Thermen (Abb. 102, 2), die nach einer im oberen Teil der Anlage gefundenen Statue benannt sind.

Die obere Ebene bestand aus einem großen Bogen von Badezellen, die sich an den Abhang schmiegten und durch einen davor liegenden Korridor erreichbar waren (Abb. 103). Darunter lag ein kreisrundes Wasserbecken, das aus einer Zisterne gespeist wurde. Acht Meter tiefer befand sich ein rechteckiges Schwimmbecken von ca. 35 × 29 m, das von Arkadengängen mit dahinterliegenden Räumen umgeben war. Die Sosandra-Thermen wurden von 60 m langen Treppen flankiert. Man datiert sie in die 1. Hälfte des 1. Jhs. n. Chr.[250]

Nördlich der Sosandra-Thermen lag der sogenannte Merkur-Tempel (Abb. 102, 1).[251] Es erwies sich im Laufe der Ausgrabungen und der Restaurierung schnell, daß es sich auch hier um einen großen Baderaum handelte. An der Nordseite konnte man einen Wasserzulauf feststellen; demnach ist auch ein Ablauf anzunehmen. In der Mitte des Gewölbes befand sich eine Öffnung, wie man sie bei Schwitzbädern zur Wärmeregulierung antrifft. Im Gewölbe darunter waren kleine Fenster angebracht. Der Durchmesser des Rundbaus betrug 21,55 m, was etwa seiner Höhe entsprach. Seine Nischen haben früher wohl Statuen aufgenommen, und die an den Wänden sichtbaren Hakenlöcher deuten auf eine Verkleidung mit Marmorplatten hin. Der „Merkurtempel" wird oft mit dem späteren und größeren Pantheon in Rom verglichen. Aufgrund des Tuffsteingewölbes und seiner Bautechnik datiert man ihn

103 Baiae, sogen. Sosandra-Thermen (heutige Teilansicht)

104 Baiae, sogen. Merkur-Tempel

in spätrepublikanische Zeit.[252] Er wäre damit der älteste „Rundtempel" in Baiae. Im 18. Jh. war der Innenraum, wie Stiche dieser Zeit zu erkennen geben, noch nicht so tief verschüttet wie in der Darstellung aus dem 19. Jh. (Abb. 104). Der „Merkur-Tempel" wird heute als Badehalle mit einem großen Becken, das über umlaufende Stufen zu betreten war, gedeutet. Zu ihm gehörten noch weitere Räume, die sich südlich anschlossen und nicht sicher zu identifizieren sind.

Die beiden anderen Rundbauten waren gleichsam Eck- oder Endpunkte der Gesamtanlage (Abb. 102); im Nordosten der sogenannte Diana-Tempel (4) und im Südosten der sogenannte Venus-Tempel (3).

105 Baiae, sogen. Diana-Tempel

Der „Diana-Tempel“ (Abb. 105)[253] hatte einen Durchmesser von 29,5 m = 100 Fuß, war innen rund und außen oktogonal gestaltet. Er besaß ein spitzbogiges Gewölbe, das heute etwa in der Mitte „durchgeschnitten“ ist. Das Mauerwerk bestand unten aus Backsteinen, denen eine Tuffsteinaufmauerung folgte. Der obere Teil war aus Tuffsteinchen gegossen. Als Datum wird die severische Epoche vorgeschlagen.[254] Die dazugehörigen weiteren Baderäume sind noch nicht freigelegt.

Auch der sogenannte Venus-Tempel (Abb. 106)[255] war außen polygonal und innen rund. Sein Durchmesser betrug 26,3 m. In den Wänden waren 4 m breite Bogenfenster eingelassen. Auch hier deuten kleine Löcher in den Wänden auf eine ursprüngliche Marmorverkleidung hin. Die Kuppel ist nicht mehr erhalten. Carl Morgenstern hat auf einer Italienreise 1835 in einer Bleistiftzeichnung (Abb. 106b) noch einen besseren Erhaltungszustand festhalten können.[256] Seinen Namen bekam „der Tempel“ durch eine Venus-Statue, die in der Nähe gefunden wurde. Man datiert ihn in das 2. Jh. n. Chr.[257] Aufgrund eines Wassereinlaufs im Norden wird angenommen, daß es sich auch hier um eine große Schwimmhalle handelte, die entweder mit Meer- oder warmem Mineralwasser gespeist wurde.

Die Bezeichnungen Merkur-, Diana- und Venus-Tempel stammen aus dem vorigen Jahrhundert. Es ist nicht ausgeschlossen, daß in Verbindung mit dem Heilbad Kulte ausgeübt wurden, wenn auch nicht in den Rundbauten.

Neben den hier beschriebenen Anlagen sind für Baiae noch weitere Bäder überliefert, die jedoch nicht mehr genau lokalisiert werden können.[258]

Die Attraktivität Baiaes wurde durch die eigentlichen Badekuren verstärkt, die denen heutiger Badeorte sehr nahekamen. An erster Stelle stand die Balneotherapie, d. h. Bäder in warmen oder kalten Mineralwassern. Aber auch „Fango“-Packungen mit Mineralschlamm wurden verordnet (Plinius n. h. 30, 22), und man hat seinen Körper sogar schon am Strand in heißem Sand ver-

106 Baiae, sogen. Venus-Tempel. a (links) heutiger Zustand. b (rechts) Zeichnung v. Carl Morgenstern 1835

graben (Celsus 3, 21, 3–6). Daneben spielten Massagen, Diätkuren und Gymnastik eine bedeutende Rolle. Der bevorzugte Kur- und Badeort der Antike zeigte sich aber auch von einer anderen Seite. Zeitgenossen prangerten den Luxus, die sinkende Moral und die Maßlosigkeit an.

Bei Martial (ep. 1, 62) heißt es:

> „Keusch war Laevina, wie nur Sabinerfrauen der Vorzeit;
> und war streng schon ihr Mann, strenger doch war sie noch selbst.
> Doch wie sie bald am Lucriner und bald am Averner See wandelt;
> und sie die Welle von Baiae umkost; packt sie die Glut;
> sie verläßt ihren Mann und folgt einem Jüngling:
> die als Penelope kam, geht nun als Helena fort.“

Ein unbekannter Dichter der Antike, hat die Wandlung eines Menschen durch das Badeleben in Baiae so beschrieben:

> „Einst war das Wasser in Baiae kühl. Da ließ Venus den Liebesgott Amor darin schwimmen. Ein Funke seiner Fackel fiel hinein und entzündete es. Seitdem verfällt jeder, der dort badet, feuriger Liebeslust.“

Ovid (1, 283) warnte seine Geliebte wie folgt:

> „Engel! So bald es nur möglich, verlasse das entsittlichte Baiae!
> Jenes Gestade, das so manchem schon Trennung beschert hat.
> Jenes Heilbad, das züchtigen Frauen stets nur Gefahren bringt.
> Verflucht sei'n die Quellen, da sie wahre Liebe zerstören.“

Im Jahre 1538 zerstörte ein Erdbeben, das mit Feuersbrünsten einherging, Baiae. Die Küste senkte sich mehr als vier Meter und ließ große Teile des Ortes im Meer versinken. Die Quellen versiegten.

X. Finanzierung und Verwaltung

Über dieses Kapitel geben die Bäder der römischen Kaiserzeit den besten Aufschluß.[259] Bei privaten Badeanlagen stellt sich die Frage nach Finanzierung und Verwaltung weniger, weil sie von Privatleuten für den eigenen Bedarf errichtet wurden. Bei den öffentlichen Badeanstalten sind, wie gesagt,

balneae publicae (thermae et balneae = große und kleinere Bäder)
und
balnea meritoria (kommerziell betriebene Bäder = Pachtbäder)

zu unterscheiden.

1. Finanzierung

Die Balneae publicae waren Eigentum des Staates oder der Stadt. Das bedeutet jedoch nicht, daß ihre Finanzierung immer aus staatlichen oder städtischen Mitteln erfolgte. Oft traten Mäzene an die Stelle der öffentlichen Hand. Dabei spielte die *summa honorariae* (Plinius ep. 10, 112), ein beim Amtsantritt freiwillig zu zahlendes Ehrengeld, eine große Rolle. Zahlreiche Inschriften berichten über diese und ähnliche Zuwendungen, die auch ganz privater Natur sein konnten. In Rom selbst sind vor allem die Kaiser hervorzuheben; in den Provinzen traten an ihre Stelle häufig die Bürgermeister *(duumviri)*.

In chronologischer Reihenfolge können folgende Kaiser und die von ihnen in Rom gestifteten Bäder genannt werden:

1. *Nero (54–68)* stiftete 60 n. Chr. seine Thermen dem Volk.
2. *Titus (79–81)* ließ in seiner nur zweijährigen Regierung die nach ihm benannten Thermen bauen.
3. *Trajan (98–117)* ließ die Thermae Trajanae und die Thermae Suranae zum Gedenken seines Freundes L. Licinius Sura auf dem Aventin erbauen.
4. *Hadrian (117–138)* veranlaßte die Renovierung der Thermen des Agrippa.
5. Für *Commodus Antoninus (180–193)* ließ *Cleander*[260] die Thermae Commodianae errichten.
6. *Septimius Severus (193–211),* ließ seine Thermae Severianae im Jahr 201 fertigstellen.
7. *Caracalla (211–217)* weihte seine Thermen 216 ein.
8. *Elagabal (218–222)* vollendete dieses Bad und begann damit, eine Portikus hinzuzufügen.

9. *Alexander Severus (222–235)* vollendete diese Portikus und förderte den Bäderbau in den Regionen, in denen noch keine Badeanlagen vorhanden waren.
10. *Gordianus III. (238–244)* übereignete dem Volk mehrere Bäder, die er ursprünglich für private Zwecke errichtet hatte.
11. Von *Aurelianus (270–275)* ist der Bau von *thermae hiemales* (Winter-Thermen) jenseits des Tiber überliefert.
12. *Maximianus (286–310)* begann mit dem Bau der Diokletians-Thermen.
13. Sein Sohn *Maxentius (306–312)* baute eine Bäderanlage auf dem Palatin.
14. *Constantin (306–337)* schließlich errichtete die Thermae Constantinianae.

Aber auch aus Provinzstädten, denen einzelne Kaiser besonders verbunden waren, sind Stiftungen der Kaiser für Bäder bekannt. Hier sei vor allem Leptis Magna in Nordafrika genannt, der Geburtsort des Septimius Severus, der seine Vaterstadt mit vielen prächtigen Bauten schmücken ließ. Die in hadrianischer Zeit erbauten Thermen wurden von ihm zu einer großartigen Anlage aus- und umgebaut, wobei das Frigidarium eine Fläche von 25 × 15 m einnahm. In den Caracalla-Thermen in Rom war das Frigidarium 20 × 8 m groß.[261]

Die stattliche Thermenanlage in Karthago war Antoninus Pius (138–161) zu verdanken.[262]

Auch Kaiserinnen konnten Thermen stiften, wie das Beispiel der Faustina II, Gemahlin des Marc Aurel zeigt; sie ließ die Faustina-Thermen in Milet errichten.[264]

In Rom kam die Bautätigkeit der Kaiser zum Erliegen, nachdem im Jahre 330 n. Chr. Konstantinopel Hauptstadt geworden war. Danach traten vermehrt Stifter aus allen Kreisen der römischen Gesellschaft auf. Wie aus der Auflistung zu ersehen ist, sind außer für den Bau oder für bestimmte Bauabschnitte auch Stiftungen für Restaurierungen überliefert, aus anderen Quellen solche für Teile der Ausstattung, freien Eintritt für eine bestimmte Zeit oder für immer (*in perpetuum*) und Ölspenden (meist Salböl).[265] Das Stiftungswesen durchzog alle Bereiche des römischen Staates. Aber wo wurden die Stiftungen besser der Öffentlichkeit bekannt als in den Bädern, die jeder Römer besuchte und ihn immer wieder an den Stifter erinnerten?

Das Thema „Stifter" führt zu der Frage nach den Kosten eines öffentlichen Bades. Dazu sind uns aufschlußreiche Einzelheiten über Geldspenden bekannt, die entsprechende Rückschlüsse zulassen. So stiftete beispielsweise P. Tullius Varronis testamentarisch die gewaltige Summe von 3 000 000 HS (1 HS = 2,5 Asse – Zur Umrechnung S. 151, Anm. 329) für den Bau einer Thermenanlage in Tarquinia.[266] Ein ähnlich großes Bad in Ostia kostete weit über 2 Millionen HS,[267] wohlgemerkt reine Baukosten. Zu diesen Summen kamen noch die Kosten der Ausstattung. Die Liste überlieferter Stiftungen ließe sich beliebig fortsetzen. Aus den erwähnten Beispielen können wir uns jedoch bereits ein Bild von den ungefähren Kosten eines öffentlichen Bades in der Hauptstadt Rom in der 1. Hälfte des 2. Jhs. machen: Wenn für größere Thermenanlagen in den Provinzstädten Tarquinia oder Ostia 2–3 Millionen HS gestiftet wurden, für kleine balnea (z.B. in Teanum Sidicum)[268] 60000 Sesterzen, und das Privatbad des Maecenas in seinem Palast auf dem Esquilin vom Architekten auf 300000 Sesterzen veranschlagt wurde,[269] so lassen sich die Herstellungskosten für eine große Thermenanlage in Rom auf insgesamt 10 Millionen HS schätzen.

2. Verwaltung

Die Verwaltungsformen der balneae publicae sind mit denen der balnea meritoria vergleichbar und stellen sich folgendermaßen dar: Die balnea meritoria wurden vom Eigentümer als Erwerbsquelle gebaut und einem oder mehreren Pächtern (*conductores*) zum Betrieb überlassen. Es versteht sich, daß das einen Eintrittspreis (*balneaticum*) für den Besucher nach sich zog. Eine erhaltene Pachtordnung aus dem hispanischen Bergwerksdorf Vipasca (Lex metalli Vipascensis)[270] gibt nähere Aufschlüsse über die Rechte und Pflichten eines Badepächters (Erläuterungen der Autorin stehen in Klammern):

§ 1 Zunächst wurde die Dauer des Pachtvertrages festgelegt, hier vom 1. Juli eines Jahres bis zum 30. Juni des nächsten Jahres.

§ 2 Der Pächter hatte das Bad an allen Tagen auf eigene Kosten zu heizen, [das muß die Kosten für den Heizer (*fornacator*) oder das Bedienungspersonal betroffen haben, da die für das Heizmaterial im § 9 behandelt werden].

107 Tintinabulum aus den Thermen von Heerlen (Thermenmuseum Heerlen, Niederlande)

§ 3 Das Bad war von der ersten bis zur siebten Stunde des Tages für Frauen, von der achten Stunde des Tages bis zur zweiten der Nacht für Männer geöffnet.[271] [Die Öffnung des Bades wurde mit einer Glocke = *tintinabulum*[272] angezeigt. (Abb. 107)].

Unsere Zeiteinteilung in gleich lange Stunden von 60 Minuten und Minuten von 60 Sekunden war den Römern fremd. Auch bei ihnen hatten Tag und Nacht je 12 Stunden, doch reichten die Tagesstunden vom Aufgang bis zum Untergang der Sonne und waren je nach Jahreszeit verschieden lang: ca. 75 Minuten bei der Sommersonnenwende und ca. 45 Minuten bei der Wintersonnenwende. Die Länge der Stunden ergibt sich aus der Differenz zwischen Sonnenaufgang und Sonnenuntergang geteilt durch zwölf. Da der Sonnenauf- bzw. -untergang von der geographischen Länge und Breite des Ortes und der Deklination der Sonne abhängig ist, gingen die „Uhren" des Imperiums nicht synchron. Ein nach der Sonnenuhr gemessener 12-Stunden-Tag sah in Rom, in Mitteleuropäische Zeit übersetzt, folgendermaßen aus:[273]

Tagesstunden		Wintersonnenwende		Sommersonnenwende	
I.	Hora prima	von 7,33	bis 8,17	von 4,27	bis 5,42 Uhr
II.	Hora secunda	8,17	9,02	5,42	6,58
III.	Hora tertia	9,02	9,46	6,58	8,13
IV.	Hora quarta	9,46	10,31	8,13	9,29
V.	Hora quinta	10,31	11,15	9,29	10,44
VI.	Hora sexta	11,15	12,00	10,44	12,00
VII.	Hora septima	12,00	12,44	12,00	13,15
VIII.	Hora octava	12,44	13,29	13,15	14,31
IX.	Hora nona	13,29	14,13	14,31	15,46
X.	Hora decima	14,13	14,58	15,46	17,02
XI.	Hora undecima	14,58	15,42	17,02	18,17
XII.	Hora duodecima	15,42	16,27	18,17	19,33

In den Bädern wurden auch Wasseruhren benutzt: „Das Bad hatte zwei Stundenweiser, nämlich eine Wasseruhr mit Schlagwerk und eine Sonnenuhr".[274]

Da die Sonnenuhr nur bei Tage und nur bei Sonnenschein funktioniert, mußte auch ein sonnenunabhängiger Zeitmesser eingeführt werden: die Wasseruhr. Das geschah in Rom im Jahre 159 v. Chr.[275] Aus einem höher liegenden Behälter mit kleiner Öffnung floß oder tropfte das Wasser in das tieferliegende durchsichtige Auffanggefäß. Wegen der sich von Tag zu Tag verändernden Stunden waren an der Wandung mehrere (mindestens jedoch 3, d. h. für die Winter- und Sommersonnenwende und die Tag- und Nachtgleiche im Frühjahr und Herbst = *Äquinoktium*)

Skalen angebracht, an denen man ablesen konnte, welcher Wasserpegel an dem betreffenden Tag welcher Stunde entsprach. Eigentlich hätte es für jeden Tag eine Extra-Skala geben müssen.[276] Die Wasseruhr wurde bei Tagesanbruch in Betrieb genommen und von einem Sklaven bedient. Das Prinzip der Wasseruhr entspricht dem unserer sandgefüllten Eieruhr.

§ 4 Wasserverbrauch: Jeder Badegast hatte nur eine bestimmte Menge Wasser zu beanspruchen (dieses Maß wurde vermutlich durch eherne „Frösche", die in die Wand eingelassen waren, bestimmt. Es handelte sich dabei um eine Art Eichstrich).

§ 5 Eintrittsgeld: Frauen hatten 1 AS , Männer $^1/_2$ AS zu zahlen.[277] Kinder, Soldaten, kaiserliche Freigelassene und Sklaven im Dienste der Procuratoren hatten freien Eintritt.

§ 6 Nach Beendigung des Pachtvertrages mußte das Inventar – von Abnutzungserscheinungen abgesehen – unversehrt übergeben werden.

§ 7 Wurde der Badebetrieb durch äußere Einflüsse gestört, so konnte der Pächter eine entsprechende Summe vom Pachtzins einbehalten.

§ 8 Kosten, die dem Pächter zur Aufrechterhaltung des normalen Badebetriebes entstanden, konnten nicht geltend gemacht werden.

§ 9 Dem Pächter war es nur dann erlaubt, ihm geliefertes Holz zu verkaufen, wenn es sich um Abfälle handelte, die zur Feuerung des Bades nicht mehr geeignet waren. Beim Verstoß gegen diese Vorschrift wurde eine Strafe von 100 HS angedroht.
„Für die Kosten des Heizmaterials … kam der Staat auf".[278]

§ 10 Bei schuldhafter Beeinträchtigung des Badebetriebes durch den Pächter wurde eine Strafe von 200 HS fällig.

Dieses Beispiel eines Gesetzes war nicht allgemein gültig, doch dürfte es respräsentativ sein.

Von Juvenal (7, 1 ff.) erfahren wir, daß Dichter, die in Rom kein Einkommen mehr hatten, häufig versuchten, in einer Kleinstadt ein Bad zu pachten. Wir können daraus schließen, daß die Pacht eines Bades einen sicheren, wenn vielleicht auch nur kleinen Gewinn abgeworfen hat. Dazu haben möglicherweise neben dem Eintrittspreis andere kleine Dienstleistungen, wie evtl. das Verleihen von Handtüchern und Pantoffeln oder das Einsalben etc., beigetragen. Das dürfte immer noch einträglicher gewesen sein und weniger anrüchig als die Pacht einer öffentlichen Toilette in neuerer Zeit.

Das Aufsichts- und Badepersonal[279]

Der Ädil hatte kraft seiner *cura urbis* (Sorge um die Stadt) die oberste Aufsicht über den ordnungsgemäßen Zustand der Bäder. Er mußte die Sauberkeit und die richtige Temperatur des Wassers und das entsprechende Heizmaterial prüfen. Für die Überwachung der Badesitten war der Censor zuständig.

Die Aufsicht innerhalb der Bäder führte der Bademeister (*balneator*), bei kleineren Badeanlagen der Pächter selbst. Es gab auch die Möglichkeit, einen Sklaven als Balneator einzusetzen, der beim Verkauf des Bades übrigens als Inventar mitverkauft wurde und von dem neuen Besitzer in keine fremde Tätigkeit versetzt werden durfte.

Der Balneator hatte neben der Aufsichtspflicht auch die Aufgabe, die Badegäste mit Wasser zu übergießen. Diese Tätigkeit wurde in größeren Bädern dem *mediastinus* (Sklaven) übertragen, der auch zu anderen Verrichtungen herangezogen werden konnte. Nonius[280] nennt noch viele weitere Aufgaben des Balneator: „Er rasierte die Badegäste, zupfte ihnen die Haare aus, schabte Schuppen ab, glättete die Haut mit Bimsstein, frisierte, nahm die alte Schminke ab und legte neue auf; er salbte auch die Badbesucher und massierte sie."

Für das Salben und Massieren standen in größeren Badeanlagen eigens dafür bestallte Helfer zur Verfügung. Sie hießen Unctores, Aliptes oder, wenn sie medizinische Kenntnisse besaßen, Iatraliptes (S. 61).[281]

Für die Beaufsichtigung der Kleider wurde – falls keine abschließbaren Loculi zur Verfügung standen – ein Sklave oder eine alte Frau als capsarius (Kapsel- oder Geldkassettenträger) eingesetzt, die sich in einem kleinen Raum neben dem Apodyterium aufhielten.[282] Der Capsarius verlieh möglicherweise, ebenfalls gegen ein kleines Entgelt, Handtücher für die Badegäste. Reiche Besucher brachten einen oder mehrere ihrer Sklaven zur Beaufsichtigung der Kleider und andere Tätigkeiten mit. Da der Besuch der Pachtbäder Eintrittsgeld kostete, gab es auch einen Kassierer, der unter verschiedenen Namen überliefert ist: *arcarius thermarum* (arca = Geldkiste),[283] gewöhnlich aber nach der *captura*, dem Platz, an dem er das Eintrittsgeld in Empfang nahm, *captuarius*[284] (von *capto*: eifrig nach etwas streben, erhaschen).

108 Tessera (Eintrittsmarke aus Blei)
BALINEUM GERMANI = Bad des Germanus

In kleineren Bädern kassierte der Balneator wohl selbst den Eintritt. In manchen Badeanstalten wurden dafür Eintrittsmarken, sogenannte *tesserae* (Abb. 108), ausgegeben. Es besteht jedoch auch die Möglichkeit, daß diese Tesserae die Privilegierten mit freiem Eintritt erhielten.

Neben dem Aufsichts- und Bedienungspersonal innerhalb der Bäder gab es noch Aufsichtspersonal außerhalb des eigentlichen Bades, nämlich für die Sportanlagen. Das trifft für die frühen Zeiten zu, in denen der Sport noch nach griechischer Tradition gepflegt wurde und einen höheren Rang hatte. Dies spiegelt sich auch in den griechischen Bezeichnungen wider.[285] Da gab es den *Gymnasiarchen* (die oberste Aufsichtsinstanz), den *Palästrophylax* (der die Aufsicht über die Sportanlagen hatte), den *Agonistarchen* (der die athletischen Übungen beaufsichtigte), und den *Gymnasten* und *Paidotriben* (die die Anweisungen in der Palästra gaben und die Athleten gelegentlich auch einsalbten).

Neben diesem sichtbar wirkenden Personal war noch ein Heer von Sklaven unterhalb der Badeanlagen beschäftigt, die für die Feuerung und Wasserversorgung und alle damit zusammenhängenden Arbeiten zuständig waren. Die unterirdischen Anlagen und das dazugehörige Personal bekam der Badbesucher normalerweise nicht zu sehen.

Die Gesamtzahl der in einem Bad beschäftigten Sklaven wird bei Lugli für die großen römischen Thermen, z.B. Trajans-, Caracalla- oder Diokletians-Thermen, auf je 3000, für die kleineren Thermen auf 1000 und für die Balnea durchschnittlich auf 50 geschätzt.[286] Damit hätten in der Hochblüte des stadtrömischen Badewesens rd. 60 000 Sklaven in den Bädern gearbeitet.

XI. Ausstattung

Von den meisten Thermen sind nur noch die Ziegelwände und Zementfüllungen erhalten, die dennoch eindrucksvolle Ruinen bilden. Von der ursprünglichen Marmorverkleidung zeugen die Befestigungslöcher der Marmorplatten und gelegentliche Reste der Platten und marmornen Gebälkstücke. Dazu kamen Mosaiken, Stukkaturen und Malereien und schließlich Statuen in Mengen, wie sie heute nur wenige Museen besitzen.

Die Statuenprogramme römischer Thermen hat in jüngerer Zeit H. Manderscheid umfassend untersucht.[287] Gleichwohl kann man sich von der einstigen Pracht kaum noch eine Vorstellung machen. Will man davon einen Eindruck vermitteln, so bieten wieder die Vesuvstädte und literarische Quellen eine Hilfe. Auch die Berichte und Zeichnungen früherer Romreisender können unsere Anschauung beleben.

1. Wandmalerei – Wandverkleidung

Die Wände der frühen Bäder waren – wenn überhaupt – schlicht und einfarbig bemalt, der Boden aus gestampftem Estrich. Aber bereits mit dem beginnenden Wohlstand der Römer in republikanischer Zeit und der Erbauung größerer, repräsentativer Bäder wuchs der Anspruch auf prachtvolle Ausstattung. Seneca fährt nach seiner Schilderung der spartanischen Badezelle des Scipio fort (86, 5f, vgl. S. 102): „Aber jetzt: Gibt es einen, der es ertrüge, sich so zu reinigen? Dürftig dünkt sich ein jeder und armselig, wenn seine Wände nicht von großen kostbaren Rundscheiben aus Marmor funkeln, wenn ihm nicht alexandrinische Marmortafeln mit Einlagen numidischen Steins verziert sind (Abb. 109), wenn nicht überall eine mühevolle, kunstmäßig abschattierte Tönung den Marmor am Rande gleichsam verbrämt, wenn die Deckenwölbung nicht hinter Glasmosaik versteckt liegt, wenn nicht thasischer (weißer) Marmor, einst ein seltenes Schaustück in diesem oder jenem Tempel, unsere Schwimmbecken umrandet, in die wir den durch ausgiebige Schwitzkur von allem Unreinen befreiten Körper tauchen; ja, wenn nicht silberne Speier das Wasser spenden. Und dabei spreche ich noch von Wasserhähnen, wie sie ein Mann aus dem Volke besitzt; wie aber, wenn ich jetzt zu den Bädern der Freigelassenen komme?

Welche Fülle von Standbildern, von Säulen, die gar nichts zu tragen haben, sondern bloß zum Schmuck aufgestellt sind, um damit zu protzen! Welche Fülle von Wasser, das über Stufen rauschend hinabgleitet! Bis zu solcher Üppigkeit sind wir gekommen, daß wir nur noch über Edelgestein dahinwandeln wollen."

Bald darauf waren nicht einmal der thasische Marmor und andere hochgeschätzte Sorten mehr gut genug, wie aus einer Schilderung des Statius (1, 5, 34ff.) hervorgeht:

„Nicht geduldet ist hier thasischer Marmor oder der vom wogenumspülten Karystos; fern trauert der Onyx, und es klagt, weil er ausgeschlossen ist, der Serpentin. Nur das in den rötlichen Brüchen Numidiens gewonnene Purpurgestein darf hier strahlen, oder das, das in der synnadischen Grotte in Phrygien der verwundete Attis mit rotleuchtendem Tropfen bespritzt zu haben scheint. Sidonischer Marmor zugleich mit dem tyrischen durchschneidet das weiße Gestein. Kaum findet der lakonische Marmor Platz, durch grüne Streifen in weitem Abstand den phrygischen zu gliedern. Dem steht die Schwelle nicht nach; auch die Wölbungen funkeln, und von buntem Glasmosaik strahlt die Decke in lebenssprühenden Bildern. Das Feuer selbst, das solche reichen Schätze umschließt, staunt und waltet schonender seines Amtes. Überall ist herrlicher Tag, wo mit all ihren Strahlen die Sonne die Wölbung durchbricht und, als Eindringling, von künstlicher Hitze versengt wird. Nichts ist hier ärmlich, nirgends wirst du Kupfer bemerken, sondern aus Silber drängt sich die glückliche Woge hervor, in Silber fällt sie, in (silber-)glänzenden Becken bleibt sie stehen, ihre eigene Herrlichkeit bewundernd, und weigert sich, sie zu verlassen. Draußen aber der Strom, der bläulich in weißem Marmorrande quillt und vom tiefsten Grunde bis zur Oberfläche vor dir liegt: wen sollte er

109 Marmor-Intarsien (aus den „Kleinen Thermen" in Tivoli)

nicht verlocken, die lästigen Kleider abzuwerfen und in den (künstlichen) See hinabzusteigen? Was soll ich jetzt noch das am Boden liegende Getäfel preisen, das bald den Aufschlag der Bälle hören soll, da wo ein mildes Feuer in seinem (unterirdischen) Wohnsitz herumirrt und die Bodenheizung ihren dünnen Rauch dahinwälzt?"

Das waren zwei Stimmen zu den luxuriös ausgestatteten Bädern, und man fragt sich, wie dann erst die Bäder der Kaiser ausgesehen haben mögen. Darauf gibt am besten die bereits oben (S. 76) zitierte Stelle bei Martial (ep. 7, 34) eine Antwort:

> Quid Nerone peius? Quid thermis melius Neronianis?
> (Was ist schlimmer als Nero? Was aber ist großartiger
> als Neros Thermen?)

Der Marmor für die Auskleidung der Bäder wurde mit Schiffen aus allen Teilen des römischen Reiches herbeigeholt, ja es wurden für diesen Zweck sogar eigene Schiffe und Flotten gebaut (Plinius n. h. 36, 1 ff.). Wie die zitierten Texte zeigen, waren die kostbarsten Sorten begehrt, für die kein Vorkommen zu weit entfernt war. Die Größe und Reihung der Platten läßt sich oft noch aus den Löchern in den Ziegelmauern erschließen, aus denen schon früh die metallenen Halterungen herausgebrochen wurden. Dabei ist mit einem ausgesuchten Wechsel der Farben zu rechnen, der nach dem Vorbild vornehmer Paläste in der pompejanischen Wandmalerei nachgeahmt wurde und dort wenigstens in einem gewissen Abglanz noch vor Augen steht.

110 Wandmalerei aus dem Bad des Hauses des Menander in Pompeji

111 Wandmalerei mit Fischen (Thermen in Schwangau, Frigidarium)

Die Wandmalereien der Bäder scheinen sich vorwiegend mit dem Element Wasser und verwandten Themen befaßt zu haben, wie z. B. Meeresgöttern und -tieren (Abb. 111). Daneben waren auch Darstellungen anderer Tiere, Pflanzen und Früchte auf Wänden und Decken zu finden. Mythologische Szenen bereicherten das Repertoire, das sich in öffentlichen und privaten Bädern kaum unterschieden haben dürfte. Dabei mögen nur bestimmte Räume für die Malereien bevorzugt worden sein, d. h. die nicht direkt mit heißem oder warmem Wasser verbundenen Baderäume wie das Apodyterium, das Frigidarium, das Tepidarium und die Sportanlagen. Die Heiß- bzw. Warmbaderäume waren wegen ihrer Feuchtigkeit und des Kondenswassers weniger für Wandmalereien geeignet, es sei denn, daß besondere Verfahren angewendet oder eine in kurzen Zeitabständen notwendige Reparatur bzw. Erneuerung in Kauf genommen wurden. Diese Räume wird man zweckmäßigerweise mit Marmorvertäfelungen ausgestattet haben.

Andererseits ist wiederum überliefert, daß die Römer sogar Gemälde in feuchten und warmen Baderäumen aufgehängt haben.[288] Über Bibliotheken haben wir weiter oben gesprochen.

2. Mosaiken

Die meisten Bäder hatten Marmor oder Mosaiken[289] als Bodenbelag. Die Marmorböden waren ähnlich wie die schon beschriebenen Marmorwände gestaltet, so daß wir uns hier ausführlicher nur den Mosaikfußböden zuwenden wollen. Bei ihnen sind die Bezüge zum Element Wasser noch häufiger als bei den Wandmalereien. Viele Mosaiken sind heute noch erhalten und vermitteln ein großartiges Bild vom antiken Bad. Zu den beliebtesten Dar-

112 Mosaikfußboden aus Bad Vilbel (Hessisches Landesmuseum in Darmstadt)

stellungen auf Mosaiken römischer Badeanlagen zählte der Meer*thiasos*, d. h. der Zug des Meeresgottes Neptun mit seinen Trabanten. Dieses Thema ist besonders aus den Neptuns-Thermen in Ostia[290] (Abb. 113), die danach ihren Namen erhalten haben, und vielen weiteren Beispielen aus Nordafrika, Pompeji und nördlich der Alpen bekannt. Vorwiegend sind diese Mosaiken in Schwarz-Weiß-Technik zu finden. Die Farbscala wird jedoch auch durch rote, gelbe, graue und violette Steinchen, oft auch aus anderen Materialien als Marmor, und einigen blauen und grünen Farbtupfern (meistens in Glaswürfeln) erweitert.

Ein weniger bekanntes, aber nicht minder eindrucksvolles Mosaik aus einem kleineren Römerbad ist das von Bad Vilbel nördlich von Frankfurt am

113 Mosaikfußboden aus den Neptuns-Thermen in Ostia

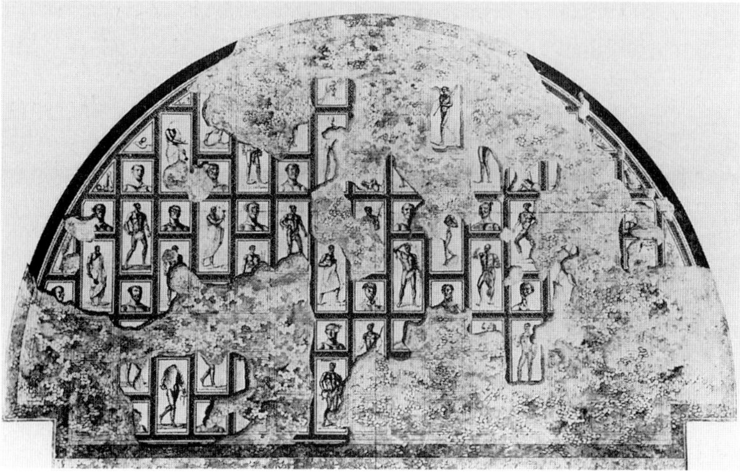

114 Mosaikfußboden aus den Caracalla-Thermen in Rom (Vatikanische Museen)

Main (Abb. 112)[291], das sich heute im Hessischen Landesmuseum in Darmstadt befindet und dort das Zentrum der römischen Ausstellung bildet. Einst schmückte es den Fußboden des Frigidariums einer ausgedehnten römischen Villa. Es war vertieft mit einer umlaufenden Stufe so in den Boden direkt vor dem Kaltwasserbecken eingelassen, daß das überfließende Wasser die Farben des Mosaiks intensiv zur Geltung brachte und womöglich den Badenden in die Illusion versetzte, auf das lebendige Getümmel im Meer hinabzublicken.

Das Mosaik hat die Maße 7,05 × 4,75 m und wurde im letzten Jahrhundert beim Bau einer Eisenbahnlinie entdeckt. Die rechte Hälfte ist z. T. zerstört, ebenso das Zentrum. Die Beschädigungen wurden in neutralen, weißen Marmorsteinchen ergänzt. In der Mitte des Bildes befand sich das Haupt des Meeresgottes, aus dem Meeresgetier herauswächst; um ihn herum gruppiert sich sein Gefolge, das aus musizierenden Seekentauren und Nereiden sowie auf Delphinen reitenden oder mit ihnen spielenden Eroten besteht. Daneben schmücken See- und Meerestiere das Ensemble.

Unter dem zentralen Bild ist auf einer Leiste der Name des Künstlers zu lesen: PERVINCVS. Den Abschluß bildet ein Rahmen aus Zackenmuster und Flechtband.

Die berühmtesten Mosaikfußböden aus Thermen stammen jedoch aus den Caracalla-Thermen in Rom. Sie wurden 1824 gefunden und schmückten einst die große Exedra der Palästra (Abb. 69, P). Als „das sogenannte Athletenmosaik" sind sie in die Literatur eingegangen (Abb. 114).[292] Nur ein Drittel dieser Mosaiken war noch erhalten wie sie in der Antike tatsächlich lagen. Bei den Restaurierungsarbeiten wurden die Felder anders angeordnet. So sind sie heute in den Vatikanischen Museen in Rom zu sehen.[293]

Die Gesamtfläche ist in rechteckige und quadratische Bildfelder eingeteilt, die abwechselnd ein Brustbild und eine stehende Figur enthalten. Die Einzelfelder betragen ohne Rahmen in der Breite ca. 1 m, in der Höhe 96 cm bei den Büsten oder 2,15 m bei den ganzen Figuren, die also ungefähr lebensgroß waren. Es sind nackte Athleten dargestellt, die z.T. Siegesprämien wie Palmzweige, Kränze oder Preiskronen in den Händen halten. Bei anderen ist die Kampfgattung durch Attribute kenntlich gemacht wie Faustkämpfer, Diskus- und Speerwerfer. Hinzu treten noch Abbildungen von acht Kampfrichtern, die bekleidet sind. In den Randfeldern stehen Kampfpreise oder Sportgeräte. Einzelne Namensbeischriften und individuelle Merkmale, zum Beispiel ein Bart, könnten für bestimmte Personen der zeitgenössischen Sportwelt sprechen, aber die fast brutal wirkenden Gesichtszüge und die überentwickelten Muskelprotze mit Haarknoten geben mehr zur Vermutung Anlaß, daß es sich um eine Typisierung handelt. Auch die große Zahl der ursprünglich über 150 Abbildungen stützt diese Annahme. Dabei stellt sich die Frage, wieweit das Mosaik das reale Leben in der Thermen-Palästra wiedergibt, denn bekanntlich sollen die Römer im Gegensatz zu den Griechen in den Palästren der Thermen kaum ernsthaft Sport betrieben haben.

115 Details des „Athletenmosaiks" aus den Caracalla-Thermen in Rom

116 Fußbodenmosaik der Villa bei Piazza Armerina mit den berühmten „Bikinimädchen"

Ob das Athletenmosaik mit den Caracalla-Thermen entstanden ist oder später hinzugefügt wurde, ist umstritten.[294] Auf die weiteren Mosaiken aus den Caracalla-Thermen soll hier nicht eingegangen werden. Erwähnenswert aber sind auch einige Mosaiken aus der Villa von Piazza Armerina (S. 115ff., Abb. 116 u. 117), die nähere Aufschlüsse über Spiel- und Badegewohnheiten vermitteln.[295]

Da ist zunächst ein Fußbodenmosaik mit zehn Mädchen bei Sport und Spiel (Abb. 116). In der oberen linken Ecke zeigt sich ein Rest Fußboden in geometrischen Mustern aus einer älteren Epoche. Von dem dann folgenden

117 Fußbodenmosaik der Villa bei Piazza Armerina

Mädchen sind nur noch die Beine erhalten. Die nächsten üben sich mit Hanteln (vgl. Juvenal, S. 157), einem Diskus und im Lauf. Im unteren Streifen (von rechts) spielen zwei Mädchen mit dem Ball. Das in der Mitte faßt sich an die Preiskrone und hält eine Siegespalme. Das Mädchen links daneben hält ein Rad der Zirkusspiele und streckt die andere Hand aus, um von einem Mädchen in langem Mantel Preiskrone und Siegespalme entgegenzunehmen. Die Mädchen tragen Bikinis, die also keine Erfindung der Neuzeit sind. In der Antike dienten sie jedoch nur als Sportkleidung, denn gebadet wurde in der Regel nackt. Übrigens trug bereits die griechische Frau einen Büstenhalter ähnlich den Abbildungen auf dem Fußbodenmosaik aus Piazza Armerina. Er diente dann allerdings als Unterwäsche zur „Hervorhebung, Stützung oder Verdrängung weiblicher Körperlichkeit.“ [296]

Obwohl das Mosaik mit den „Bikini-Mädchen“ nicht aus den Thermen, sondern aus Raum x der Villa stammt (Abb. 97), dürfte auf die Spiele ein Bad gefolgt sein.

Eine weitere Szene auf einem Bodenmosaik im Vestibül derselben Villa (Abb. 117) zeigt eine Familie mit Dienern auf dem Weg zum Bad.[297] Der Diener links im Bild scheint Badetücher zu tragen, während der rechte eine Kassette an Schnüren, wahrscheinlich mit Badeutensilien, mit sich führt.

Aus der literarischen Überlieferung sind auch Decken-Mosaiken in den Thermen bekannt, von denen leider nichts erhalten ist.[298]

3. Statuen

Bereits in griechischer Zeit waren Statuen in Bädern anzutreffen.[299] Hier handelte es sich jedoch nicht um Ausstattungsstücke, sondern zunächst nur um Statuen für Gottheiten (Kultbilder oder Weihgeschenke), denen die zum Bad gehörende Quelle geweiht war.

Die älteste Statue, die wir als Teil der Ausstattung einer römischen Thermenanlage kennen, ist der Apoxyomenos des Lysipp in den Agrippa-Thermen, von dem bereits die Rede war (Abb. 59).[300] Bei seiner Aufstellung hielt Agrippa eine Rede, in der er für die Verbreitung der Kunst in der Öffentlichkeit plädierte.[301] Vielleicht gab das den Anstoß für die Aufstellung weiterer Statuen in den Thermen. So ist schon für die Nero-Thermen eine Bronzestatue des Kaisers literarisch überliefert.[302] Von Statius (Silvae 1, 5, 30–59) und Martial (6, 42) erfahren wir darüber hinaus, daß auch die Privatbäder der Reichen kostbar ausgestattet und mit Statuen geschmückt waren. Von Lukian[303] hören wir bei der Beschreibung des Hippias-Bades, dessen Standort bis heute unbekannt ist, daß “... weiße Marmorstatuen von altertümlicher Art, und zwar eine Hygieia und ein Asklepios aufgestellt waren.“ Archäologische Befunde bestätigen allgemein die Überlieferung.[304] Danach ist anzunehmen, daß bereits seit der Mitte des 1. Jhs. v. Chr. auch in öffentlichen Badeanlagen

Statuen üblich waren. Das erste umfangreiche Statuenensemble aus Bädern ist von den Hafenthermen in Ephesos[305] (spätes 1. Jh. n. Chr.) bekannt, wo zehn Statuen, sieben Gruppen und eine Tierplastik gefunden wurden. Man darf auch in der zunehmenden Ausschmückung der Bäder mit Statuen im Laufe des 1. Jhs. n. Chr. ein Zeichen dafür sehen, daß die Bäder mehr und mehr von einer Stätte der Körperreinigung zu einem allgemeinen Kommunikations- und Kulturzentrum geworden sind. Ihren Höhepunkt erreichte die Entwicklung in den prosperierenden und relativ friedlichen Zeiten des 2. Jhs. n. Chr., in denen neben anderen Bauleistungen zum Wohle der Bevölkerung auch der Bau von Thermen in Rom und in den Provinzen einen Boom erlebte, der sich auch auf die Ausstattung mit Statuen ausgewirkt hat. Im späten 3. Jh. n. Chr. läßt die „Statuomanie“[306] mit dem Rückgang der Neubauten nach. Es wurde nun mehr restauriert, und es wurde üblich, Statuen mit Ausnahme von Porträts aus älteren Bauwerken zusammenzutragen. Im Falle der Caracalla-Thermen wurde auch ein großer Neubau mit Statuen anderer Herkunft ausgestattet.[307]

Man hat allgemein folgende Beobachtungen gemacht: Größtenteils wurden ganze Statuen in Lebensgröße aufgestellt, Büsten und Hermen ausschließlich für Porträts.[308] Kolossalstatuen kamen selten vor. Die Caracalla-Thermen bilden mit insgesamt sieben Kolossalstatuen eine Ausnahme. Interessant ist in diesem Zusammenhang der genauere Aufstellungsort, der gelegentlich noch durch den Fundort gesichert war. So standen die meisten Skulpturen im Badebereich, d. h. im Frigidarium, Tepidarium und Caldarium. Bei den Caracalla-Thermen waren zwei Drittel dieser Statuen im Frigidarium aufgestellt, was dessen zentraler Lage und repräsentativem Charakter entsprach.

Von der architektonischen Anordnung her betrat man das Frigidarium als ersten Raum nach dem Umkleidezimmer. Oft suchte man das Frigidarium aber auch erst am Ende des Badevorgangs auf (vgl. Abb. 39). Seine oft hallenartige Größe läßt auf eine Art Gesellschaftsraum schließen, was durch die Statuen unterstrichen wird. Wichtig war jedoch auch das milde Raumklima des Frigidariums, das den Statuen und ihrer Bemalung, mit der wir rechnen müssen, weniger geschadet hat als die feuchte, warme und heiße Luft des Tepidarium und des Caldarium.

Schließlich hatte man für das Frigidarium Statuen mit bestimmten Themen bevorzugt oder ausschließlich ausgewählt – Gottheiten des Wassers, Heilgötter und bacchische Themen –, während Statuen von Apollon und den Musen häufiger außerhalb des Badebereiches gefunden wurden.[309]

Bei alledem muß daran erinnert werden, daß frühere Ausgräber bis ins 19. Jh. hinein kaum Wert auf die Festhaltung des Fundortes legten. Verheerend waren auch die Auswirkungen, die durch den Erlaß des Farnese-Papstes Paul III. (1534–1549) entstanden sind, die Caracalla-Thermen als Steinbruch freizugeben. Dabei wurden besonders schöne Stücke abtransportiert und an anderen Orten wieder aufgestellt. Manche Statuen heißen noch jetzt nach ihrem ehemaligen Besitzer, wie beispielsweise Herakles Farnese, Farnesischer Stier usw. Auch die großen Porphyrwannen auf der Piazza Farnese stammen von dort. Bis heute sind es allerdings nur 23 Statuen und Statuengruppen, die nachweislich in den Caracalla-Thermen gefunden wurden. Wie erwähnt, waren die Skulpturen von anderen Orten zum Schmuck der Caracalla-Thermen zusammengetragen worden, und es kam vor, daß Werke ganz verschiedener Größen ihres thematischen Zusammenhangs wegen kombiniert worden sind. Auch standen Kopien von Originalen verschiedener Zeiten nebeneinander im selben Raum, etwa der klassische Doryphorus[310] neben der hellenistisch-römischen Gruppe des Farnesischen Stiers (Abb. 119).

So ergibt sich die Frage, nach welchen Gesichtspunkten die Statuen überhaupt ausgesucht und aufgestellt wurden. Früher hatte man allgemein an rein dekorative Prinzipien gedacht.[311] Heute sieht man auch die Absicht, durch den Anblick der vielen Statuen „der Allgemeinheit der Bevölkerung das Gefühl zu vermitteln, an der griechischen Bildungswelt teilzunehmen".[312] Aber auch der Auswahl nach bestimmten Inhalten ist man mit gewissen Erfolgen nachgegangen. Wahrscheinlich treffen alle genannten Erklärungen zu und vermögen erst zusammen die Bedeutung der statuarischen Ausstattung der Thermen zu erfassen, die nicht ganz unabhängig von der ähnlichen Ausstattung der Bühnenfronten römischer Theater oder der Nymphäumswände gesehen werden kann.

Wenden wir uns den bekanntesten Statuen aus den Caracalla-Thermen zu:

Abb. 118:

Der Kolossalkopf des Asklepios (Aesculapius), der zu einer rund 3,50 m großen Statue gehört hatte, war 1901 unter dem Tepidarium gefunden worden.[313] Wahrscheinlich hatte der Heilgott also im Zentrum der Thermen gestanden. Spuren weisen darauf hin, daß der Kopf einst vergoldet war, was auf weitere Bemalung der Statue schließen läßt, die bei einem klassischen Kultbild üblich gewesen waren. In dem in der Mitte gescheitelten und nach beiden Seiten symmetrisch gewellten Haar trägt Asklepios eine Götterbinde. Die Augen waren eingelegt. Das Gesicht macht „den Eindruck lebloser Schönheit".[314] Es handelt sich um eine Kopie nach hellenistischem Vorbild. Der Heilgott Asklepios konnte also nicht nur in einem Heilbad stehen.

Abb. 119:

Der Farnesische Stier ist eine figurenreiche Freigruppe von 3,70 m Höhe.[315] Ihr genauer Fundort in den Caracalla-Thermen ist unbekannt. Man wüßte gerne, ob er frei oder in einer Apsis aufgestellt war. Für letzteres spricht die Komposition, die trotz des pyramidalen Aufbaus eine Front, ähnlich wie in der Abbildung, besitzt und von anderen Seiten jede Wirkung verliert.

Das Werk – eine um vieles bereicherte Kopie aus dem 1. Jh. n. Chr.[316] nach einer hellenistischen Vorlage – wurde stark zerstört aufgefunden und von

118 (links) Kolossalkopf des Asklepios, heute im Nationalmuseum in Rom
119 (rechts) Der „Farnesische Stier", heute im Nationalmuseum in Neapel

Michelangelo restauriert. Dargestellt sind Amphion und Zethos, die ihre Stiefmutter Dirke an einen Stier binden und zu Tode schleifen lassen, um sie für einen Frevel an ihrer Mutter Antiope zu bestrafen. Die Gruppe ist mit der Sammlung Farnese nach Neapel gelangt und befindet sich im dortigen Nationalmuseum.

Abb. 120:

Der Herakles Farnese scheint wie Asklepios im Frigidarium gestanden zu haben.[317] Dort wurde der Rumpf gefunden, Kopf und Beine allerdings außerhalb. Als Vorbild der Athleten war Hercules, wie Aesculap als Heilgott, eines prominenten Platzes in den Thermen würdig, und es ist gut möglich, daß beide dem Besucher in demselben Raum vor Augen standen. Mit 3,17 m war Hercules nur wenig kleiner als Aesculap. Er stützt sich mit der linken Achsel auf die Keule und hielt in der auf dem Rücken liegenden rechten Hand die Äpfel der Hesperiden. Die Kopie stammt aus antoninischer Zeit, das Original war eine Bronzestatue des Lysipp. Ein Herakles gleichen Typs schmückte ein Kapitell aus dem Frigidarium (Abb. 121),[318] was noch einmal dafür spricht, daß auch die Statue nicht ohne Sinn im Frigidarium stand. Der Herakles Farnese ist auf die gleiche Weise wie der Farnesische Stier nach Neapel gelangt.

Auch weitere nicht weniger berühmte Stücke wie die Laokoongruppe, eine Kopie der Amazone des Phidias, die drei Grazien und die Aphrodite von Kyrene wurden auf dem Gelände von Thermen oder innerhalb von Badeanlagen gefunden.[319]

In jeder Thermenanlage war auch ein Porträt des Stifters aufgestellt, der oft der Kaiser selbst war und den Besucher an den Großmut dessen erinnerte, der es ihm ermöglichte, an diesem Luxus teilzunehmen, was ihn zur

Dankbarkeit bewegen sollte. Daß das Bildnis des Stifters im Blickpunkt des Besuchers stand, versteht sich von selbst. In den Thermen von Leptis Magna (Nordafrika) ist der genaue Standort der Kaiserstatue zum einzigen Mal in der Mitte eines Raumes sicher belegt. Die Marmorbasis mit der Inschrift für Septimius Severus steht noch heute in der Mitte des mächtigen Frigidariums *in situ*.[320]

Auch andere Ehrenstatuen hat es in den Bädern gegeben. Neben den Kaisern haben auch viele private Stifter für den Bau, für Um- oder Anbauten, Renovierung, Ausstattung oder freien Eintritt gesorgt und dafür Ehrenstatuen erhalten, von denen eine große Zahl bei Ausgrabungen gefunden wurde.

Schließlich sind auch Weihungen, Weihestatuen und Altäre, die mit der Einlösung eines Versprechens an eine Gottheit verbunden waren, aus Thermen überliefert. Oft ist es Fortuna gewesen, unter deren Schutz ein Bad gestellt wurde. Die Göttin erhielt dann den Beinamen „*Balnearis*".[321] Außerdem war Fortuna „*Redux*" die Empfängerin von Weihungen für eine glückliche Rückkehr.[322] Diese Art von Ehrerbietung ist häufiger in den Provinzen zu finden, in denen die Menschen fern von Rom, oft in Kriegshandlungen verwickelt, eine glückliche Rückkehr erbaten.

120 (links) Herakles Farnese, heute im Nationalmuseum in Neapel
121 (rechts) Figuralkapitell mit Herakles in den Caracalla-Thermen in Rom

XII. Die Frau im Bad

Auf die Stellung der Frau in der griechisch-römischen Antike kann hier nicht umfassend eingegangen werden.[323] Daß sie dem Mann nicht wie heute gleichgestellt war, ist bekannt. Auch im Badewesen wurden Unterschiede gemacht, mit denen man sich bisher jedoch über gelegentliche Erwähnungen hinaus nicht beschäftigt hat. Ich will im folgenden zusammenzufassen, was sich zu diesem Thema sagen läßt.

Über die griechischen Bäder wissen wir in diesem Punkte wenig.[324] Wir sollten uns deshalb noch einmal an die Anfänge erinnern: Die Olympischen und die meisten anderen Spiele in Griechenland waren im wesentlichen Männeragone, die zum Teil aus militärischen Übungen hervorgegangen waren. So waren auch Gymnasien, Palästren und Badeanlagen in Olympia und anderswo Trainings-, Erfrischungs- und Reinigungsplätze für Männer. Ob die Festbesucher beispielsweise in Olympia, eventuell beiderlei Geschlechts, auch die Badeanlagen benutzt haben, ist nicht bekannt. Anders wird es bei den Bädern gewesen sein, die nicht nur den Athleten gedient haben wie in den Asklepieia, oder in denen, die sich mitten in Wohngebieten befanden. Haben in solchen hellenistischen Bädern vielleicht schon Männer und Frauen gemeinsam oder zu verschiedenen Zeiten getrennt gebadet? Die Wahrscheinlichkeit des getrennten Badens ist größer, da getrennte Warmbaderäume oder Schwitzbäder in Griechenland seit dem 4. Jh. v. Chr. und in Ägypten aus dem 3. vorchristlichen Jahrhundert bekannt sind.[325] Es handelte sich dabei um einen meist größeren Rundbau für Männer und einen kleineren für Frauen.

Die klassische griechische Sitte ist offenbar in den ersten Stabianer Thermen übernommen worden und weiterwirkend gewesen (S. 34 ff.).

Über die Stellung der Frau in den römischen Bädern können wir dagegen durch literarische Überlieferungen und Quellen eine ziemlich gute Vorstellung gewinnen. Die römische Frau besaß eine relative Selbständigkeit. Sie nahm an vielen Seiten des öffentlichen Lebens teil, übte Berufe aus, die bis in die heutige Zeit hinein noch als typisch männlich gelten, wie Geldverleiherin oder Maklerin.[326] Sie konnte sich in Wissenschaften und Künsten bilden und an den politischen Geschäften ihrer Männer teilnehmen.[327] Bekanntestes Beispiel dafür ist Livia, die Gemahlin des Augustus. Die römische Frau besuchte Gladiatorenspiele, Zirkusrennen und öffentliche Bäder. Gleichwohl hatte sie in den Bädern, auf die wir uns zu beschränken haben, nicht dieselben Rechte wie der Mann.

1. Ungleiche Eintrittsgelder

Aus der schon vorgestellten Pachtverordnung, die das Metallum Vipascenum im heutigen Portugal betrifft,[328] ist unter anderem überliefert, daß der Pächter des öffentlichen Bades vom Besucher ein Eintrittsgeld verlangte, das für Männer $^1/_2$ AS, für Frauen 1 AS betrug, also doppelt so hoch war. Freien Eintritt hatten die kaiserlichen Freigelassenen und Sklaven, die in den Diensten des dortigen Bergwerkleiters standen, ebenso Kinder und Soldaten.

Zum Thema Eintrittsgeld erfahren wir von Seneca (ep. 86, 9), daß für das einfache Bad in den öffentlichen Bädern der republikanischen Zeit $^1/_4$ AS = 1 Quadrans, die kleinste Münzeinheit, entrichtet wurde.[329] Dazu passen auch die Überlieferungen von Juvenal (Sat. 6, 447) und Horaz (Sat. 1, 3, 137).

Eine Umrechnung der römischen Währung in unsere kann nur einen relativen Vergleich bringen, weil das Gold nicht als absoluter Wert betrachtet werden kann und sich der Goldwert nach Verfügbarkeit und Nachfrage richtet. Wenn man von den Goldmünzen Cäsars ausgeht, indem man den aureus (8,19 g Feingold) zugrundelegt und ihn mit der DM vergleicht, ergibt sich folgende Rechnung:

1 kg Feingold = DM 19000 (im Jahre 1991)
1 g Feingold = DM 19
1 Aureus (8,19g) = DM 155,61
1 As = 1/400 = DM 0,39

Die Relation Geld zu Arbeitslohn wird zum Beispiel bei einer Cicero-Stelle[330] verdeutlicht, die besagt, daß ein Arbeitssklave pro Tag 12 Asse verdient hat, d.h. auf „Goldbasis" rd. DM 4,70.

In der Zeit Agrippas war der Eintritt in den nach ihm benannten Thermen unentgeltlich.[331] Augustus scheint diese Tradition weiter gepflegt zu haben. Diesen Vorzug besaßen aber nicht alle Bäder, wie wir gesehen haben.

Juvenal verknüpft das männliche Verhalten von Frauen seiner Zeit auch mit dem Eintrittsgeld in öffentlichen Bädern:

> „Wollt eine allzu gelehrt und allzu gebildet erscheinen
> Sollt auch das Hemd sie zur Hälfte der Wade sich schürzen, sie sollte
> Dem Silvanus opfern ein Schwein, für ein „Gröschelchen"
> (einen Quadrans = quadrante lavari) baden." (6. Satire, 445f.)

Hieraus kann man schließen, daß der Quadrans der übliche Eintrittspreis für Männer war[332] und für Frauen ein anderer galt.

Eine Inschrift aus Bologna[333] besagt, daß Männer und Kinder beiderlei Geschlechts freie und unentgeltliche Benutzung der Bäder für alle Zeiten hatten. Wenn Kinder zugelassen waren, dann sicher auch Frauen, die sie hüteten. Das würde bedeuten, daß Frauen ihre Kinder kostenlos mitbringen durften, dafür aber einen höheren Eintritt zahlen mußten.

Das Privileg freien Badens wurde bei anderen Stiftungen sogar Sklaven und Mägden gewährt, wobei die Mägde vermutlich zusammen mit ihren Eintritt zahlenden Herrinnen das Bad aufgesucht haben.

Nach diesen Beispielen folgt die Frage nach den Gründen, warum den Frauen mehr Eintrittsgeld als den Männern in den Thermen abverlangt wurde oder warum man sie bei Stiftungen für freien Eintritt ausschloß. Da konkrete Hinweise fehlen, können nur Spekulationen angestellt werden. Man hat die Vermutung geäußert,[334] daß die Frauen mehr von den im Eintrittspreis eingeschlossenen Kosmetika und Enthaarungsmitteln verbraucht hätten. Eine bestimmte Zuteilung von Kosmetika für Frauen scheint mir ausgeschlossen, da der Verbrauch derartiger Mittel individuell dosiert wird und sich damals wie heute nach dem jeweiligen Geldbeutel richtet. Spezielle Enthaarungsmittel scheint es außerdem nicht gegeben zu haben, weil in diesem Zusammenhang immer vom Haarauszupfen oder -ausreißen die Rede ist (S. 135, Anm. 280), was jedoch auch Kosten verursacht haben dürfte.

Ein zweites Argument sehen manche Autoren im Verstopfen der Abflüsse in Frauenbädern, deren Ursache im langen Haar der Frauen und beinerner Haarnadeln zu suchen sei (Fund in den Frauenthermen von Augst).[335]

Aus einer in der Historia Augusta zitierten Carinus-Stelle[336] erfahren wir, daß warme Bäder als unmännlich, bei Soldaten sogar als Luxus und „unrömische Entartung" galten, für Frauen aber angebracht seien,[337] so daß die Vermutung naheliegt, die vermehrte Benutzung von Warmwasser für die Frauen mit dem erhöhten Eintrittspreis in Einklang zu bringen.

122 Antike Kinderkritzeleien in der Frauen-Abteilung der Stabianer Thermen in Pompeji

Vielleicht käme aber auch ein häufigerer Wasserwechsel bei den von Frauen benutzten Bädern menstruationsbedingt als Grund für einen höheren Eintrittspreis in Frage? Auch das Mitbringen und Baden von Babies und Kindern (Abb. 122) oder Mägden, was einen vermehrten Wasserverbrauch nach sich zog, könnte dazu beigetragen haben, von Frauen einen höheren Eintrittspreis zu verlangen, zumal Kindern und zu gewissen Zeiten auch Mägden freier Eintritt gewährt wurde. Bei Bädern, die hauptsächlich für Soldaten oder Bergarbeiter (Lex metalli Vipascensis, S. 132 ff.) gedacht waren, könnte man auch an ein „Aufgeld" für die Ehefrauen denken.

Mit dem Preisedikt Diokletians wurde der Eintrittspreis ungeachtet des Geschlechts für öffentliche Bäder vereinheitlicht: Er betrug 2 Denare, der Garderobenverwalter erhielt ebenfalls 2 Denare.

2. Ungleich große Räume bei getrenntem Baden von Männern und Frauen

Wenn in einem öffentlichen Badekomplex zwei getrennte Anlagen vorhanden waren, so war in der Regel die größere für Männer, die kleinere für Frauen bestimmt. Geschlechtertrennung in den Bädern ist, wie bereits erwähnt, seit dem 4. Jh. v. Chr. aus Griechenland und seit dem 3. Jh. v. Chr. aus Ägypten bekannt.[338] Dabei handelte es sich meist um eine größere Tholos für Männer und eine kleinere für Frauen, also um getrennte Warmbade- oder Schwitzräume. Varro (ling. 9, 68) ist der Meinung, daß es bei den Römern von Anfang an Geschlechtertrennung mit zwei separaten Badeanlagen gab, und begründet dies damit, daß die Bezeichnung für öffentliche Bäder zu seiner Zeit grundsätzlich im Plural (balneae) erscheint.

Die kleineren Räume für Frauen dürften wohl so zu erklären sein, daß Frauen seltener öffentliche Bäder und Latrinen (S. 66) aufsuchten als Männer. Wahrscheinlich hielten sie sich auch nicht so lange im Bad auf.

Bei den Forumsthermen in Herculaneum[339] (Abb. 123) sind die Räume 2–5 den Männern, 7–10 den Frauen vorbehalten. Vor den eigentlichen Baderäumen der Frauen ist ein Warteraum (7) mit umlaufenden Bänken zu erkennen. Überraschend ist dabei die Größe dieses Raumes, die mehr beträgt als die von Apodyterium und Frigidarium (8 u. 9) zusammen. Bei Männerbädern konnten bisher keine Warteräume festgestellt werden. Waren demnach die Baderäume für die weiblichen Besucher, die bekanntlich Kinder und auch Mägde mitbrachten, unzureichend? Oder blieben die Mägde mit den Kindern in dem Warteraum zurück, solange die Herrin badete?

Die Geschlechtertrennung ist allerdings nicht durch alle Epochen durchgängig zu belegen. Wenn sie aber üblich war und in separaten Doppelanlagen zum Ausdruck kam, so ist die Frauenabteilung immer kleiner und unattraktiver gestaltet als die der Männer. Statt bildlicher Malerei findet sich in den

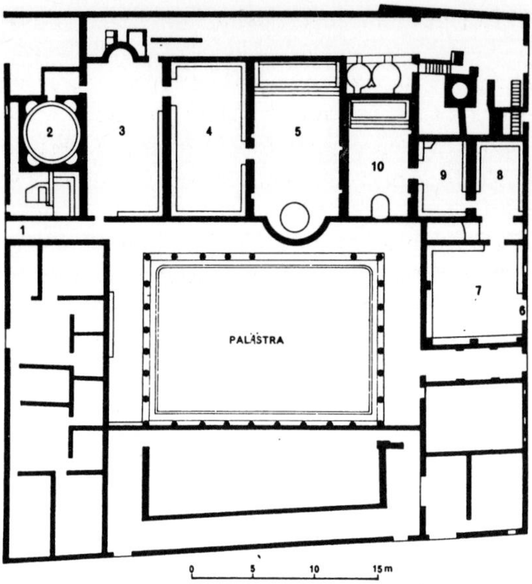

123 Forumsthermen in Herculaneum
Baderäume der Männer (2–5) und Frauen (8–10), Warteraum vor dem Frauenbad (7), Eingang für Männer (1), für Frauen (6)

Frauenräumen oft einfache Bemalung, statt der Loculi als Kleiderablage sind kleine Löcher in der Wand nachweisbar, die auf einfache Kleiderhaken oder Nägel schließen lassen. Das führt zu der Frage, aus welchen Kreisen die Frauen stammten, die ein großes öffentliches Bad besuchten, wo es doch so viele andere Bäder gab. War es für alleinstehende Mädchen und Frauen schicklich, in ein öffentliches Bad zu gehen, allein oder in Gruppen? Die Antworten müssen vorläufig offenbleiben, da die vorliegenden Quellen widersprüchlich sind.

Für die republikanische Zeit ist das getrennte Baden also durch Varro u.a. literarisch belegt.[340] Vitruv (V, 10, 1) empfahl, die beiden Caldarien für Männer- und Frauenbäder aus heizungstechnischen Gründen nebeneinander zu legen. Beispiele von nicht getrenntem Baden lassen sich für diese Zeit dagegen aus Plinius (n.h. 33, 153) und Ovid (ars. 3, 640) erschließen. Es scheint also keine allgemein gültige Sitte gegeben zu haben. Vielmehr sieht es so aus, daß die Römer von den Griechen gelernt haben, sich in Gesellschaft bei Sport und Bad zu entblößen, die Griechen aber von den Römern, nackt gemeinsam mit den Frauen zu baden.[341]

So könnte evtl. auch die von Martial (3, 87) stammende Überlieferung, daß Frauen beim Baden einen Badeschurz (*subligar*) trugen, ein Hinweis auf gemeinsames Baden sein. Dazu paßt auch eine Juvenalstelle (Sat. 6, 242), in der es heißt: „Purpurne Trainingsmäntel und Creme zur Massage; die Dame brauchts!"

In der Zeit vor Augustus war keine Badebekleidung für Frauen üblich, wie aus der Anekdote des Sueton (Aug. 4, 1) über die Mutter des Augustus überliefert ist, aus der zugleich hervorgeht, daß auch Frauen höherer Stände öffentliche Bäder besuchten, nicht nur private, wie man hätte annehmen können:

„In den ‚Theologischen Schriften' des Asklepiades von Mendes lese ich: Aite habe sich um Mitternacht zu einer feierlichen Zeremonie zu Ehren Apollons begeben, ihre Sänfte im Tempel abstellen lassen und sei dann, während die anderen Frauen nach Hause gingen, eingeschlafen. Daraufhin sei eine Schlange plötzlich zu ihr in die Sänfte gekrochen, habe sie aber bald wieder verlassen. Bei ihrem Erwachen habe sie sich gereinigt, wie wenn ihr Mann mit ihr den Beischlaf vollzogen hätte. Sofort zeigte sich an ihrem Körper ein Fleck in Form einer Schlange, der nicht mehr zu entfernen war, so daß sie kein öffentliches Bad mehr besuchen konnte."

Von dem gemeinsamen Badevergnügen im Heilbad Baiae wurde bereits an anderer Stelle berichtet (S. 83 ff.).

Wahrscheinlich war Hadrian der erste, der gemischte Thermenbenutzung (*„balnea mixta"*) verbot,[342] nachdem sie sich möglicherweise zum öffentlichen Ärgernis entwickelt hatte. Oder könnte das Verbot Hadrians, wie so vieles andere, eine Rückkehr zu griechischen Sitten bedeuten? Unter Marc Aurel (161–180) wurde das Verbot erneuert. Unter Elagabal (218–222), einem Kaiser, der im Tugendkatalog der Historia Augusta an letzter Stelle steht und dessen Verachtung der römischen Tradition weitgehend bekannt ist, wurde es wieder aufgehoben, und von seinem Nachfolger Alexander Severus wieder eingeführt.[343]

Wie es mit der Trennung der Geschlechter in frühchristlicher Zeit stand, haben wir nicht ermittelt. Augustinus, 354–430, wurde im Alter von sechzehn Jahren bei einem Besuch der Thermen zur Freude seines Vaters von dem Drang der frühen Mannesreife ergriffen. Die Mutter war nicht dabei, doch scheinen auch Frauen in dem Bad gewesen zu sein (Confess. 2, 3, 6).

3. Verschiedene Bade- und Öffnungszeiten für Frauen und Männer bei gemeinsamer Benutzung einer Thermenanlage

Auch hier sei auf die bereits mehrfach zitierte Bergwerksordnung hingewiesen (S. 132 ff.), in der es heißt, daß das Bad für Frauen vom Morgengrauen bis zur siebten Stunde des Tages und für Männer von der achten des Tages bis zur zweiten der Nacht geöffnet sein sollte. Juvenal (11, 204) berichtet, daß die Türen der Nebenbauten zu seiner Zeit für beide Geschlechter zur fünften Stunde geöffnet wurden, das Hauptgebäude, d. h. das Badehaus, aber erst zur sechsten Stunde, und zwar ausdrücklich nur für die Frauen. Für Männer stand das Bad ab der achten Stunde (Sommerzeit) bzw. neunten Stunde (Winterzeit) offen, was in unseren Breiten ca. 13–14 Uhr entspräche (S. 89) und mit der Arbeitszeit der Bergarbeiter zusammenhing. Das bedeutet, daß Frauen zur 5. Stunde die Nebengebäude betreten konnten und zum eigentlichen Baden dann gerade zwei Stunden Zeit gehabt hätten, während die Männer dem Badevergnügen bis in die Abendstunden hinein frönen konnten.

Martial (10, 48, 3–4) spricht ebenfalls davon, daß die Bäder von der sechsten Stunde an geöffnet wurden. Er empfiehlt aber, nicht so zeitig hinzugehen, weil sie in den ersten Stunden stark angeheizt würden, und das Badewasser deshalb dampfend heiß sei. Frauen konnten dann aber nicht auf andere Zeiten ausweichen.

Die Öffnungszeiten der Bäder in Rom änderten sich sicherlich des öfteren und unterschieden sich auch teilweise von denen in den Provinzen.

Zu diesem Thema sollte aber noch einmal darauf hingewiesen werden, daß die römischen Thermen ein allgemeiner Treffpunkt waren, was neben dem bereits Erwähnten folgendes einschloß: Hier trafen sich die Männer nicht nur zu Bad und Sport, sondern auch zu Geschäften und zur Unterhaltung. Man suchte nützliche Bekanntschaften sogar auf der Latrine und studierte in den Bibliotheken und Vortragssälen. Eine öffentliche Therme war eine Art Forum, auf dem sich auch mehr Männer als Frauen zu tummeln pflegten.

Bei Nutzungszeiten und Aufenthaltsdauer ist auch an den unterschiedlichen Tagesablauf von Mann und Frau zu denken. Während die Frau die meiste Zeit des Tages an das Haus gebunden war, befand sich der Römer außer Hause und ging in der Regel am Vormittag seinen Geschäften nach.[344]

Über nächtliches Baden hören wir bereits im 1. Jh. n. Chr., was jedoch damals als besonders unschicklich galt. Unter Alexander Severus (222–235) scheint das nächtliche Baden üblich gewesen zu sein, denn in seiner Vita ist davon die Rede, daß der Kaiser Öl für die Beleuchtung der Bäder gespendet habe.[345] Für die späte Kaiserzeit ist die Beleuchtung der Bäder, zumindest für Konstantinopel, durch die Codices des Theodosius (15, 1, 52) und Justinian (8, 11, 19) bezeugt. Lassen die in großer Anzahl gefundenen Öllämpchen in den Forumsthermen in Pompeji[346] auch auf Nachtbaden schließen, oder waren die Fensterscheiben noch nicht durchsichtig genug oder unzureichend, um auch in den Randstunden das volle Tageslicht hereinzulassen?

Daß auch gewisse Frauen am Nachtbaden teilnahmen, erfahren wir näher durch die antike Literatur (S. 157).

Ob Männer und Frauen in den öffentlichen Bädern gleichberechtigt waren oder nicht, dürfte kaum mit den Bräuchen in den Thermen selbst zu klären sein. Unterschiede sind wohl eher durch allgemeine Lebensgewohnheiten und praktische Bedürfnisse begründet.

4. Urteile über Frauen in öffentlichen Bädern in der antiken Literatur

Die Literaten haben das Thema „Frauen im Bad“ oft genüßlich aufgegriffen und sich mit Vorliebe seinen lächerlichen und abstoßenden Seiten gewidmet. So heißt es bei Plinius (n.h. 33, 153 ff.):

„... Frauen nur in Silber sich baden und jeden anderen Badesitz (Badesessel) verschmähen und ein und derselbe Stoff zu Tischgerät und schmutzigem Gebrauch (Nachttöpfe) dient.

Oh, sähe Fabricius dies und die Wannen, in denen Frauen mit Männern zusammen baden, und die mit Silber soweit belegt sind, daß kein Fußbreit Platz bleibt ... Wehe der Sittenverderbnis!“

Oder bei Martial (72, 133):

„Du wünschst von mir berührt zu sein, und dennoch wünschst du nicht, Saufeia, mit mir zu baden; ich nehme an, daß irgendein großer Fehler die Ursache ist. Entweder hängen deine Brustwarzen in Falten von deinem Busen oder deine Leisten sind zerrissen am Mund deines Schoßes. Aber es ist nichts dergleichen, ich bin sicher. Nackt bist du sehr schön. Aber es ist wirklich etwas, du hast einen schlimmen Fehler: du bist dumm.“

Daß auch Frauen am nächtlichen Baden großen Gefallen fanden, erfahren wir durch Juvenal (6, 418 ff.):

„Nachts verlangt sie das Bad,
nachts soll das Gerät, das Gefolge,
wünscht sie, bereit sein;
es freut sie im Schwitzbad ein großes Getümmel,
wenn von den wuchtigen Hanteln ermüdet,
die Arme ihr sanken (vgl. Abb. 116),
wenn der erfahrene Masseur mit den Fingern den Kitzler gestreichelt
und den Schenkel der Dame ganz oben schallend massiert hat.
Doch ihre Gäste, sie peinigt indes, – die Armen –, der
Schlummer und der Hunger, zuletzt erscheint
sie gerötet, und durstig.
Fordert sie gleich einen neuen Krug.
Den stellt man mit mächtiger Rundung ihr vor die
Füße. Da trinkt sie dann gleich
den ersten und zweiten Becher
noch vor ihrem Mahl, daß rasende Eßlust sich rege,
kommt es ihr hoch und trifft,
wenn der Magen gereinigt den Estrich.
Über den Marmor enteilen die
Bächlein, das goldene Becken

riecht nach Falerner (Wein):
wie wenn eine riesige Schlange
ins tiefe Faß ist gefallen, so
trinkt sie und bricht sie.
Der Gatte natürlich erhebt sich
und unterdrückt mit geschlossenem
Auge die Galle."

Wir erinnern auch noch einmal an ähnliche Schilderungen über das Luxusbad Baiae (S. 124ff.). Danach könnte man meinen, daß vor allem die Frauen am Sittenverfall der Römer schuld gewesen seien und durch sie das Treiben in den Thermen immer verwerflicher wurde. In Pompeji hatte eine gewisse Julia Felix neben Thermen eine Taverne vermietet,[347] und die Scholastika-Thermen in Ephesos waren mit einem Bordell kombiniert.[348] Obwohl die Prostitution in Bädern und Tavernen weit verbreitet gewesen sein soll,[349] lassen sich solche Erscheinungen nicht verallgemeinern, wie man auch von privaten „Sauna-Clubs" unserer Zeit nicht auf staatliche Heilbäder schließen kann.

Den disqualifizierenden Urteilen über die Frau in öffentlichen Bädern werden ebensolche von Seiten der Frauen über Männer entsprochen haben, nur fanden sie keinen Niederschlag in der Literatur. Schließlich werden die Männer gewiß nicht nur verächtliche Blicke auf badende Frauen geworfen und über ihre Moral gelästert haben.

Wir konnten über Frauen in römischen Bädern nur ein aus wenigen zerstreuten Quellen zusammengesetztes Bild zeichnen, das genauer auszumalen anderen überlassen bleiben muß. Damit könnte man aufschlußreiche Einblicke in eines der interessantesten Kapitel der römischen Sozial- und Sittengeschichte gewinnen.

XIII. Kosmetika und Reinigungsmittel im Bad

1. Kosmetika

Über Kosmetika in der Antike ist oft geschrieben worden.[350] Bereits das Alte Ägypten liefert reiche Befunde. Durch Handelsbeziehungen hat sich der Gebrauch von Schönheits- und Körperpflegemitteln auf alle Mittelmeerländer – so auch auf Griechenland – ausgedehnt, wo man sicherlich bereits vorher Öle und Salben gegen Kälteeinwirkung oder für Heil-, Kult- und Zauberzwecke verwendet hatte.

Die ersten Salben der Griechen waren Tierfette und Butter.[351] Plutarch berichtet, daß besonders traditionsbewußte Spartanerinnen sich noch zu Alexanders Zeiten nur mit Butter gesalbt hätten.[352] Dabei war zu beachten, daß sie nicht ranzig werden durfte. Für die Verwendung von Olivenöl im Bade gibt bereits Homer den ersten Hinweis.[353] Aber auch Nüsse, Mandeln, Sesam und verschiedene Palmarten bildeten im Altertum den Rohstoff für die Gewinnung von Ölen. Aus Blüten gewann man das ätherische Öl „sucus". In der klassischen Zeit salbte man sich nach jeder Waschung.[354] Bei Athenaios lesen wir: „Man salbte sich mit dem Fett, damit die Leiber nicht, nachdem das Wasser des Bades vertrocknet war, zu sehr verhärteten." [355] Auch von Übertreibungen und Verboten berichten antike Quellen. Den Körper ölte man nicht nur nach dem Waschen ein, sondern auch vor den Übungen in der Palästra. Der Geruch des Öls und des Schweißes der Palästra war in Griechenland ein Zeichen der Männlichkeit, nur Weichlinge verwendeten Öl mit wohlriechenden Zusätzen.[356] Von den entsprechenden Aufbewahrungsgefäßen (Aryballos und Alabastron) wurde schon in anderen Zusammenhängen berichtet (S. 14, 17).

Die Eroberungen Alexander des Großen in Asien und Ägypten haben neue Zugänge zu wohlriechenden Stoffen geschaffen und ihren Verbrauch in Griechenland gefördert. Noch Plinius (n. h. 15, 5) wirft den Griechen vor, daß sie den Gebrauch von Salbölen übertrieben hätten. Wann zuerst die Anwendung von Salben zu den Römern gedrungen ist, läßt sich nicht leicht sagen. Crassus und Caesar untersagten als Zensoren den Verkauf exotischer Salben (Plinius n.h. 12, 5). Aber schon bald konnte dem Verlangen danach kein Einhalt mehr geboten werden.

Nach diesen Vorbemerkungen können wir zu der Verwendung von Kosmetika in römischen Bädern kommen. Ob das Einölen oder Salben vor oder nach dem Bade erfolgte, oder sowohl als auch, ist umstritten. An Athenaios (s. o.) läßt sich eine Empfehlung Galens (6, 4) anschließen:

„Nach dem Bade muß man den Körper mit Öl salben, um zu verhindern, daß er mehr als nötig von der Luft durchweht wird, damit vielmehr die Poren der Haut geschlossen werden. Eben dies dürfte ein Heilmittel gegen die Sprödigkeit der Haut und zugleich gewissermaßen ein Panzer gegen die Schädigung durch die umgebende Luft sein."

Celsus (2, 17) rät dagegen: „Ob sich jemand vor oder nach dem warmen Bade salben soll, dürfte er am besten aus seinem Gesundheitszustand erkennen. Gewöhnlich aber soll man, wenn nicht ausdrücklich verordnet ist, es erst später tun, (gleich) nach Erregung des Schweißes den Körper leicht salben, dann erst steige man ins Warmbad."

Offenbar geschah das so, daß auch warmes Wasser die Salbe nicht gelöst und das Wasser verunreinigt hat. Überdies muß bei großen Becken mit einem Überlauf gerechnet werden. Andererseits hatten feine Öle und andere Zusätze im Badewasser auch den Genuß des Badens erhöht.

Von Elagabal ist überliefert, daß er nur in Piscinen schwamm, die mit feinem Salböl und Safran versetzt waren,[357] und Juvenal (8, 86) berichtet, daß ein gewisser Cosmos, der als genußsüchtig galt, sein Badewasser mit parfümiertem Öl veredelte. Aber auch Celsus (1, 35) gibt schon den wohl medizinisch gemeinten Rat: „warmem Wasser etwas Öl beizufügen".

Außer Öl gab es noch andere Mittel, die der Pflege der Haut dienten. So erläutert Plinius (n.h. 28, 183), daß Eselsmilch gegen Falten der Haut angewendet wurde, weil diese sie weich mache und ihren Glanz bewahre. Manche Frauen hätten sich täglich mehrmals damit warm gewaschen. Die Gemahlin Neros, Poppaea, hätte zu diesem Zweck eine Herde von Eselinnen mit auf Reisen genommen.

Aber manchmal half auch überhaupt kein Mittelchen: (Martial 6, 93)

„Schlecht riecht Thaïs, wie selbst das Gefäß nicht des geizigen Walkers,
das schon lang im Gebrauch, nun auf der Straße zerbrach,
noch auch der Bock, der eben besprang, der Rachen des Löwen,
auch nicht vom Hunde der Balg, der in Trastevere hängt,
nicht das Küken, gerät's im faulenden Ei in Verwesung,
noch die Tunke vom Fisch, die schon verdorben im Krug.
Diesen Dunst will sie schlau mit andrem Geruche vertauschen;
darum geht sie ins Bad, legt dann die Kleider dort ab,
dann ist von Salben sie grün, steckt ganz in sauerer Erde,
ist auch mit Bohnenmehl dreimal und viermal bedeckt.
Glaubt sie sich dann ganz sicher durch tausend listige Mittel,
tat sie alles, so riecht Thaïs – nach Thaïs doch nur."

2. Reinigungsmittel

Öle haben nicht nur der Pflege, sondern auch der Reinigung der Haut gedient. Auch Sand wurde von altersher zur Körperreinigung verwendet. Bei den Athleten verband er sich mit dem Öl, mit dem sie sich vor dem Training oder Kampf eingerieben hatten, zu einer mit der Strigilis ablösbaren Schicht (S. 75 mit Abb. 59 – Apoxyomenos – u. Abb. 124).

Umstritten ist, ob die Griechen und Römer auch schon Seife benutzt haben.[358] Oft heißt es lapidar: Seife in unserem Sinne hätten die „Alten" nicht gekannt, was jedoch relativiert werden muß: Im Niltal und an den Rändern der Salzseen gab es die Trona, ein natürliches Natronsalz. Wenn man dies mit tierischen oder pflanzlichen Fetten vermischte, eignete es sich zur Herstellung von Seife. In ägyptischen Papyri sind entsprechende Rezepturen aufgeführt. Demnach kannten die Ägypter bereits Seife.[359] Auch die Sumerer benutzten schon Seife, wie Tontafeln aus der Zeit um 2500 v. Chr. belegen.[360]

Dagegen war sie den Griechen und Römern lange Zeit fremd. Sie übernahmen sie erst spät von den Galliern und den Germanen. An ihrer Stelle fand Pottasche Verwendung. Unter Pottasche (Kaliumcarbonat, K_2CO_3) versteht man pflanzliche Asche. Die Römer haben sie vor allem aus Buchenholz gewonnen.[361] Noch heute ist Pottasche auf allen orientalischen Märkten zu finden.[362] Man laugte sie mit Wasser aus und ließ diese Lösung in Töpfen, besser gesagt „Pötten", eindampfen (Plinius n. h. 28, 191). Es bleibt ein weißes, körniges Pulver zurück. Bringt man dieses beim Waschen in Verbindung mit Wasser, so kommt es zu einer basischen Reaktion. Die Pottasche ist zur Lauge geworden, die an sich schon eine reinigende Wirkung hat. Es ist somit um so verständlicher, daß das Einsalben oder Einölen des Körpers nach dem Waschen oder Baden unerläßlich war. Kocht man Pottasche mit einem Fett oder Öl zusammen, so tritt die Verseifung ein. Seifen sind Alkalisalze höherer Fettsäuren. Ob die Griechen für die Reinigung des Körpers auch die sogenannte Seifenwurzel benutzten, eine seifenhaltige Wurzel einer zur Familie der Nelkengewächse gehörenden Pflanze, wie sie zum Waschen von Kleidern und Stoffen durch den griechischen Arzt Dioskurides aus der 2. Hälfte des 1. Jhs. n. Chr. überliefert ist,[363] läßt sich nicht belegen.

Plinius (n. h. 28, 191) gibt den ersten Hinweis auf die Verwendung von Seife in westlichen Mittelmeerländern. Er berichtet, daß die Gallier die Erfinder der Seife seien, die sie aber nicht als Reinigungs-, sondern als Schönheitsmittel für die Haarpflege und als Haarfärbemittel verwendet haben sollen. Auch die Römer benutzten die Seife, hier *sapo* genannt, lange Zeit lediglich in der Medizin und als Haarpflege- und -färbemittel.

Plinius erwähnt ferner zwei Arten von Seifen, eine aus weichem und eine aus härterem Material, und Martial (3, 43, 1) berichtet, daß die germanische Seife besonders zum Haarfärben geeignet war und in Kugeln vertrieben

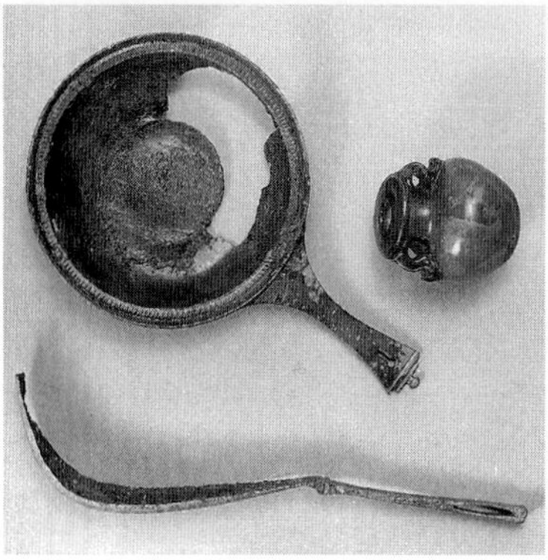

124 (links) Zum Bad erforderliche Gegenstände: Strigilis, Patera und Aryballos (Fundstücke aus den Thermen von Heerlen, Thermenmuseum Heerlen)

125 (rechts) Attisches Vasenbild aus dem 5. Jh. v. Chr. Palästrit am Labrum. An der Wand Schwamm und Aryballos (Bologna, Museo Civico).

wurde, die in den Nuancen blond und rot erhältlich waren. Ovid schließlich klagte darüber, daß die Seife das Haar stark in Mitleidenschaft zöge (Kaliüberschuß).[364] Besonders bevorzugt waren seit Cato Seifen, die die Haare hellblond (*flavus*) färbten. Aber es gab auch Seifen für dunkelbraune Haare durch Zusätze von Nußschalenextrakt und für schwarze Haare, für die der Saft von Blättern der Akazie verwendet wurde. Nach Galenos (12, 170, 180) wurde die germanische Seife der gallischen vorgezogen, weil sie härter war, und – was wir hier zum erstenmal erfahren – Seife bei den Römern auch zur Körper- und Kleiderreinigung verwendet wurde. Mit Sicherheit ist Seife als Reinigungsmittel bei den Römern also erst seit dem 2. Jh. n. Chr. nachgewiesen. Begehrenswerter wurde die Seife durch Zusätze von Duftstoffen, für die Blumen rund ums Mittelmeer reiche Ernte lieferten.

Zu erwähnen wäre noch der Gebrauch von Bimsstein und toniger Erde. Zu den Reinigungsmitteln respektive -geräten zählen außerdem die Strigilis (Abb. 124), die auch in römischen Bädern Verwendung fand, und der Natur-Schwamm (Abb. 125),[365] der heute noch in jedem Bad der Mittelmeerländer anzutreffen ist.

Schlußbetrachtung

In der archäologischen Literatur über das antike Badewesen hat die griechische Zeit meistens im Schatten der großartigen römischen Bäder und Thermen gestanden und wurde ungebührlich vernachlässigt. Wir wollten dagegen auf die enge Verbindung zwischen griechischem und römischem Badewesen hinweisen und die geburtshelferische Rolle der Griechen für die Entstehung der römischen Thermen hervorheben. Eine umfassende Darstellung über griechische Bäder, wie sie zu wünschen wäre, haben wir in diesem Band freilich nicht bieten können.[366]

Es läßt sich jedoch sagen, daß für die Griechen das Bad kaum mehr war als eine gut funktionierende Wasch- und Reinigungsanstalt mit oder ohne Schwimmbecken, vor allem nach den Übungen in der Palästra, was zugleich heißt: für die männliche Jugend. Im Laufe der Zeit entwickelte sich das griechische Bad zu einer Einheit von Schwitz-, Warm- und Kaltbad, für die die Unterfußbodenheizung eine wichtige Voraussetzung schuf. Seit dem 3. Jh. v. Chr. ist diese Technik bereits als Kanalheizung anzutreffen. Auch die Pfeiler-Hypokaustenheizung ist in Griechenland und Rom seit dem 1. Jh. v. Chr. nachgewiesen. Damit lieferten die Griechen die Grundlage für die späteren großen Thermenbauten der Römer. Erst diese haben das Bad systematisch ausgebaut und zu einer zentralen Stätte des Zeitvertreibs und Vergnügens, der Gesundheits- und Körperpflege, sportlicher Übungen und geistiger Unterhaltung gemacht. Die kaiserlichen Thermen Roms setzten nicht nur großstädtische Verhältnisse voraus, sondern auch eine Bevölkerung, die den modernen Arbeitsrhythmus noch nicht kannte, sondern längere Stunden und zu verschiedenen Zeiten des Tages müßig war und nach dem Motto lebte und leben konnte:

> „Sechs Stunden arbeiten genügen;
> die folgenden Stunden des Tages
> rufen mit deutlicher Schrift:
> „Lebe!“ den Sterblichen zu.“[367]

So haben immer Viele einen großen Teil des Tages in den Thermen zugebracht. Wenn es nicht zu anstrengend war, so konnte man den Badevorgang in den unterschiedlich temperierten Räumen mehrere Male durchlaufen und sich zwischendurch auf mannigfache Weise unterhalten. Der Badegast konnte sich von verschiedenen Fachärzten behandeln lassen und Mahlzeiten einnehmen. Wenn es in den Thermen nicht die gewünschten Speisen und Getränke gab, wurden sie von Laufburschen aus benachbarten Gaststätten angeboten, oder man brachte sich das Nötige von zu Hause mit. Dazwischen begegnete man Schnorrern, die sich durch auffallende Höflichkeiten eine Einladung zum abendlichen Mahl erschmeichelten (Martial, 1, 23; 2, 14; 7, 76; 9, 19; 12, 82).

Aber es waren nicht nur die Bademöglichkeiten, die Schaulust, das Treiben der Anderen und der eigene Zeitvertreib, die die Menschen in die Bäder lockten, sondern auch die glanzvolle Architektur der riesigen Hallen und die kostbare Ausstattung der Räume, die nicht zuletzt mit den vielen Kopien griechischer Statuen die Sinne und den Geist anregten und dem kosmopolitischen Publikum das Gefühl vermittelten, am Reichtum und an der Bildung seiner Zeit teilzuhaben. Es war also das gesamte Ambiente, das die Menschen zeitweise in ein diesseitiges „Elysium“[368] versetzte. Welche Bedeutung das Bad für den damaligen Menschen hatte, kann vielleicht eine Inschrift vermitteln, die sich ein Römer der Kaiserzeit auf seinen Grabstein meißeln ließ:[369]

> „balnea, vina, Venus corrumperunt corpora nostra,
> sed vitam faciunt. b(alnea), v(ina), V(enus).“
> (Die Bäder, die Weine, die Liebe, sie ruinieren unsere Körper,
> aber sie machen das Leben aus: die Bäder, die Weine, die Liebe).

Die Römer haben überall, wo sie siedelten, Bäder errichtet. Auch auf deutschem Boden treffen wir ständig auf Zeugnisse dieser Leitform römischer Zivilisation und Lebensweise, seien es die großen Thermen in Trier, die etwas kleineren in Xanten oder die bescheidenen der Gutshöfe und Kastelle. Wo immer es möglich war, haben wir uns bei unserer Darstellung an solche Beispiele gehalten. Vielleicht können wir damit anregen, die Ruinen aufzusuchen, wenn sie schon am Wege liegen, und sie mit Verständnis zu betrachten.

Abkürzungen

Bei den Literaturhinweisen ist keine Vollständigkeit angestrebt. Die Zitierweise entspricht den Richtlinien des Deutschen Archäologischen Instituts AA 1982, 809ff. bes. 817ff. Für den römischen Bereich verweise ich auf die Bibliographie zum römischen Badewesen von H. Manderscheid, 1988.
Darüber hinaus gelten folgende Abkürzungen:

Brödner, Thermen	E. Brödner, Die römischen Thermen und das antike Badewesen (1983)
Ginouvès, Balaneutiké	R. Ginouvès, Recherches sur le bain dans l'antiquité greque (1962)
Heinz, Diss.	W. Heinz, Römische Bäder in Baden-Württ., Typologische Untersuchungen (Diss. Tübingen 1979)
Heinz, Thermen	W. Heinz, Römische Thermen (1983)
Krencker, Trier	D. Krencker – E. Krüger – H. Lehmann – H. Wachtler, Die Trierer Kaiserthermen (1929)
Krug, Medizin	A. Krug, Heilkunst und Heilkult (1985) (In dieser Reihe)
Manderscheid, Bibliographie	H. Manderscheid, Bibliographie zum römischen Badewesen (1988)
Merten, HA	E. W. Merten, Bäder und Badegepflogenheiten in der Darstellung der Historia Augusta (1983)
Meusel, Verwaltung	H. Meusel, Die Verwaltung und Finanzierung der öffentlichen Bäder zur römischen Kaiserzeit (ungedr. Diss. Köln 1960)
Nielsen, Baths	I. Nielsen, Thermae et Balnea, The Architecture and Cultural History of Roman Public Baths (1990)
Neumeister, Rom	Ch. Neumeister, Das antike Rom (1991)
Vitruv	Vitruvii, De Architectura Libri decem, Vitruv, Zehn Bücher über Architektur, Übersetzung C. Fensterbusch (1976)
Xanten, Führer	Führer und Schriften des Archäologischen Parks Xanten Nr. 11, Die römischen Bäder, J. H. Schalles – A. Rieche – G. Precht (1989)

Anmerkungen

I. Die frühesten Beispiele in Literatur und Malerei

1 S. Laser, Medizin und Körperpflege, ArchHom, 5 (1983) 141.
2 Villa Giulia, Rom, 2609; Laser a. O. 147.
3 M. Napoli, La Tomba del Tuffatore (1970), Datierung frühes 5. Jh. v. Chr.
4 S. Steingräber, Etruskische Wandmalerei (1985) 301, Tomba della Caccia e Pesca (Nr. 50), Taf. 47; M. Moretti, Tarquinia (1967) Abb. 49, Datierung: 510 v. Chr.
5 Cicero Cael. 15, 36; Horaz Carm. 1, 8, 8; 3, 7, 25; 3, 12, 5; Sat. 2.1.8.
6 Horaz Carm. 1, 8, 4ff.; 3, 7, 25ff.;vgl. Meusel, Verwaltung 12; Horaz Sat. 2, 1, 8 gibt eine Empfehlung:
„Hier mein Rezept für tiefen Schlaf: Mit Öl einreiben, dreimal durch den Tiber schwimmen und dann zur Nacht den Körper auch von innen gut mit Wein anfeuchten…"
7 Livius 1, 38, 6; 56, 2; z. Zt. des Tarquinius Priscus Beginn des Baus.
8 Meusel, Verwaltung 12, Anm.6.
9 E. Kunze – H. Schleif, IV. Olympiabericht (1944) 40ff.
10 Pfuhl MuZ III. Abb. 295; Staatliche Museen, Berlin, F 1843.
11 Leiden, Rijksmuseum van Oudheden, Inv.Nr. XVe 28; CVA Leiden I, Taf. 13–15, h: 43,6–44,2 cm; Maler: Antimenes.
12 K. Sudhoff, Aus dem antiken Badewesen (1910) 64f.; z. B. Louvre G 324; vgl. A. Brinkmann, Darstellungen des Frauenlebens auf attischen Vasen, Frankfurter Magisterarbeit 1990, 6–18.
13 Sudhoff a. O. Fig. 50 u. 51.
14 ders. a. O. 67, Fig. 53; Brit. Museum London B 333;
15 R. Tölle-Kastenbein, Antike Wasserkultur (1990) Abb. 84. (In dieser Reihe)
16 vgl. F. Glaser, Antike Brunnenbauten in Griechenland (1983) 165ff., bes. 170f., 186.
17 CVA München (5) Taf. 247, 2411, h = 42 cm; Heinz, Thermen Abb. 23.
18 Sudhoff a. O. 37f. Abb. 29a-b.
19 H. Kammerer-Grothaus, Frauenleben-Frauenalltag (1984); vgl. E. Götte, Frauengemachbilder in der Vasenmalerei des 5. Jhs. v. Chr. (1957).
20 J. Strozeck, in: DAV 1, 24, 1993, 56ff.
21 Inv. Nr. 23436.
22 Laser a. O. 143, vgl. 144 Anm. 377a mit ausführl. Literatur: Objekt stammt aus dem Nestor-Palast, Raum 43 (s. Blegen, Pylos I, 187ff. Abb. 139.140).
23 Laser a. O. 142, vgl. 141 Anm. 375. Objekt stammt aus der Sammlung Cesnola, New York; vgl. J. L. Myres, Handbook of the Cesnola-Collection (1914) Nr. 1544; Umzeichnung nach Ginouvès a. O. 35 Taf. 3, 8; vgl. Karageorghis, RDAC 1981, 150f. Anm. 27.
24 Ginouvès, Balaneutike Taf. 16 u. 17.
25 ders., Taf. 23 (Delos); vgl. Xanten, Führer Abb. 25, Teil eines Labrum aus den Thermen von Heerlen: Durchmesser 1, 26 m.
26 Ginouvès a. O. Taf. 28.

27 ders., a. O. 22 spricht von einem „etablissement de bains"; vgl. Glaser a. O. 171 Anm.42.
28 Pyria von Pyr = Feuer (Liddell-Scott, Rep. 1953, 1556).

II. Die ersten architektonischen Befunde

29 S. Mirié, Das Thronraumareal des Palastes von Knossos (1979) 62ff., frühere Bezeichnung als „Bath-room nicht haltbar"; vgl. dazu J. W. Graham, The Palace of Crete[2] (1972) 99ff. (für Badinterpretation).
30 FAZ vom 22.3.1985; PAN Nr. 6, Juni 1985.
31 H. Schleif, Die neuen Ausgrabungen in Olympia und ihre bisherigen Ergebnisse für die antike Bauforschung (1943); E. Kunze – H. Schleif, IV. Olympiabericht (1944) 32ff.
32 A. Mallwitz, Olympia und seine Bauten (1972) 270f.
33 Die Bezeichnung Heroon für das Schwitzbad bürgerte sich ein, weil sich bei Ausgrabungen ein Heroenaltar aus späterer Zeit fand. (Heinz, Thermen 43 Anm. 123); Die Deutung des „Heroon" als Schwitzbad in Olympia läßt noch einige Fragen offen: H. Schleif (OB IV 39f.) stützt seine These für ein Schwitzbad letztlich nur auf die Bodenbeschaffenheit. Mit ca. 8 m Durchmesser scheint der Raum sehr groß für ein Schwitzbad dieser Zeitstellung, das zudem aus „Fachwerk" bestanden haben soll und mit einem gewöhnlichen Zeltdach gedeckt war. Hätte hierfür die Beheizung mit einem Kohlebecken ausgereicht? (Diesen Hinweis erhielt ich von R. Schenk).
34 Mallwitz a. O. 282.
35 ders., 271f.
36 Cicero, Hort. frg. 68; Plinius n.h. IX 168. Nähere Einzelheiten Exkurs I bei Heinz, Thermen 189 Anm. 475, 476.
37 R. Ginouvès, L›Etablissement thermal de Gortys d'Arcadie (1959); Krug, Medizin 184f.; Pausanias VIII 28, 1ff.
38 Heinz, Thermen 47.
39 A. Furtwängler, Aegina (1906) 91ff.
40 P. Orlandini, Impianto greco di bagni pubblici presso l'Ospizio, in: NSc 14, 1960, 181ff.; Heinz, Thermen 50.
41 G. Cultrera, Rovine di un antico stabilimento idraulico in contrada Zappala, in: NSc 16, 1938, 261ff.; Ginouvès a. O. 162f.; Heinz, Thermen 50.

III. Vom griechischen Badehaus zur römischen Thermenanlage

42 St.L. Glass, Palaistra and Gymnasium in Greek Architecture, 1968.
43 Mallwitz a. O. 270; W. Müller-Wiener, Griechisches Bauwesen in der Antike (1988) 166ff. Abb. 100 (In dieser Reihe).
44 Brödner, Thermen, 92.
45 Xanten, Führer, 68.
46 H. Eschebach, Die städtebauliche Entwicklung des antiken Pompeji mit einem Plan 1:1000 und einem Exkurs: Die Baugeschichte der Stabianer Thermen nach H. Sulze (1970) 41ff., Beilage 4–6; Manderscheid, Bibliographie 175; H. Eschebach, Die Stabianer Thermen in Pompeji (1979).
47 Cicero, De officiis 35, 129; Plutarch, Cato Maior 20, 7–8; Merten HA, 80.

48 H. Eschebach, Die städtebauliche Entwicklung des antiken Pompeji (1970) 64.

49 Vitruv V, 10 (Gesamtauszug): „Über die Anlage von Bädern:
1. Zunächst muß ein möglichst warmer Platz ausgewählt werden, d.h. er darf nicht nach Norden oder Nordosten liegen. Die warmen und lauen Bäder aber sollen ihr Licht von Südwesten her erhalten. Wenn aber die Beschaffenheit des Ortes das nicht zuläßt, jedenfalls von Süden, weil die Badezeit vornehmlich von Mittag bis Abend festgesetzt ist. Ebenso muß man darauf bedacht sein, daß die warmen Bäder für Frauen und Männer miteinander verbunden und in der gleichen Fluchtlinie liegen. So nämlich wird man erreichen, daß für beide Badeanlagen die Heizkessel und ihre Unterfeuerung gemeinsam sind. Über der Unterfeuerung sind drei Bronzekessel anzubringen, einer für warmes, einer für lauwarmes, einer für kaltes Wasser, und diese müssen so aufgestellt werden, daß soviel, wie an lauem Wasser aus dem Lauwarmwasserkessel in den Warmwasserkessel ausgeflossen ist, aus dem Kaltwasserkessel in gleichem Maße in den Lauwarmwasserkessel einfließt und daß auch die flachgewölbten Räume, die die Wannen enthalten, von der gemeinschaftlichen Unterfeuerung erwärmt werden.
2. Die hängenden Fußböden der heißen Bäder müssen so angelegt werden, daß zuerst aus Ziegelplatten von 1,5 Fuß ein Bodenbelag gelegt wird, der zum Unterfeuerungsofen so geneigt ist, daß ein Ball, den man hineinwirft, nicht innen liegen bleiben kann, sondern ganz von selbst zum Heizkammervorraum zurückrollt. So wird sich die Flamme leichter unter dem schwebenden Überbau verbreiten. Auf dem Pflasterboden führe man aus achtzölligen Ziegeln Pfeiler auf, so in Abständen verteilt, daß Ziegelplatten von 2 Fuß darüber gelegt werden können. Die Pfeiler aber sollen eine Höhe von 2 Fuß haben. Sie sollen mit Lehm, der mit Haaren durchknetet ist, geschichtet werden, und darüber sollen 2 Fuß lange Ziegelplatten gelegt werden, die den Estrich tragen.
3. Wenn man die gewölbten Decken aus Mauerwerk herstellt, werden sie zweckmäßiger sein. Wenn sie aber aus Balkenwerk bestehen, sollen sie unterhalb mit Tonplatten verkleidet werden. Diese Verkleidung aber wird man folgendermaßen machen müssen: Man mache eiserne Stäbe oder Bögen und hänge diese mit möglichst zahlreichen eisernen Haken an das Balkenwerk. Diese eisernen Stäbe oder Bögen sollen so (voneinander entfernt) angeordnet werden, daß auf zweien von ihnen Ziegel, ohne überzuragen, aufliegen und ruhen können und sich so das ganze Deckengewölbe schließlich auf Eisen stützt. Dann streiche man die oberen Fugen dieser Gewölbe mit Lehm, der mit Haaren geknetet ist, aus. Die untere Seite aber, die dem Estrich zugekehrt ist, soll zuerst mit einem Mörtel, der aus Scherben und Kalk besteht, beworfen und dann mit Stuck oder Putz abgeglättet werden. Macht man diese gewölbten Decken in warmen Bädern doppelt, werden sie noch vorteilhafter sein; die vom Dampf herrührende Feuchtigkeit nämlich wird das Holz des Balkenwerks nicht schädigen, sondern die Feuchtigkeit wird zwischen den beiden Decken zirkulieren.
4. Die Größe der Bäder muß zur Zahl der Besucher in einem angemessenen Verhältnis stehen; sie sollen solche Abmessungen haben: Die Breite soll abzüglich der Nische, des Waschbeckens und des Badebeckens ein Drittel geringer sein als die Länge. Das Badebecken scheint jedenfalls unter der Lichtöffnung angelegt werden zu müssen, damit die, die ringsherum stehen, nicht durch ihren Schatten das Licht verdunkeln. Die Nischen der Waschbecken aber sollen so geräumig sein, daß, wenn diejenigen, die früher gekommen sind, ihre Plätze ringsum eingenommen haben, die übrigen Wartenden bequem stehen können. Die Breite des Badebeckens aber zwischen Wand und Beckenbrüstung soll nicht weniger als je sechs Fuß betragen, wovon die untere Stufe und die Neigung zum anlehnen zwei Fuß in Anspruch nehmen sollen.

5. Die lakonische Halle und die Schwitzbäder müssen mit dem Warmbad verbunden werden. So breit sie sind, so hoch sollen sie bis zum untersten Teil des Segments der halbkugelförmigen Wölbung sein. In der halbkugelförmigen Wölbung soll in der Mitte eine Lichtöffnung gelassen werden, und aus ihr soll an Ketten eine Metallscheibe herabhängen, durch deren Emporziehen und Herablassen die Temperatur des Schwitzbades geregelt wird. Und sie selbst muß, wie es scheint, kreisrund gemacht werden, damit die Wärme der Flamme und des Dampfes von der Mitte her gleichmäßig durch die Rundungen der halbkreisrunden Wölbung zirkuliert."

50 H. Eschebach, RM 80, 1973, 235ff.; ders., Schola labri, Die Entwicklung der Schola labri in den Vesuvstädten, dargestellt am Labrum des Männer-Caldariums der Stabianer Thermen in Pompeji. Cronache Pompeiane 3, 1977, 156–176.

51 R. Hartmann, Das Laconicum der römischen Thermen, RM 35, 1920, 152ff.

52 Eschebach, RM 80, 1973, 238.

53 ders., a.O. 242.

54 N.d. Haan, Dekoration und Funktion in den Privatbädern von Pompeji und Herculaneum in: Kongreßbericht Amsterdam „Fifth International Congress on Ancient Wall Painting" (1992), ed. by E.M. Moormann, 1993, 34ff.

55 F. Rakob, RM 90, 1983, 359ff.

56 Notitia Urbis Regionum XIV.

IV. Technische Voraussetzungen

Wasserversorgung

57 Allgemein: a) R. Tölle-Kastenbein, Antike Wasserkultur (1990) b) Die Wasserversorgung antiker Städte (1987) (Hrsg.: Frontinus-Gesellschaft).

58 H. Fahlbusch in 57b) 135.

59 R. Tölle, Die antike Stadt Samos (1969) 51ff.; H. Kienast in 52b) 214.

60 Fahlbusch a.O. 141.

61 G. Garbrecht in 57b) 11ff.

62 Fahlbusch a.O. 142f.

63 ders. a.O. 144 Abb. 10.

64 Über die Wasserversorgung des Alten Rom beschäftigte sich neuerdings: Ch. Bruun, The Water Supply of Ancient Rome. A Study of Roman Imperial Administration, Helsinki, in: Societas Scientiarum Fennica 1991, VIII, 4565 (Commentationes Humanarum Litterarum 93); Rez. M. Hainzmann, Gnomon 66, 5, 1994, 431ff.

65 W. Haberey, Die römischen Wasserleitungen nach Köln (1971); F. Rakob, Das Quellenheiligtum in Zaghouan und die römische Wasserleitung nach Karthago, RM 81, 1974, 41ff.

66 F. Kretschmer, Bilddokumente römischer Technik (1958) 67ff.

67 K.W. Weeber, „Smog über Attika" (1990) 187; anders: A. Demandt, Erklärungsversuche zur Auflösung des Römischen Reiches, RM 90, 1983, 211ff., bes. 217f.

68 Abb. 30: FO: Niederlinxweiler, AO: Rhein. Landesmuseum Trier.

69 Abb. 31: FO: Studen/Schweiz, AO: Bern, Bernisches Historisches Museum.

70 H. Eschebach, Die Stabianer Thermen in Pompeji (1979) Taf. 29 (Wasserleitungen und Kanalisation).

Heizung:

71 Allgemein: O. Krell, Altrömische Heizungen (1901); F. Kretschmer, Die Heizung der Aula Palatina in Trier. Ein Versuch ihrer Deutung und der Aufklärung ihrer Betriebsweise in: Germania 33, 1955, 200ff.; E. Brödner, Einige Bemerkungen zur Heizung der Aula Palatina in Trier in: Germania 34, 1956, 277f.; dies., Untersuchungen an den Heizungsanlagen der römischen Thermen in Nordafrika in: Germania 36, 1958, 103ff.; dies., Der Einfluß der Heizungssysteme und der Warmwasserversorgung auf die Baugestaltung römischer Thermen in: Bericht über die 22. Tagung der Koldewey Gesellschaft 1963, 94ff.; dies., Untersuchungen an frühen Hypokausten-Anlagen in: TG 43, 1976, 249ff.; dies., Heizung und Klimatisierung in großen römischen Bauten in: TG 47,1980, 93ff.; dies., Thermen 18ff.; Heinz, Thermen 185ff.

72 E. Kunze – H. Schleif, IV. Olympiabericht (1944) 39f.

73 Plinius n.h. IX, 168; Cicero, Hort.frg. 68.

74 RE IX 1 (1910) 333ff. s.v. Hypokaustum (Fabricius).

75 I. Nielsen, Considerazioni sulle primi fasi dell' evoluzione dell'edificio termale romano, AnalRom 14, 1985, 100ff.; dies., Baths 22; vgl. J. DeLaine JRA 1, 1988, 15; Dabei werden die Datierungen sowohl für Olympia (Bad IV) als auch für die Stab. Thermen (IV. Phase) auf einen späteren Zeitpunkt verlegt, so daß Orata Einfluß genommen haben könnte. I. Nielsen bezeichnet das Bad IV in Olympia als ein typisch römisches Bad, das nach Orata (1.H. 1.Jh. v.Chr.) gebaut worden wäre. Bei der Hypokaustenanlage wird von römischem Import gesprochen (DeLaine a.O. 15).

76 Vitruv V, 10, 2. (Von der Tubulierung der Wände wußte Vitruv nichts. Vgl. Nielsen, Baths 14); bei allen Empfehlungen von Vitruv sollte man die Zeitstellung berücksichtigen. Er lebte und schrieb z.Zt. des Augustus und konnte von den großen imperialen Thermen in Rom nur die Agrippa-Thermen gekannt haben.

77 Nielsen, Baths 14 Anm.5.

78 Es handelt sich dabei um sog. Hourdissteine, die zur Aufnahme der Leitlamellen dienen und gleichzeitig Träger für Estrich und Bodenbelag werden. Das System wurde bereits 1932 in der Schweiz und in Deutschland patentiert und auf der ISH 1991 erneut propagiert.

79 Olympiabericht IV, 1940/41, 69, Abb. 35.

80 D. Baatz, Heizversuch an einer rekonstruierten Kanalheizung in der Saalburg in: SaalJb 36, 1979, 31ff.; E. Hüser, Wärmetechnische Messungen an einer Hypokaustenheizung in der Saalburg in: SaalJb 36, 1979, 12ff.; Heinz, Thermen Anm. 316.

81 An den funktionstüchtig rekonstruierten Herbergs-Thermen der CUT/Xanten sollen weitere Heizungsversuche vorgenommen und publiziert werden (s. Xanten, Führer).

82 Krencker, Trier 206ff., Abb. 289.

83 Xanten, Führer 38, Abb. 12.

84 Cod. Theod. 13, 5. 10.

Verwendung von Glas (Fenster):

85 Allgemein: D.Baatz, Das Badegebäude des Limeskastells Walldürn (Odenwaldkreis) in: SaalJb 35, 1978, 61ff.; T.E. Haevernick, Beiträge zur Glasforschung. Die wichtigsten Aufsätze von 1938–1981 (1981); daraus Untersuchungen römischer Fenstergläser in: SaalJb 14, 1955, 65ff.; D. B. Harden, Glas der Caesaren (1988).

86 T. G. Schattner, Griechische Hausmodelle (1987) Taf. 4, 1–2 u. Taf. 1, 1–2.
87 vgl. Korres in: Parthenonkongreß Basel (1984) 47ff.
88 IG IV, 1488, Z 43ff.
89 Brödner, Thermen 137.
90 Hier sind über 1000 Lampen gefunden worden, die verschiedene Wissenschaftler (z.B. Mau, Becker u. Blümner) zu der Annahme kommen ließen, daß das Baden in den ersten Nachtstunden erlaubt gewesen wäre. Andere (z.B. Nissen, Pomp. Studien 1877) weisen darauf hin, daß das Tageslicht nicht ausgereicht hat und Gänge und Nischen mit Lampen zusätzlich ausgeleuchtet werden mußten. Auch der nachträgliche Einbau von Deckenöffnungen in den Forumsthermen von Pompeji gibt der letztgenannten Theorie den Vorrang (vgl. Meusel, Verwaltung 152ff.).
91 A. Neuburger, Die Technik des Altertums (ND 1977), 156ff.
92 Xanten, Führer 40f.
93 H. Fehr, Römervilla (1993) 69.

V. Badevorgang und Einzelräume

94 „De methodo medendi" X 723ff.: „Nach ihrem Eintreten halten sie (die Kranken) sich zuerst im Warmluftzimmer auf, darauf steigen sie ins warme Bad, dann gehen sie hinaus und steigen ins kalte, schließlich reiben sie sich den Schweiß ab. Es dient der erste Akt des Bades dazu, die Stoffe durch den ganzen Körper zu erwärmen und zu lösen und ihre Ungleichheiten auszugleichen, endlich die Haut aufzulockern und, was sich unter ihr angesammelt hat, zu entleeren.
Der zweite dagegen, falls jemand bei trockener Körperkonstitution ihn anwendet, heilsame Feuchtigkeit in die trockenen Teile des Körpers zu bringen. Der dritte Teil des Badevorganges, wenn wir nämlich das Kaltbad anwenden, soll den ganzen Körper abkühlen, die Hautporen schließen und die Kräfte stärken. Der vierte soll den Körper durch Schweißfluß entleeren, ohne ihn einer Gefährdung durch die Abkühlung auszusetzen. Wenn der erste der drei Baderäume warm genug ist, soll der Kranke, vor seinem Weitertransport in den zweiten, hier entblößt werden; sollte er den aber noch zu kalt empfinden, so soll er nicht nackt, sondern bedeckt (weitergeschafft werden) ... Es soll aber dieser mittlere Raum nicht nur der Lage nach der mittlere sein, sondern auch hinsichtlich des Wärmegrades den ersten ebenfalls soweit übertreffen, wie dem zweiten nachstehen. In diesem Raum soll laues Öl bereit sein, um es sofort auf den Kranken zu schütten. Darauf sollen sie in den dritten Raum gehen und ihn in die Wanne bringen, so daß sie die drei Baderäume (ohne sich aufzuhalten) bloß als Durchgang benutzen. Es soll aber die Luft in allen Baderäumen weder übermäßig heiß noch übermäßig kalt sein, sondern ziemlich temperiert und mäßig feucht; das wird sie aber sein, wenn wohltemperiertes Wasser reichlich aus der Badewanne gesprengt wird, so daß es durch alle Räume hindurchfließt. Im Wasser der warmen Wanne soll er sich nur kurze Zeit aufhalten, ohne daß ihm eine Übergießung, wie wir sie sonst gewohnt sind, zuteil wird. Dann soll er hinausgetragen und mit dem ganzen Körper ins kalte Wasser getaucht werden."
95 Vitruv V, 10: Sidonius Apollinaris, Ep. II 2, 4; Heinz, Thermen 30, stellt das Frigidarium an das Ende der Benutzungsreihenfolge, auch wenn dies im Reihentypus nicht verwirklicht werden konnte, da man das Frigidarium durchschreiten mußte, um das Tepidarium zu erreichen.
96 Sueton gramm. 23; Merten H A 114; vgl. Ginouvès, Balaneutiké, 174 Anm.3, 219 u. Anm.1.

97 So ist z.B. am Eingang der Thermen von Aphrodisias (heutige Türkei) eine Inschrift erhalten, die den Besucher ausdrücklich vor Dieben warnt; Brödner, Thermen 113; hierzu auch Meusel, Verwaltung 143, 7; vgl. Diogenes Laertius, Diogenes VI, 52.

98 Meusel a.O. 143,4; Ammianus Marcellinus (28.4.9) spricht von einer Zurschaustellung des römischen Adels, wenn er mit seinem Gefolge von Dienern zum Bad ging; ebenso Petr.Sat. (27.8) und Lucian (Nigrinus 13); vgl. K.M.D. Dunbabin, Baiarum grata voluptas, BSR 57, 1989, 7: "... arriving at the baths with their train of fifty (50!) servants" u. 42 Anm. 240; vgl. hier Abb. 117.

99 Meusel a.O. 142, 1.

100 D. Baatz, Römische Bäder mit hölzernen Apodyterien in: A Korrbl 3, 1973, 345ff.; vgl. Heinz, Thermen 29 Anm. 81.

101 Heinz, Diss. 14.

102 Vitruv V, 10; Plinius ep. 5, 6, 25 Beschreibung seiner Villa in Etrurien: „Auf ein großes, freundliches Auskleidezimmer folgt der Kaltbaderaum, in dem sich ein geräumiges, im Schatten liegendes Bassin befindet ..." Die Lage ist damit präzisiert, die Abfolge des Badevorgangs nicht.

103 Heinz, Diss. 15.

104 Plinius ep. 5, 6, 25: "... an den Kaltbaderaum schließt sich der Mittelraum an, der reichlich Sonne hat, ...

105 Heinz, Thermen 32; dazu Celsus, De medic. 2, 17, 8: er empfiehlt Salbungen vor dem Bad im heißen Wasser. Wo hätte man dies sinnvoller vornehmen können, als im Tepidarium, dem Raum vor dem Caldarium (dem Heißbaderaum)? Die Bezeichnung Unctorium befindet sich bei Sidonius Apollinaris (Lett. 2, 2).

106 F. Kretschmer, Die Entwicklungsgeschichte des antiken Bades und das Bad auf dem Magdalenenberg (1961) 27; Heinz, Thermen 33; Heizversuche wurden sowohl in der Saalburg als auch jetzt in Xanten in den rekonstruierten Herbergsthermen vorgenommen, um die vorliegenden Werte zu bestätigen oder zu revidieren. vgl. Anm. 80 u. 81.

107 S. Germain, Les mosaiques de Timgad (1969) Taf. 58, Abb. 175. Unsere Abb. 44 zeigt das Mosaik zwischen Frigidarium und Tepidarium der Thermen von Timgad/Algerien. Dargestellt sind zwei Paare Sandalen, jeweils in entgegengesetzter Richtung. Sie sind ein Hinweis dafür, daß das Benutzen von Sandalen ab der Warmzone empfohlen bzw. erforderlich wurde. Sie könnten gegebenenfalls beim Rückweg hier wieder deponiert worden sein. Die Inschrift oberhalb der Abbildung lautet: Bene Lava (Gutes Baden). Eine zweite Inschrift unterhalb der Sandalen ist leider nicht zu entziffern. Sie war in Richtung Ausgang zu lesen und könnte einen Wunsch nach dem Bad enthalten haben (Timgad, Museum, Inv.Nr. 14).

Auch in der Villa des Diomedes in Pompeji sind am Eingang des Caldariums zwei Sandalen abgebildet. Ebenso ist im Boden des Tepidariums vor dem Caldarium der Villa des C. Blandus ein Badeslipper zu sehen. (N.d. Haan, Dekoration und Funktion in den Privatbädern von Pompeji und Herculaneum in: „Fifth International Congress of Ancient Wall Painting" 1992, ed. by E.M. Moormann (1993), 36.

108 Vitruv V, 10, 4: „Das Badebecken (Labrum) scheint jedenfalls unter der Lichtöffnung angelegt werden zu müssen, damit die, die ringsherum stehen, nicht durch ihren Schatten das Licht verdunkeln." Demzufolge kam das Licht von der Seite oder schräg von oben. Beispiel Forums-Thermen Pompeji: Heinz, Thermen Abb. 55; vgl. H. Eschebach, Schola labri. Die Entwicklung der Schola labri in den Vesuvstädten, dargestellt am Labrum des Männercaldariums der Stabianer Thermen in Pompeji in: Cronache Pompeiane[3], 1977, 156ff.; Dio Cassio LV, 7,

6; K. Schleßmann, Das Louterion (griech. Bezeichnung für Labrum) in Kult, Alltag und Kunst, ungedruckte Magisterarbeit, Frankfurt 1991.
109 z.B. J. Carcopino, Rom (1977) 357.
110 Eschebach a.O. 176.
111 H. Eschebach, RM 80, 1973, 236 Anm. 8.
112 Heinz, Diss. 19ff.; ders., Thermen 34.
113 L. Eschebach, Die Forumsthermen in Pompeji, AW 4, 1991, 264.
114 CIL X 829.
115 Krug, Medizin 70ff.; Xanten, Führer 71 Abb. 68.
116 E. Künzl, Operationsräume in Römischen Thermen in: BJb 1986, 491ff.; Manderscheid, Bibliographie 39 (Medizinische Aspekte); AO: Rhein. Landesmuseum Bonn, C 3718.
117 J. DeLaine, JRA 1, 1988, 28.
118 Probus Vita 2,1 (M. Valerius Probus, Philologe der 2. H. 1. Jh.) vgl. Merten, HA 29ff.
119 V.M. Strocka, Gymnasium 88, 1981, 311ff. Trajans-Thermen ebenda, Anm. 36.; Caracalla-Thermen ebenda 315f. Abb. 9 und NSc 1912, 311f.; über Bibliotheken in Thermen: C. Wendel, Zentralblatt für Bibliothekswesen 63, 1949, 422ff.; vgl. ders., Der antike Bücherschrank, Nachr. Akad. Gött. 1943, Nr. 7, 268; Nielsen, Baths, 165f.; J. Carcopino, Rom, (1977), 359. H. Blanck, Das Buch in der Antike (1992, In dieser Reihe).
120 Blanck a.O., 197.
121 W. Ehlich, Bild und Rahmen im Altertum (1954)
122 Brödner, Thermen 116.
123 Heinz, Thermen 110; A. Schneider, Zypern (1989^2) 300;.
124 W. Radt, Pergamon (1988) 266.
125 z.B. R. Bartoccini, Le Terme di Lepcis (1929) Abb. 75–77;
126 W. Radt a.O. ebenda.
127 IK Ephesos II 454 (vgl. Nielsen a.O. 163).
128 Neumeister, Rom 139ff.
129 Meusel, Verwaltung 7; Heinz, Thermen 51.

VI. Typologie

130 Krencker, Trier 177ff.
131 E. Pfretzschner, Die Grundrißentwicklung der römischen Thermen (1908) 25ff.
132 Heinz, Diss. 26f.
133 W. Martini, Das Gymnasium von Samos (Samos Bd. XVI) 1984; F.K. Yegul, The bath-gymnasium complex at Sardis, Arch. Expl. of Sardis, Rep. 3, 1986.
134 Krencker a.O. 177f.
135 Der Blocktypus wird, wie gesagt, von Krencker in seiner Zusammenstellung der Raumgruppierungen nicht erwähnt. H. Köthe, Die Bäder römischer Villen im Trierer Bezirk in: Dt. Arch. Inst., Bericht der RGK 30, 1940, 105, hat den Typus angedeutet. Spätere Literatur ist in der Bezeichnung uneinig: so folgt z.B. E. Brödner ihrem Doktorvater Krencker und erwähnt den Blocktypus nicht. Anders Heinz: In seiner Dissertation 1979, 28f. wird dieser Typus erstmals wieder diskutiert; vgl. Heinz, Thermen 217; Nielsen, Baths, bezeichnet den Blocktypus „angular row type".
136 Pfretzschner a.O. 25ff.
137 Heinz, Thermen 178f. Abb. 188.

138 Die villa rustica „Haselburg“ bei Hummetroth, Führungsblatt 1985 (F.-R. Herrmann).
139 Krencker a. O. 178.
140 ebenda u. 227f.
141 F.K. Yegül, in: JRA Suppl. 8, 1991, 94ff. (The Corinthia in the Roman Period).
142 Krencker a. O. 180.
143 Manderscheid, Bibliographie 216. Die Anlage ist nie als Therme in Betrieb genommen worden.
144 Krencker a. O. 180f.

VII. Öffentliche Bäder

1. Stadtrömische Thermen

145 Vgl. Meusel, Verwaltung 4, der unter öffentlichen Bädern die öffentlich benutzbaren verstanden wissen will. Diese können entweder im Besitz der Städte und Gemeinden (balnea publicae) oder im Besitz von privaten Unternehmern (balnea meritoria) sein, die gegen Entgelt Badegäste in ihr Bad einlassen (13). Der Begriff der Öffentlichkeit bezieht sich also auf die Benutzungsweise der Bäder, nicht auf ihre Eigentumsverhältnisse, siehe auch Heinz, Thermen 23ff.; Manderscheid, Bibliographie 8; ders., Die Skulpturenausstattung der kaiserzeitlichen Thermenanlagen (1981) 41 Anm. 1; Diese Definition wurde bereits von Pfretzschner a. O. 61f. getroffen. Anders, Merten, HA 5: Sie engt den Begriff auf staatseigene Gebäude ein.
146 Plinius „thermae“ n.h. 34, 62; 35, 26; 36, 189; Dio Cassius „lakonisches Gymnasium“ 52. 27, 1; s. Heinz, Thermen 68 Anm. 169; vgl. Merten a. O. 22 Anm. 37;
147 B. Tamm, Neros Gymnasium in Rom in: Acta Universitatis Stockholmiensis VII, 1970; Brödner, Thermen 49.
148 dies, 50.
149 Manderscheid, Bibliographie 179f; J. DeLaine, JRA 1, 1988, 19f.
150 Heinz, Thermen 60.
151 Ch. Hülsen, Die Thermen des Agrippa. Ein Beitrag zur Topographie des Marsfeldes in Rom (1910) Anm. 5.
152 R. Lanciani, Il nuovo frammento della Forma Urbis e le terme di Agrippa in: Bollettino della Commissione Archeologica Communale di Roma 29, 1901, 3ff.
153 Krencker, Trier 263; Heinz, Thermen 60f. Anm. 157.
154 Der Apoxyomenos wurde von dem griechischen Bildhauer Lysipp um 330/320 v. Chr. in Bronze gegossen. Er ist in einer römischen Marmorkopie überliefert und befindet sich heute in den Vatikanischen Museen (Seitenflügel des Belvedere); vgl. K. Moser v. Filseck, Der Apoxyomenos des Lysipp (1988) 20.
155 J.R. Haarhaus, Rom (1956) 261.
156 Manderscheid, Bibliographie 185; DeLaine a. O. 19f.
157 Heinz a. O. 68.
158 Coarelli, Rom 258.
159 Krencker a. O. 263; Heinz a. O. 70 Anm. 172.
160 A. Palladio, Les thermes des Romains avec quelques observations par O. B. Scamozzi d'apres l'exemplaire du Lord Comte de Burlingthon imprimé à Londres 1732 (1797).
161 Merten, HA 29; 49.

162 Heinz a. O. 70.
163 Manderscheid, Bibliographie 185 f.; DeLaine a. O. 20.
164 Heinz a. O. 76.
165 ders., ebenda.
166 H.Küthmann u. a., Bauten Roms auf Münzen und Medaillen (1973) Nr. 52 u. 55.
167 Cass. Dio 69, 4.
168 Manderscheid a. O. 186 f.; DeLaine a. O. 20 f.
169 Fragment der „Fasti Ostienses" gibt das Einweihungsdatum mit 22.6.109 an.
170 K. de Fine Licht, Sette Sale in: Analecta Romana Instituti Danici, Suppl. XIX (1990)
171 Manderscheid a. O. 180 ff.
172 Coarelli, Rom (1975) 302, Brödner, Thermen 221 f.
173 Vgl. Merten 25 Anm.51 u. 52; 29.
174 Heinz, Thermen 132 Anm. 275 u. 276 nach R. Lanciani, The ruins and excavations of Ancient Rome (1897, Repr. 1967) 536. Die Angabe bei F. Coarelli, Rom (1975) 303 mit 80 000 Ltr. (= $80m^3$) dürfte auf einem Irrtum beruhen. Aufgrund der Raumdimensionen ist der Mengenangabe von Lanciani zuzustimmen.
175 A. Blouet, Restauration des Thermes d'Antonin Caracalla à Rome (1826/28) gibt die Höhe mit 24 m an. S. A. Iwanoff, Architektonische Studien Heft III (1898) Aus den Thermen des Caracalla mit Erläuterungen von C. Hülsen nennt 35 m Höhe.
176 H. V. Morton, Die Brunnen von Rom (1970).
177 ebenda, Taf. 39; PAN 2/Febr.82, P. Kuhn, Römische Brunnen, 69 (Genaue Herkunft der Wanne nicht bekannt).
178 Reclams Kunstführer Italien III (Gg. Kauffmann) 1969, 376.
179 A.v.Gerkan, Gnomon 8, 1932, 45 f. u. BJb 151, 1953, 132 ff.; J. B. Ward-Perkins, JRS 1953, 210 ff.; A. Lezine, RA XLIX, 1957, 98 f.; L. Crema, Palladio 2, 1952, 94 f.; F. K. Yegul, Rezension zu Brödner, Thermen, Reviews Class. World 1984, 380.
180 Heinz, Thermen 141.
181 F. Coarelli, Rom (1975) 306.
182 Heinz, Thermen 141 Anm. 288.
183 J. DeLaine, JRA 1, 1988, 22.
184 Manderscheid a. O. 183 f.
185 Eine „Piazza Termini" gab es bereits im 17. Jh. am heutigen Bahnhofsplatz.
186 „Domini Nostri Diocletianus et Maximianus invicti seniores Augusti patres Imperatorum et Caesarum et domini nostri Constantius et Maximianus invicti Augusti, et Severus et Maximinus nobilissimi Caesares thermas felices Diocletianas, quas Maximianus Augustus rediens ex Africa sub praesentia maiestatis disposuit ac fieri iussit et Diocletiani Augusti fratris sui nomini consecravit, coemptis aedificiis pro tanti operis magnitudine omni cultu perfectas Romanis suis dedicaverunt".
187 Merten HA. 12 (nach einer Notiz des Olympiodoros aus dem 5. Jh.); J. DeLaine, JRA 1, 1988, 21 bezeichnet es als Fehlinformation.
188 vgl. Fulvio, Antiquitates Urbis Romae III, 47. Diese Zahl sollte jedoch mit Vorsicht übernommen werden. Ohne das Problem der Sklaven und Zwangsarbeiter, die bei all den Großobjekten herhalten mußten, herunterspielen zu wollen, könnte die Angabe von 40 000 Christen auch ein Konstrukt antidiokletianischer Propaganda seitens der Christen sein.
189 Merten a. O. 29 ff. (Vita Probi 2).
190 M. Santangelo, Il Quirinale nell'antichità classica (1941).
191 Brödner, Thermen 233; Yegul a. O. 380.

192 R. Lanciani, The ruins and excavations of Ancient Rome (1897 Repr. 1967).
193 Krencker, Trier 282f.; E. Nash, Bildlexikon zur Topographie des antiken Rom (1962) 442ff.; Heinz, Thermen 122.

2. *Militärbäder*

194 Brödner, Thermen 179ff.
195 A. Johnson, Römische Kastelle (1987).
196 Nielsen, Baths 77.
197 Heinz, Thermen 26 Anm.58; E.Pfretzschner, Die Grundrißentwicklung der römischen Thermen (1908).
198 Auch bei der Saalburg ist beispielsweise das Bad nur wenige Meter vom befestigten Kastellbezirk entfernt. Vgl. Heinz a.O. 26 Anm. 57; ORL B 2,1 Nr. 11 (1937) Taf. 1; D. Baatz, Der römische Limes, Archäologische Ausflüge zwischen Rhein und Donau (1975^2) 118 Abb. 48; Nielsen a.O. C 173 Fig. 156.
199 dies., 76.
200 Brödner, Thermen 179; Nielsen a.O. 76ff.
201 dies., a.O. 77 Anm. 19–22.
202 Heinz a.O. 26.
203 Nielsen a.O. 80 Anm. 44.
204 D. Baatz, Röm. Bäder mit hölzernen Apodyterien in A Korr Bl. 3, 345ff.
205 Nielsen a.O. 80, Anm. 45.
206 D. Baatz in: Saalburg Führer 9. Aufl. 1988, 26ff.
207 Krencker, Trier Abb. 280; Brödner, Thermen Abb. Z 49a; Nielsen a.O. C 233 Fig. 196.
208 Brödner a.O. 254.
209 Heinz, Thermen 167.
210 Brödner a.O. 211.
211 M. Riedel, Das römische Baden-Baden, Fdba BW4, 1979, 260ff.; M. Fuss in: Caracalla Therme 1985, 11ff.; E. Schallmayer in: Die Römer in Baden-Württemberg (1986^3), hrsg. v. Ph. Filtzinger u.a., 86, 226ff.
212 Heinz, Diss. passim.

VIII. Privatbäder

213 D.M. Robinson u. J.W. Graham, Excavations at Olynthus VIII, The Hellenic House (1938) 198ff.; W. Höpfner – E.L. Schwandner, Haus und Stadt im klassischen Griechenland (1986) 60ff.
214 Th. Wiegand – H. Schrader, Priene (1904) 292ff.
215 Höpfner-Schwandner a.O. 169.
216 dies., 179.
217 ebenda, Anm. 321.
218 z.B. Varro, Ling. 5, 118.
219 Pfretzschner a.O. 18f. Taf. 1, 6; A. Mau, Pompeji in Leben und Kunst (1908) 376ff.; H. Eschebach, Die städtebauliche Entwicklung des antiken Pompeji (1970), Teilplan 1; Th. Kraus – L.v.Matt, Pompeji und Herculaneum (1977) 127, Abb. 117; Heinz, Thermen 52 Anm. 145; H. Mielsch, Die römische Villa (1987) 42 (In dieser Reihe).

220 E. Fabricotti, I bagni nelle prime ville romane in: Cronache Pompeiane 2, 1976, 29ff.; Heinz a.O.
221 Heinz, Thermen 52f.
222 F. Coarelli u.a., Pompeji (1979) 175ff., Abb. 73; vgl. A. Maiuri, La Casa del Menandro e il suo Tesoro di Argenteria (1933); Heinz a.O. 53; Eschebach a.O. I, 10, 4.
223 Maiuri a.O.
224 Heinz a.O. 156 Abb. 159.
225 ebenda Abb. 159a.
226 H. Mylius, Die Rekonstruktionen der römischen Villen von Nennig u. Fließem, BJb 129, 1924, 110ff.; R. Schindler, Das römische Mosaik von Nennig, Führungsblatt Stiftung Saarl. Kulturbesitz (o. J.).
227 H.-H. Wegner, in: Die Römer in Rheinland Pfalz (hrsg. v. H. Cüppers), 1990, 324f. Abb. 208; H. Fehr u. J. Blänsdorf, Gymnasium 89, 1982, 497ff.; Denkmalpflege in Rheinland-Pfalz 1982–83, 1984, 177ff.; H.-H. Wegner, Archäologie in Deutschland 1, 1985, 4ff.
228 A. Maiuri, Capri (1956) 33ff. Fig. 14; Brödner a.O. 43ff. Abb. Z 17; Mielsch a.O. 143ff.
229 H. Winnefeld (1895), Die Villa des Hadrian bei Tivoli 133ff. (Kleine Thermen) 136ff. (Große Thermen); P. Gusman, La Villa Imperiale de Tibur (1904) 195ff.; S. Aurigemma, Villa Adriana (1961) 83ff., 88ff., Abb. 59–74.
230 Winnefeld a.O. 135f.
231 Heinz, Thermen 146 Anm. 317; vgl. Merten HA 34ff., bes. 45 mit Anm. 40ff.
232 P. Verduchi, Le terme con cosidetto helio caminus in: Ricerche sull'architettura di villa Adrianea (Quaderni dell'istituto di topografia antica della universitá di Roma VIII, 1975) 55ff.; Heinz, Thermen 91;
233 ebenda 88ff.
234 Heinz a.O. 93.
235 A. Carandini-A. Ricci-M. de Vos, Filosofiana, La villa di Piazza Armerina (1982) mit der älteren Literatur; Brödner a.O. 190f.; A. M. Dragotta, Piazza Armerina, Die Mosaiken der Villa Casale (1989).
236 Brödner a.O. 190.

IX. Heilbäder

237 „Corpus Hippocratum" über Luft-, Wasser- und Ortsverhältnisse, Kap. 7ff. in: J. Kollesch – D. Nickel (Hrsg.), Antike Heilkunst. Ausgewählte Texte aus dem medizinischen Schrifttum der Griechen und Römer (1979) 102ff.; Heinz, a.O. 157 Anm. 350; allgemein zu Heilbädern: J. Steudel, Heilbäder und Heilthermen der Antike, in: Münchener Medizin, Wochenschrift 102, 1960, 513ff.; Brödner a.O. 163ff.; Heinz a.O. 157ff.; Krug, Medizin 53ff.
238 Krug, a.O. 181ff.; Herodot VII, 176; Pausanias IV, 35, 9.
239 G. Gruben, Die Tempel der Griechen (1966/76) 401ff., 460f.
240 ders. a.O. 440ff., 461f.; W. Radt, Pergamon (1988) 250ff.
241 H. Knell, Architektur der Griechen (1988) 237f.; Radt a.O. ebenda;
242 Gruben a.O. 407.
243 ders., 440.
244 n.h. 31, 1ff.
245 Manderscheid, Bibliographie 79.

246 ders., 74; Krug, Medizin 173ff.; W. Heinz, in: Die Römer in Baden-Württemberg, hrsg.v. Ph. Filtzinger (1986[3]) 235ff.
247 W. Heinz, Archäologische Nachrichten aus Baden, H 45, 1991.
248 Diesen Hinweis erhielt ich von W. Heinz, Sindelfingen.
249 M. Boriello-A. d'Ambrosio, Baiae-Misenum (1979) (Forma Italiae I, 14) Bollettino d'Arte 10, 1930/31, 241ff.; B. Andreae, Römische Kunst (1973) 547f.
250 Heinz, Thermen 162 Anm. 393.
251 A. Mairui, Il restauro di una sala termale a Baia in: Bollettino d'Arte 10, 1930/31, 241ff.; Heinz a.O. 163; F. Rakob, Römische Kuppelbauten in Baiae, RM 95, 1988, 257ff.
252 Heinz a.O. 163.
253 ders., 164; Rakob a.O. 273ff.
254 R. Stillwell, The Princeton Encyclopedia of Classical Sites[2] (1979) 138; Rakob a.O. ebenda.
255 ders., 271ff.
256 I. Eichler, in: Begegnungen, Frankfurt und die Antike, 1994, 35ff. Abb. 18.
257 F. Rakob, Litus Beatae Veneris Aureum, RM 68, 1961, 114ff., bes. 138ff.; Manderscheid, Bibliographie 23.
258 z.B. Bagno di Tritoli oder Bad „in murtetis" (im Myrtenhain) (Horaz I, 15, 5).

X. Finanzierung und Verwaltung

259 Dabei stütze ich mich hauptsächlich auf die Diss. v. H. Meusel: Die Verwaltung und Finanzierung der öffentlichen Bäder zur römischen Kaiserzeit, Köln 1960.
260 M. Aurelius Cleander, Phryger, kam als Sklave nach Rom in den Kaiserpalast und wurde mit Commodus erzogen (Cass. Dio 72, 10, 2. 12, 1f.). Er tötete 180 mit dem Gardekommandanten Terrutenius Paternus den Kämmerer des Commodus Saoteros und erhielt selbst dieses Amt (H.A. vit. Comm. 4, 5. 6, 3). Er erreichte dann ungeheure Macht und Reichtum und baute die Thermae Commodianae (vit. Comm. 17, 5).
261 Krencker, Trier 217ff. Abb. 301–306.
262 Brödner, 247.
263 Krencker, a.O. 1ff.
264 G. Kleiner, Die Ruinen von Milet (1968) 20, 101ff.
265 Meusel a.O. 106ff., 112.
266 ders. 56.
267 ders. 60.
268 ders. 101.
269 ders. 101, 3.
270 D. Flach, Die Bergwerksordnungen von Vipasca in: Chiron 9, 1979, 399ff.; C. Domerque, La mine antique d'Aljustrel (Portugal) et les Tables de Bronze de Vipasca (1983); vgl. Meusel a.O. 29ff. u. 103f.; AO: Museu dos Servicos Geologicos de Portugal, Lissabon,
271 vgl. dazu Meusel a.O. 32, 1.
272 nach Martial 14, 163 auch aes thermarum.
273 vgl. Neumeister, Rom 283 [nach J. Marquardt, Das Privatleben der Römer (1886, ND 1980, I, 257f.)].
274 Hippias sive balneum § 8.
275 Neumeister, Rom 49.
276 Meusel, 103, 2.

277 ders., 126, 2.
278 ebenda.
279 M. Wissemann, Das Personal des antiken Bades (1984) 80ff.
280 Meusel a.O. 141, 2; Nonius 95.15 nach Lucil. sat. 7, 12: rador (Rasierer), subvellor (Haarausreißer), desquamor (Haarschuppen-Abschaber), pumicor (der die Haut mit Bimsstein glättet), ornor (Haarkünstler), expolior (Abschminker), pingor (derjenige, der neue Schminke auflegt).
281 Meusel a.O. 141, 3–5.
282 ders., 142, 1.
283 ders., 144, 1.
284 ebenda Anm. 3.
285 ebenda 146 (vgl. RE VII 1996, 45 s.v. Gymnasiarch).
286 G. Lugli, Nuova Antologia 78 (1943) 257ff. vgl. F.G. Maier, Römische Bevölkerungsgeschichte und Inschriftenstatistik, Historia 2 (1951/3), 338, 4 und 339.

XI. Ausstattung

Wandmalerei – Mosaiken – Statuen

287 Manderscheid, Ausstattung; M. Marvin, AJA 87, 1983, 347ff.; C. Gasparri, „Sculture proveniente dalle Terme di Caracalla e di Diocletiano“ RivIstArch S. III 6f., 1983/4, 133ff.; M. Donderer, Gymnasium 91, 1984, 275ff. (Rez. zu Manderscheid a.O.)
288 W. Ehlich, Bild und Rahmen im Altertum (1954).
289 K.M.D. Dunbabin, BSR 57, 1989, 6ff.
290 Neptunsthermen Ostia: Xanten, Führer Abb. 44; Datierung: 1. Jh. n. Chr.
291 Mosaik Bad Vilbel; AO: Landesmuseum Darmstadt; Manderscheid, Bibliographie 75.
292 Heinz, Thermen 141.
293 Vat. Museen, Helbig I[4] 739f.
294 Heinz a.O. datiert das Athletenmosaik in die Entstehungszeit des Baus, Manderscheid a.O. plädiert für das 4. Jh. n. Chr., also für einen nachträglichen Einbau.
295 A. Carandini – A. Ricci – M. de Vos, Filosofiana, La villa di Piazza Armerina (1982) 343ff.; Dunbabin a.O. 42 Anm. 240.
296 A. Pekridou-Gorecki, Mode im antiken Griechenland (1989) 95f. (In dieser Reihe).
297 Nielsen, Baths 131.
298 Neumeister, Rom 167.
299 Krug, Medizin 183f.
300 K. Moser v. Filseck, Der Apoxyomenos des Lysipp (1988) 20.
301 Manderscheid, Ausstattung 18; Plinius n.h. 35, 26.
302 B. Tamm, Neros Gymnasium in Rom in: Acta Universitatis Stockholmiensis VII, 1970, 8.16; Manderscheid, Ausstattung 19, Kat. 45.
303 Lucian über das Hippiasbad: Brödner, Thermen 95; Heinz, Thermen 16; Hippias sive balneum §4ff. Dt. Übersetzung Wachtler in: Krencker, Trier 325f.
304 R. Neudecker, Die Skulpturenausstattung römischer Villen in Italien (1988) z.B. Nr. 39, 192, 284 (Quintilier-Villa).
305 Hafenthermen Ephesos; Manderscheid a.O. 18, Kat. 155–172.
306 Zanker 1969, XVIII.
307 M. Marvin, AJA 87, 1983, 347ff.

308 Manderscheid a. O. 21 ff.
309 ders., ebenda 21 Abb. 7.
310 Doryphoros, Marmorkopie nach dem Bronzeoriginal des Polyklet 440 v. Chr.: W. Fuchs, Die Skulptur der Griechen (1969) 86ff.; H. v. Steuben, Der Kanon des Polyklet (1973) 11 ff.
311 Manderscheid a. O. 30.
312 P. Zanker, Klassizistische Statuen (1974) XVIII.
313 Inv.Nr. 11614 Manderscheid a. O. 73, Nr. 46; Heinz, Thermen 140.
314 H. v. Steuben in: Helbig-Führer Rom III, Nr. 2227, 139.
315 Heinz, a. O. 138ff.; Fuchs a. O. 382f.
316 Diese Datierung ist das Ergebnis neuester Forschungen (FAZ 30.9.1992, B. Andreae).
317 Fuchs a. O. 101 f.; D. Krull, Der Herakles vom Typ Farnese (1985).
318 E. v. Merklin, Antike Figuralkapitelle (1962) 158, Abb. 752.
319 Brödner a. O. 132f.
320 Manderscheid a. O. 73 Nr. 46
321 Xanten, Führer 52.
322 ders., 58.

XII. Die Frau im Bad

323 W. Schuller, Frauen der griechischen Geschichte (1985); C. Reinsberg, Ehe, Hetärentum und Knabenliebe im antiken Griechenland (1989, in dieser Reihe); A.M. Vérilhac et C. Vial, La Femme Greque et la Femme Romaine, Bibliographie (1990).
324 vgl. Ginouvès, Balaneutiké 222f.
325 Merten, HA 79.
326 W. Schuller, Frauen der römischen Geschichte (1987).
327 L. Friedländer, Darstellungen aus der Sittengeschichte Roms (1922) 295.
328 CIL II 5,181; hier S. 89ff.
329 Der Quadrans war die kleinste Einheit des römischen Münzsystems, das folgendermaßen aufgebaut war:
1 Aureus = 25 Denare = 100 Sesterze = 400 Asse = 1600 Quadranten,
1 Denar = 4 Sesterze = 16 Asse = 64 Quadranten,
1 Sesterz = 4 Asse = 16 Quadranten,
1 As = 4 Quadranten,
vgl. Neumeister, Rom, Anm. Kap.III, Exkurs A 10, S. 293.
330 Brödner, Thermen 122.
331 Dio Cassio 49, 43, 3, wobei die Frauen einmal ausdrücklich während der Ädilität Agrippas im Jahre 33 v. Chr. freien Eintritt erhielten.
332 Meusel a. O. 102 Anm. 3: Das Balneaticum betrug in Rom vom Ende des ersten vorchristlichen bis zum Anfang des zweiten nachchristlichen Jahrhunderts für Männer einen Quadrans, und auch Ambrosius (gest. 397) berichtet, daß man in den Bädern einen Quadrans als Eintritt zu zahlen pflegte.
333 CIL XI, 720; vgl. Heinz, Thermen 150.
334 W. Drack – R. Fellmann, Die Römer in der Schweiz (1988) 117. Die Angabe deckt sich mit einer Schrifttafel im Museum für Vor- und Frühgeschichte, Frankfurt am Main.
335 dies., ebenda (Frauenthermen Augst).
336 17, 4f.

337 Merten, HA 105ff.
338 Ginouvès a. O. 222f.; A. Calderini, Bagni pubblici nell'Egitto greco-romano (1919) 306, vgl. Merten a. O. 79.
339 Heinz, Thermen 60.
340 Ginouvès a. O. 200 Anm.1.; Merten a. O. 79.
341 vgl. Merten, HA 80.
342 Hadrian verbot an seinem Geburtstag 119 n. Chr. die „balnea mixta" (n. Dio Cassio 8, 2).
343 Vgl. Heinz a. O. 149.
344 Neumeister, Rom 49f.
345 Meusel a. O. 153, 2.
346 Meusel a. O. 24
347 Brödner a. O. 115.
348 Meusel a. O. ebenda.
349 Mart. 3, 93, 14f.; L. Friedländer, M. Val. Martialis, Epigrammaton libri (1886); ders., Sittengeschichte I, 351.

XIII. Kosmetika und Reinigungsmittel im Bad

350 Zuletzt: E. Paszthory AW 21. Jahrg., Sonderheft 1990 mit ausführlichen Literaturangaben.
351 ders. a. O. 43ff.
352 Plutarch, Adv. Colotem 1109 B; vgl. Paszthory a. O. Anm. 135;
353 A. Neuburger, Die Technik des Altertums (ND 1977) 118; Homer, Odyssee 10, 358ff.
354 Paszthory a. O. 43.
355 Athenaios, Gelehrtengastmahl 686, 24.
356 Paszthory a. O. 44.
357 HA in der Vita des Elagabal 19, 8.
358 Allgemein: F. Bertrich, Kulturgeschichte des Waschens (1966); B. Gust u. F. Heidorn, Seife gestern und heute (1984);
359 H. Vocke, Geschichte der Handwerkerberufe, Bd. 2, (o. J.), Der Seifensieder.
360 Bertrich a. O. 10.
361 Neuburger a. O. 119.
362 Brödner, Thermen 106.
363 A. Pekridou-Gorecki, Mode im antiken Griechenland (1989, in dieser Reihe) 52.
364 Neuburger a. O. 123.
365 CVA Bologna (1) Taf. 5, 2.
366 M. Hofmann, in Arbeit befindliche Frankfurter Dissertation, Griechische Bäder (Arbeitstitel).
367 Epigramm der Anthologia Graeca (X, 43); vgl. Neumeister, Rom 51 Anm. 19.
368 A. Mallwitz, Olympia und seine Bauten (1972) 276.
369 CIL VI 15258:

Abbildungsnachweis

nach Heinz, Thermen 15b, 18b, 21, 24a, 28, 45, 46a, 52, 57–59, 61, 63, 65–67, 70–71, 76–77, 86–87, 89a+b, 93, 100a, 102–106a, 109, 114–115, 118–119, 123;
nach Heinz, Die Römer in Württ. 101a+b;
nach Brödner, Thermen 3, 6, 8b, 34, 49, 92a+b, 94–95, 100b;
nach Xanten, Führer 4, 12, 30–31, 35a–36, 38, 44, 47, 51, 54–56, 78, 107–108, 111, 113, 124;
nach Eschebach, Stabianer Thermen 24b, 32, 33, 122;
nach Eschebach, RM 1973, 46b;
nach Coarelli, Rom 60, 62, 69, 74, 79, 81;
nach Coarelli, Pompeji 88a;
nach Ginouves, 10, 11, 13, 16a, 18a;
nach Laser 1, 8a, 9;
nach Mallwitz, Olympia 15a, 16b, 17, 22;
nach Furtwängler, Aegina 19, 20;
nach Krencker, Trier 37, 84;
nach H. V. Morton, Die Brunnen von Rom (1970) 72, 73;
nach D. Baatz, Limeskastell Saalburg (1988[9]) 43, 82, 83;
nach Th. Kraus, Lebendiges Pompeji (1973) 40, 110;
nach Nielsen, Baths 42, 117;
2 nach M. Napoli, La tomba del tuffatore (1970), Umschlagbild, Innenseite, Ausschnitt;
5 nach R. Tölle-Kastenbein, Antike Wasserkultur (1990), 84; Madrid, Mus. Arqu. 10924 (CVA Madrid 1, Taf. 12);
7 Musee d' Histoire, Genf, Museumsfoto;
14 nach K. Gallas, Kreta 32;
23 Skizzen der Verf.;
25 nach Evans (1930);
26 DAI Athen;
27 nach D. E. Strong, Welt der Antike (1968), 183;
29 nach Kretzschmer, Bilddokumente (1958) 50;
35b Foto G. Flindt;
39 Skizze E. Reuß;
41 nach H.Manderscheid, Die Skulpturenausstattung der kaiserzeitlichen Thermenanlagen (1981) Taf. 12 unten;
48a nach v. Karageorghis, Salamis (1970) Taf. 108;
48b nach A. Schneider, Zypern (1989[2]) 300;
50a Ausschnitt von 48a;
50b nach Postkarte;
53 nach Die villa rustica „Haselburg" bei Hummetroth/Odw., Führungsblatt 1985;
64 nach P. C. Bol, Antike Bildwerke I (1983), 72,1;
68 nach Ausstellungskatalog „Antike und Frühes Christentum" 1984, Liebieghaus Frankfurt (Main), 15;
75 nach E. Paul, Antikes Rom (1972[2]), S. 223;
80 nach EAA Abb. 894, S. 771;
84a nach D. M. Robinson – J. W. Graham, Excavations at Olynthus VIII, The Hellenic House (1938), 5;
84b nach W. Höpfner – E. L. Schwandner, Haus und Stadt im klassischen Griechenland (1986), 266;
88b nach A. Maiuri, La casa del Menandro e il suo Tesoro Argenteria (1933) 123, Abb. 56;
90a+b nach H. Mylius, Die Rekonstruktion der römischen Villen von Nennig u. Fließem, BJb 129, 1924, 110 ff.;
91 nach H.-H. Wegner, in: Die Römer in Rheinland Pfalz (Herausg. H. Cüppers), 1990, 208;
95 nach P. Verduchi, Le terme con cosidetto helio caminus, 75;
96 nach A. M. Dragotta, Piazza Armerina (1989) o. Abb. Nr.;

97 nach G.Gruben, Die Tempel der Griechen (1966/76), 331;
98 nach Krug, Medizin, 77;
106b nach I. Eichler, in: Begegnungen, Frankfurt und die Antike, 1994, 18;
112 Landesmuseum Darmstadt, Museumsfoto;
116 nach A. M. Dragotta, Piazza Armerina, Die Mosaiken der Villa Casale (1989) o. Abb. Nr.;
120 nach W. Fuchs, Die Skulptur der Griechen (1969) Abb. 95;
121 nach E. v. Mercklin, Antike Figuralkapitelle (1962) Abb. 752;
125 CVA Bologna (1) Tafel 5, 2.

Glossar

Es wurde angestrebt, griechische (in lateinischer Umschrift) und lateinische Fremdwörter beim ersten Gebrauch *kursiv*, bei Wiederholungen normal zu schreiben. In einzelnen Fällen wurden sie zum besseren Verständnis auch direkt in Klammern dahinter erklärt.

abaton	geweihter Ort, hier Heilraum
agonistarch	griech.: der die athletischen Übungen beaufsichtigt
aequinoctium	Tag- und Nachtgleiche im Frühjahr und Herbst
alabastron	Parfüm- oder Salbfläschen, ursprünglich aus Alabaster
alipta, aliptae, aliptes	Einsalber, Masseur
alveus, alvei	Wanne für heißes Wasser
amphora	Krug mit Henkeln an zwei Seiten
apodýo	„aus den Kleidern tauchen", entkleiden
apodyterium	Auskleideraum
apoxyomenos	Athlet, der sich mit dem Schabeisen von Öl und Staub befreit
apsis	meist halbrunder, mit einer Halbkuppel überwölbter Raumteil
aquaedukt	wasserführende Leitung
arcarius thermarum	Kassierer
aryballos, aryballoi	Ölbehälter
asaminthos	vorgriech.: Bezeichnung für Badewanne
askoi	Schläuche
askleipieion	Heiligtum des Gottes Asklepios, oft in Verbindung mit Bad und Kuranlagen
atriolum	verkleinerte Form des Atrium (zentraler Hof)
balaneíon	Warmbad im Griechischen
balineum	s. Balneum
balnea	s. Balneum
balnea meritoria	Miet-, Pachtbäder
balnea mixta	gemeinsame Bäder für Männer und Frauen
balneae	ungewöhnliche Plural-Form zu Balneum; Varro (ling. 9, 68) führt sie auf die Verdoppelung der öffentlichen Bäder für Männer und Frauen zurück
balneae publicae o. *balnea publica*	öffentliche Bäder
balneaticum	Eintrittsgeld
balneator	Bademeister
balnearis	zum Bad gehörend
balneum, balnea	Bad, Bäder, zunächst allgemein, später für kleinere öffentliche Bäder und Privatbäder
balneum domi	Privatbad
bipedales	Ziegelplatten von 2 Fuß Länge als Unterbau der Suspensura
caldarium	Heißbad

capsarius o. *capturarius*	Kassierer
captura	Platz des Kassierers
castellum	1) Wasserschloß, Verteilerturm; 2) Militärlager
castra praetoria	Militärlager (Kasernen) der Praetorianer (kaiserliche Leibwache)
castrum	Militärlager
cella media	mittlerer Raum zwischen Frigidarium und Caldarium = Tepidarium
clipeus	Schild zur Regulierung der Temperatur im Schwitzbad für die kreisrunde Öffnung in der Kuppel
cloaca maxima	Abwasserkanal Roms
conductor, conductores	Pächter eines Mietbades
curator aquarum	Verwalter (Aufseher) der öffentlichen Wasserversorgungseinrichtungen
cura urbis	Sorge um die Stadt (öffentliches Amt)
destrictarium	Raum zum Abstreifen des Öls / Sands
domus aurea	Goldenes Haus
duumvir, duumviri	Bürgermeister
ephebeion	Knabenschule (griech.)
exedra	meist halbrunde (nach oben offene) Nische
follis	federleichter Spielball
forma urbis	antiker steinerner Stadtplan
fornacator	Heizer
frigidarium	Kaltbaderaum
fumarole	das Ausströmen von Gas und Wasserdampf aus Erdspalten in vulkanischen Gebieten
gymnasiarch	der oberste Aufseher in Sportstätten
gymnasium	Sportstätte, in der man nackt Sport betrieb
gymnast	der die Anweisung in der Palästra gab
harpaston	harter Spielball
heliocaminus	Schwitzraum mit großen Fenstern zum Einfangen der Sonnenwärme
heroon	Heiligtum eines Heroen; übertr. Grab
horreum	Scheune, Lagerraum
hypókausis, hypokaustum	Unterbodenheizung (antike Warmluftheizung von Räumen, bei denen der Fußboden von heißen Rauchgasen erwärmt wurde)
hydria	Wassergefäß mit drei Henkeln
iatraliptes	Masseur mit medizinischen Kenntnissen
inkubation	Tempelschlaf, um Heilung oder Belehrung durch einen Gott zu erfahren
in situ	noch an Ort und Stelle befindlich
insula	Häuserblock
labrum	aus lavabrum = Waschbecken
labýrinthos	vorgriech.: Irrgang, -garten
laconicum	Trockenschwitzbad
lavatrina	urspr. Waschgelegenheit, später Latrine
loculi	Boxen im Apodyterium zur Kleiderablage
loutér, loutérion	Waschbecken
loutron	griechische Bezeichnung für Bad
lustral-Becken	Becken für Reinigungs- oder Sühneopfer

mansio	Unterkunftsgebäude/Herberge
mediastinus	Sklave, zu unbestimmten Verrichtungen geringerer Art gebraucht
mithraeum	Mithraskultstätte
natatio	Schwimmbecken, gebräuchlich für die Schwimmbäder der Thermenanlagen
nymphäum	architektonisch reich verzierte Brunnenanlage
oculus/opaion	kreisrunde Öffnung in der Kuppel des Heißluftbades (Laconicum)
opus caementitium	Füllmauerwerk
paidotrib	der die Anweisungen in der Palästra gab
palästra	zuerst Stätte für den Ringkampf, später allgemein Sportanlage
palästrit	Ringer (Sporttreibender in der Palästra)
palästrophylax	Aufseher in Sportanlagen
pars pro toto	Teil anstelle eines Gesamten
patera	Schale
peristyl	offener Hof, meist von einem Säulengang umgeben
piscina	Wasserbecken (in Bädern das Kaltwasserbecken)
piscina publica	öffentliches Schwimmbecken
plutei	Holzkästen und Schränke für Schriftrollen und Bücher
porticus	Säulenhalle als Vorbau an der Haupteingangsseite eines Gebäudes
praefurnium	Feuerstelle (Ofen), die außerhalb des zu beheizenden Raumes unter einem niedrigen Tonnengewölbe lag, von der aus die Hitze unter des zu beheizenden Fußbodens geleitet wurde
redux	zurückführend
rotunde	Rundraum
sapo	Seife
schola labri	apsisartige Nische mit Waschbecken (Schola = ursprünglich Ort – meist Nische – für wissenschaftliche Vorträge)
sella pertusa	durchlochter Sitz (Latrine)
specularis lapis	durchsichtiger Stein
stagnum	stehenes Wasser (Schwimmbecken)
stammnos	Aufbewahrungsgefäß mit kurzem Hals
strigilis, strigiles	Schabeisen zur Körperreinigung
subligar	Badeschurz
sudatio, sudationes	Schwitzkammer
sudatorium	Schwitzbad
summa honorariae	Ehrengeld
suspensura/suspensio	„schwebender Boden“: oberer Boden einer Hypokaustenanlage
*tegulae mammata*e	Warzenziegel zur Bildung von Wandhohlräumen zum Durchzug der Heißluft
tepidarium	lauwarmer Raum, Durchgangsraum zwischen Kalt- und Heißbad
tessera	Eintrittsmarke
testudo, testudines	Kupfergefäß in Form eines Schildkrötenpanzers zur Wassererwärmung
thermae	große, bedeutende Badeanlagen im Gegensatz zu den balneae

thermae aestivae	Sommer-Bäder
thermae hiemales	Winter-Bäder
thermos	warm
thermá loutrá	zunächst alle Wasch- und Badegelegenheiten
thiasos	Versammlungszug zu Ehren eines Gottes (meist Dionysos)
tholos	Rundbau (bei Bädern das trocken-heiße Schwitzbad = Laconicum)
tintinabulum	Glocke zum Anzeigen des Badebeginns
tubulus, tubuli	in der Wand eines durch Hypokausten beheizten Raumes unter Putz liegende Hohlziegel (meist mit rechteckigem Querschnitt), durch welche die heißen Rauchgase geleitet wurden, um die Wand zu beheizen und nach außen abzuziehen
unctorium	Salbraum
villa rustica	großzügiges Landhaus mit landwirtschaftlicher Nutzung
volumina	Bücherbände

Orts-, Personen- und Sachregister

Ortsregister

Personenregister

(Antike Autoren und historische Personen)

Sachregister

Buchanzeigen